조선왕실 원의 석물
Stone sculptures in the Won tombs
of the Joseon Dynasty

조선왕실 원의 석물

조선왕실 원의 석물
Stone sculptures in the Won tombs
of the Joseon Dynasty

2016년 8월 10일 초판 1쇄 발행

지은이	김이순
발행인	문정희
디자인	아트퍼블리케이션 디자인 고흐
인쇄	알래스카 인디고
발행처	한국미술연구소CAS
출판등록	2012년 12월 17일(제25100-2013-000076호)
주소	서울특별시 서대문구 연희로 26가길 15
전화	02-395-6537
팩스	02-6008-8027
홈페이지	www.casasia.org

©김이순

ISBN 978-89-98680-10-7 93600
값 30,000원

이 책은 신저작권법에 의해 한국 내에서 보호를 받는 저작물이므로
무단 전재와 복제를 금합니다.

조선왕실 원의 석물
Stone sculptures in the Won tombs
of the Joseon Dynasty

조선왕실 **원의 석물**

CAS 한국미술연구소
Center for Art Studies, Korea

김이순 金伊順

홍익대학교와 뉴욕주립대학교(버팔로) 대학원 미술사학과에서 각각 석사학위를 받았으며 홍익대학교 대학원 미술사학과에서 「전후의 용접조각」으로 박사학위를 취득했다. 현재 홍익대학교 미술대학원 교수로 재직하고 있고, ICOMOS-Korea 집행위원, 문화재청 문화재전문위원, 한국미술평론가협회 회장으로 활동하고 있다.

주요 저서로는 『대한제국 황제릉』, 『한국의 근현대미술』, 『현대조각의 새로운 지평』이 있으며, 『근대미술의 대외교섭』, 『근대와 만난 미술과 도시』, 『시대의 눈』 등을 공동 집필했다.

대한제국 황제릉 연구에서 시작된 능묘조각 연구가 조선시대로 확장되었고 조선왕릉 세계문화 유산등재를 위한 학술연구에 참여했다. 능묘관련 논문으로는 「『세종실록』의 후릉 산릉제도 기록에 대한 고찰」, 「세종대왕 '구舊 영릉' 석물 연구」, 「현덕왕후의 소릉 석물」, 「장릉의 왕과 왕후 능의 위치 재고」, 「장릉과 사릉의 석물 연구」, 「융릉과 건릉의 석물조각」 등이 있다.

이 저서는 2011년 대한민국 교육부와 한국학중앙연구원(한국학진흥사업단)을 통해 한국학총서(왕실문화총서)의 지원을 받아 수행된 연구임(AKS-2011-ABB-4102)

차 례

머리말	6
Ⅰ. 원제園制 창안의 배경 및 역사	12
1. 고대 묘장墓葬 명칭의 변화	15
2. 중국의 원급園級 무덤의 사례 및 제도	16
3. 조선왕실 원의 창안과 전개	34
Ⅱ. 원의 조영造營 및 석물石物	52
1. 원소園所 체제의 성립	54
2. 원소의 배치와 구성	58
3. 조영造營 및 상설象設 분석	62
4. 원 조성에 참여한 장인匠人	104
Ⅲ. 조선왕실 13기의 원에 대한 고찰	110
맺음말	274
원의 기록문헌	280
주석	328
참고문헌	340
조선왕실 조성 역대 원 현황표	344
후기	346
찾아보기	347

머리말

'원'園은 '능'陵보다는 덜 장대하고 '묘'墓보다는 더 예를 갖춘 조선 고유의 무덤형식이다. 오례의五禮儀가 엄격하게 지켜졌던 조선에서는 왕과 왕비의 무덤만을 능으로 조성했기 때문에 왕의 친부모라 하더라도 왕이나 왕비가 아닌 경우에는 무덤을 왕릉으로 조성할 수 없었다. 반정反正으로 왕위에 오른 인조仁祖(1595~1649; 재위 1623~1649)는 부모의 무덤을 능으로 조성할 수 없었기 때문에 조선의 전통에는 물론 중국에도 없던 원이라는 무덤제도를 창안했다.

 인조는 전통에 없던 원제를 창안하여 생부의 무덤을 흥경원興慶園으로, 생모의 무덤을 육경원毓慶園으로 봉원封園했지만, 이를 다시 능으로 추봉하면서 원제園制 무덤은 사라지게 된다. 그러다 120여 년이 지난 후에 영조英祖(1694~1776; 재위 1724~1776)가 생모 숙빈 최씨淑嬪崔氏(1670~1718)의 묘를 소령원昭寧園으로 봉원하면서 원은 조선 후기에 본격적으로 왕의 사친을 위한 무덤제도로 자리 잡게 되었다. 영조는 무덤뿐만 아니라 신주를 모시던 육상묘毓祥廟를 육상궁毓祥宮으로 승격시킴으로써 '궁원제宮園制'라는 조선 특유의 예제를 확립했다. 조선 말기에 고종高宗(1852~1919; 재위 1863~1907)은 궁원제를 개편하여 왕의 사친은 물론 세자와 세자빈, 세손의 묘를 일반 왕족들보다

한 단계 격상시킴으로써 원제 대상의 범위를 확장시켰다. 명종明宗(1534~1567; 재위 1545~1567)의 세자였던 순회세자順懷世子(1551~1563)묘를 비롯해서 소현세자昭顯世子(1612~1645)와 소현세자빈昭顯世子嬪(?~1646), 문효세자文孝世子(1782~1786), 의소세손懿昭世孫(1750~1752)의 묘를 봉원했으며, 20세기 초반에는 순강원順康園, 영휘원永徽園, 숭인원崇仁園 등이 조성되었다. 해방 이후에도 영친왕의 영원英園(1970)과 황세손 이구의 회인원懷仁園(2005)을 포함해 총 21기가 조성되었다.

원은 능에 비해 규모가 작지만 조선왕실의 독창적인 무덤제도라는 점에서 주목할 필요가 있다. 그러나 원에 주목하는 보다 중요한 이유는, 인조가 사친을 숭봉하기 위해 원을 창안했다는 사실에서 알 수 있듯이 조선왕실 왕통의 흐름과 변화를 직접적으로 증언하는 역사적 자료라는 점이다. 생전에 왕이나 왕비는 아니었지만 왕통과 직접 관련된 인물들의 무덤이 대부분 원제로 조성되었으며, 이들에 대한 문헌기록들이 상당히 남아 있다. 대표적인 예로 영조의 생모였던 숙빈 최씨의 소령원, 순조의 생모였던 수빈 박씨의 휘경원徽慶園, 그리고 현재는 능으로 추숭되었지만 원래는 원이었던 사도세자의 현륭원顯隆園을 들 수 있다. 또한 원의 특징은 배치와 체제, 석물의 양식에서 변화가 많다는 점이다. 이는 왕릉과 달리 원을 조성하는 기준이 다소 불명확했기 때문이기도 하지만, 보다 근본적으로는 원을 조성한 계기가 다양했기 때문이다.

원은 규모가 작을 뿐 아니라 천장되는 과정에서 정자각, 재실 등 건축물이 사라진 경우가 많아 원래의 모습을 상당히 잃었다. 그러나 석물은 대부분 조성 당시의 것이기 때문에 당시의 역사를 읽어내는 데 중요한 근거가 된다.[1] 왕릉의 석물에 비해 규모가 작으면 작은 대로, 석공의 조각 솜씨가 미숙하면 미숙한 대로 당대의 역사와 문화를 고스란히 함축하고 있기 때문이다.

이렇듯 원은 조선왕실의 왕통 연구에 귀중한 사료임에도 불구하고 지금까지 조선왕실 무덤에 대한 연구는 왕릉을 중심으로 이루어졌으며 원에 대한 연구는 미미한 실정이다. 선행연구로는 소령원에 대한 자료를 집대성한 『숙빈최씨자료집淑嬪崔氏資料集』(한국학중앙연구원, 2009)이 있으며, 궁원제의 성립과 변천을 살핀 논문들이 있는데,[2] 이 연구들은 영조의 궁원제에 초점이 맞춰져 있다. 조선왕실 원의 고유한 특성이나 역사적 가치에 대한 평가는 아직 이루어지지 않았으며, 특히 미술사적 접근을 시도한 연구는 거의 없다. 따라서 본 연구에서는 원의 석물을 근간으로 하여 원제의 창안 배경과 역사, 원의 조성과정을 고찰하여 조선왕실의 원이 지닌 역사적 의미와 고유한 가치를 드러내고자 했다.

이 책에서는 원이라는 무덤제도의 창안과정에서부터 각 원의 조성과 관련된 기록문헌, 그리고 현재 각 원에 배설排設된 석물과 유물을 조사하고 분석하여 조선왕실의 원을 총체적으로 다루었다. 조선왕실과 관련된 원은 기록상으로는 총 21기가 있지만(조선왕실 조성 역대 원 현황표 참조), 그 중에서 홍경원, 육경원, 영우원(현륭원), 유강원은 후대에 능으로 추봉되었고, 인명원은 묘로 강등되어서 15기만이 원으로 남아 있는데, 근래에 조성된 영원과 회인원은 조선왕실에서 조성했던 원과는 다른 면모를 지니고 있기 때문에 제외시켰다. 따라서 조선왕실 무덤의 전통성을 유지하고 있는 13기의 원만을 다루었다.

1장에서는 조선시대에 원이라는 무덤제도가 등장한 배경과 그 특징을 규명하는 데 중점을 두었다. 원의 명칭이 처음 등장하게 된 배경을 중국 능묘제도와의 관련 속에서 추적하면서, 중국에서 조선의 원에 상응하는 태자묘 및 군왕과 후비를 위한 청대의 원침제도를 살펴보았다. 보다 중점을 둔 것은 조선에서 원제를 독자적으로 창안하게 되는 과정과 이후의 추이를 살피는 것이다. 2장에서는 조선왕실 원의 배치 상황을 파악하고, 조영造營과 상설象設을 종류별로 분석했으며, 3장에서는 현존하는 조선왕실의 원 13기에 대해 각 원의 피장자의 신분과 무덤의 조성과정, 그리고 원소園所의 구성과 상설 등을 상세히 고찰했다. 마지막으로 13기의 원과 관련된 기록문헌을 종합적으로 정리했다.

    조선왕실의 무덤은 단순히 죽음의 공간이나 제의적 공간이 아니라 권력을 드러내는 정치적 공간이었다. 조선은 국초부터 왕권의 정통성을 강화하고 가시화하기 위해 각종 제도를 정비하고 의례를 정교하게 다듬어 명문화하고 실행했는데, 왕과 왕비의 무덤을 일반 무덤인 '묘墓'와 차별화해서 '능陵'으로 조성한 것은 왕권을 시각적으로 드러내는 장치였다. 그런 점에서 조선왕실의 능과 원에 대한 연구는 단순히 죽은 자나 상장례에 대한 연구가 아니라 정치, 사회, 문화 전반을 아우르는 연구라 할 수 있다. 게다가 시각적 유물 중심의 미술사적 접근으로 왕실무덤을 고찰하는 것은 기록문헌에 담길 수 없는 다양한 요소들을 밝힐 수 있다는 점에서 그 의미가 크다고 하겠다. 특히 석물은 단순히 피장자의 신분뿐만 아니라 조성자의 의지, 정치와 경제 상황, 문화 수준을 함축하고 있기 때문에 당대 역사의 다양한 층위를 읽어낼 수 있는 귀중한 사료가 된다.

    조선왕릉이 유네스코 세계문화유산으로 등재됨으로써 능에 대해 다양한 각도에서 연구가 이루어지고 있다. 이 책을 기폭제로 삼아 앞으로 원에 대한 연구뿐 아니라 능과 원의 유기적 관계에서 조선왕실의 무덤에 대한 연구가 활발히 이루어지를 기대한다.

조선왕실 13기 원 현황표

(순서는 초장 순)

순	원호	초장묘호	피장자	초장연도	봉원연도	위치
1	순창원 順昌園 사적 제198호	순회묘	순회세자, 1551-1563 공회빈 윤씨, ?-1592 (명종 세자)	1563년	1870년 (고종 7)	고양시 용두동 산 30-1 [서오릉]
2	순강원 順康園 사적 제356호	인빈묘	인빈 김씨, 1555-1613 (추존 원종 생모)	1613년	1755년 (영조 31)	남양주 진접읍 내각리 150
3	소경원 昭慶園 사적 제200호	소현묘	소현세자, 1612-1645 (인조 세자)	1645년	1870년 (고종 7)	고양시 원당동 38-4 [서삼릉]
4	영회원 永懷園 사적 제357호	민회묘 (1718)	민회빈 강씨, 1611-1646 (소현세자 빈)	1646년	1870년 (고종 7)	광명시 노온사동 산 141-20
5	소령원 昭寧園 사적 제358호	소령묘	숙빈 최씨, 1670-1718 (영조 사친)	1718년	1753년 (영조 29)	파주시 광탄면 영장리 267
6	수길원 綏吉園 사적 제359호	정빈묘	정빈 이씨, 1693-1721 (추존 진종 사친)	1721년	1778년 (정조 2)	파주시 광탄면 영장리 266
7	의령원 懿寧園 사적 제200호	의소묘	의소세손, 1750-1752 (영조 세손)	1752년	1870년 (고종 7)	고양시 원당동 38-4 [서삼릉]
8	수경원 綏慶園 사적 제198호	선희묘	영빈 이씨, 1696-1764 (장조-사도세자 사친)	1764년	1899년 (광무 3)	고양시 용두동 산 30-1 [서오릉]
9	효창원 孝昌園 사적 제200호	효창묘	문효세자, 1782-1786 (정조 세자)	1786년	1870년 (고종 7)	고양시 원당동 38-4 [서삼릉]
10	휘경원 徽慶園 사적 제360호		수빈 박씨, 1770-1822 (순조 사친)	1823년	1823년 (순조 23)	양주군 진접면 부평리 267
11	흥원 興園 기념물 제48호	대원군묘	흥선대원군, 1820~1898 여흥부대부인 민씨 (고종 사친)	1898년	1908년 (융희 2)	남양주시 화도읍 창현리 산 22-2
12	영휘원 永徽園 사적 제361호		순헌귀비, 1854-1911 (영친왕 사친)	1911년	1911년	동대문구 청량리동 204-2
13	숭인원 崇仁園 사적 제361호		원손 이진, 1921-1922 (영친왕 자)	1922년	1922년	동대문구 청량리동 204-2

園

원(園)의 조성과 매장 및 역사
Background and history of establishing
the burial system of Won

I

원제園制
창안의
배경 및 역사

01 고대 묘장墓葬 명칭의 변화

02 중국의 원급園級 무덤의 사례 및 제도

03 조선왕실 원의 창안과 전개

무덤의 명칭 변화는 무덤 형식의 진화와 함께 사회계급 제도의 강화 및 체계화와 밀접한 관계가 있다. 원시공동체 사회에서는 사유재산 제도가 없었기 때문에 씨족이 죽으면 모두 한 군데 매장하고 이를 '묘墓'라고 통칭했다. 점차 국가가 생기고 계급이 분화되면서 묘 외에 피장자의 등급을 드러내는 다양한 무덤의 명칭들이 생겼으며, 이는 사회적 계급을 각인시켜서 지배계급의 권위를 강화하는 수단이 되었다. 묘장제도에서 나타나는 등급은 바로 이러한 사회적·정치적 변화의 결과라고 할 수 있는데, 무덤을 구분하는 주요 요소는 무덤의 크기, 의물, 부장품의 수량이었다. 지배계급은 무덤의 크기와 의물의 규모를 달리하여 신분이 다르다는 사실을 시각적으로 드러내고자 했다. 점차 계급이 분화되면서 무덤 역시 체계화되어 갔고, 각 시대에 따른 역사성을 띠게 되었다.

　조선왕실의 능묘제도인 원園과 궁원제宮園制는 조선 고유의 제도이지만 원이라는 명칭은 중국의 고사에서 가져온 것이다. 따라서 조선왕실에서 원제 창안의 배경과 원제 무덤의 독자성을 규명하기 위해서는 조선왕실 묘장제도의 변화는 물론, 중국 묘장제도의 변화에 대해서도 살펴볼 필요가 있다. 특히 원제와 관련성이 있는 특수층의 무덤제도가 어떻게 변화했는지가 고찰되어야 한다.

1. 고대 묘장墓葬 명칭의 변화

중국 무덤의 역사 및 명칭과 관련해서는 상商나라로 거슬러 올라갈 수 있다. 상나라 때에 왕과 귀족의 무덤은 원시사회의 공동묘지 형태에서 벗어나 독립된 구역에 따로 조성되기 시작했다. 주周나라에서는 왕과 귀족의 장묘제도를 구분하기 시작했으며 '묘장'이라는 명칭이 생겼다. 그리고 왕과 귀족의 무덤을 '공묘公墓'라고 칭해 일반 평민을 매장하는 '방묘邦墓'와 구별하고자 했다.

춘추시대에는 '묘墓·분墳·구丘'가 출현했다. '묘'는 평민의 무덤으로, 매장 장소만 있고 봉분은 없었다. 그러다 점차 평민의 무덤에도 낮게 흙을 쌓기 시작했는데 이를 '분'이라 칭했으며, 높은 언덕이라는 뜻의 '구'는 '분'보다 훨씬 큰 규모였다. '총塚' 개념 역시 춘추시대에 형성됐는데, 왕실과 귀족들의 무덤으로서 산처럼 흙을 높이 쌓은 묘장이다. 전국시대에 한어漢語 결구가 쌍음절이 풍부해지면서 점차 '분구墳丘'나 '분묘墳墓' 같은 복합어가 생긴다.[1] 한편 군왕의 분묘를 칭하는 '능陵'이라는 용어는 전국시대 중기에 조趙, 초楚, 진秦 등에서 시작됐는데, 『사기史記』의 「조세가趙世家」 중 조趙의 숙후肅候 15년(BC.335)조에 "수릉壽陵을 일으키다."라는 구절에서 '능'이라는 용어가 최초로 등장한 것으로 알려져 있다.[2]

현재 우리나라에서는 무덤을 묘墓, 원園, 능陵, 분墳, 총塚으로 구분하고 있다. 조선왕실의 전례에 따라 '묘'는 일반인, '원'은 왕실 가족, '능'은 왕과 왕비의 무덤을 지칭한다. 분墳, 고분古墳, 고분군古墳群은 피장자를 확인할 수 없을 경우에 붙이며, 시대가 확인된 무덤은 소재지명에 시대를 복합해서 명명한다. '총塚'은 발굴을 통해 고분의 부장품이 확인됐으나 피장자가 확인되지 않은 고분으로서, 내부 구조에 적석積石, 석실石室 등이 있는 무덤을 지칭한다. 봉토封土만 있는 고분과 구별하여 특기할 유물이 출토됐을 때는 그 유물과 관련하여 명명하고, 만약 벽화가 있는 고분으로서 벽화 중 그림이나 문양을 특별히 강조할 필요가 있을 때는 그 그림이나 문양과 관련하여 명명한다.[3]

2. 중국의 원급園級 무덤의 사례 및 제도

최고 통치자와 일반 상류층 사이에 존재했던 특권층을 예우하고자 하는 생각은 조선시대뿐만 아니라 어느 시대에나 존재한다. 신라나 고려시대에도 특권층의 장례는 특별하게 치러졌겠지만 조선시대의 원제와 같은 선례를 찾기 힘들다. 물론 경주 금령총金鈴塚이 왕자의 무덤으로, 원급에 해당하는 무덤이지만 이는 추정일 뿐이고 아직 구체적으로 밝혀진 바가 없다. 다만 태종무열왕의 아들인 이찬 문왕伊湌文王이 죽자 왕자의 예禮로 장례를 치른 기록이 있어, 특권층의 장례는 별도의 예가 있었음을 짐작할 수 있다.[4] 그 외 신라 진흥왕 때 동륜銅輪이 처음으로 태자로 책봉되었으나 왕위에 오르지 못하고 죽었으며 이후 태자 신분으로 죽은 인물이 효상孝殤, 혜충惠忠, 헌평憲平, 선강宣康 등 8명이나 있었다고 하는데, 지금까지 이들의 무덤에 대해서는 알려진 바가 없다.[5] 고려시대의 경우, 현재 원제 무덤은 물론 왕릉조차도 조사하기 어렵기 때문에 이에 대한 언급은 차후로 미루고자 한다. 원제 무덤을 본격적으로 살펴볼 수 있는 시기는 각종 의례가 발달한 조선시대이다.

조선시대에는 각종 예제禮制를 마련하는 과정에서 중국의 전례典禮를 상고하여 참조했다. 원제를 창안하거나 확대할 때도 중국의 고사를 상고했는데, 이는 단순히 중국에 대한 사대적 입장에서라기보다는 유교를 근본으로 삼고 있는 중국의 전례에서 근거를 찾음으로써 예로부터 내려오는 법도에 어긋나지 않을 뿐만 아니라 권위와 정당성을 확보할 수 있었다. 따라서 조선왕실의 원제 무덤의 독창성을 규명하기 위해서는 조선에서 참고했을 가능성이 있는 중국의 무덤제도를 살필 필요가 있다. 중국의 무덤제도는 진나라에서 시작해서 한나라, 당나라, 송나라 및 명나라를 거치면서 정립되었고, 각 나라마다 조선시대 원제와 비교할만한 제도들이 존재했는데, 이들 중에서 조선왕실에서 원제를 창안하고 확대할 때 상고했을 가능성이 있는 사례들을 살펴보고자 한다.

1) 한나라의 '도원悼園'과 '여원戾園'

조선왕실의 원제는 제16대 인조가 사친을 추숭하면서 시작되었다. 조선의 원제와 동일한 중국의 무덤제도는 찾아보기 어렵지만, 인조가 원제를 창안하면서 참고했던 사례를 살펴보자. 인조는 사친 추숭을 정당화하기 위해 중국의 전례를 찾도록 지시했는데, 홍문관에서 중국의 사례를 조사하여 보고했던 내용이 『승정원일기』 1626년 3월 15일자에 기록되어 있다. 이때 홍문관에서 보고했던 내용은 다음과 같은 『한서漢書』에 실린 한나라 고사였다.

한나라 선제宣帝(BC.91~BC.49)는 태어난 지 겨우 몇 달 만에 무고옥사巫蠱獄事를 만나서 무제의 태자인 그의 할아버지 여태자戾太子, 할머니 사양제史良娣, 아버지 사황손史皇孫, 어머니 왕부인王夫人이 모두 죽임을 당했으나 갓난 아이였던 선제가 간신히 살아남아 이후 황제가 된다. 선제는 황제로 즉위한 후 억울하게 죽은 자신의 선조에게 시호를 올리고 호현湖縣에 있는 이들의 무덤에 원읍園邑을 두라고 명한다. 이에 신하가 시호란 생전의 행적을 나타

1. 왕부인묘, 중국 서안시 문경공원　　　　2. 왕부인묘 안내비, 서안시 문경공원

내는 것이니 선제의 친부 사황손은 슬퍼할 도悼를 써서 도황悼皇, 생모는 도후悼后로 하고 제후왕諸侯王의 원園에 준하여 300호의 봉읍奉邑을 두도록 건의한다. 그리고 조부 여태자 시호는 여戾로 하여 봉읍 200호를 두고, 조모 사양제의 시호는 여부인戾夫人으로 하여 봉읍 30호를 두며, 원園에 장승長丞을 두어 수호할 것을 건의한다. 그리하여 광명廣明의 성향成鄕에 도원悼園을 조성하고, 호현의 야리취邪里聚에 여원戾園을 만들며, 장안長安의 백정白亭 동쪽에 여후원戾后園을 조성한다.

　이때 원은 무덤제도로서 원이 아니라 무덤의 영역이라는 뜻인 능원陵園의 의미였다. 당시 홍문관에서도 원이라는 글자가 무덤의 제도가 아닌 영역의 뜻으로 알고 보고했으나, 인조는 이 고사에서 황제를 지내지 못하고 죽은 선조를 위하여 무덤을 꾸미며 원이라는 칭호를 붙였다는 사실에만 주목하여 조선에서 처음으로 원이라는 새로운 호칭을 만들었다.[6] 도원悼園은 중국 서안시에서 중점문물보호단위로 관리하고 있는 문경공원文景公園의 '서한왕부인묘西汉王夫人墓'로 추정되고 있다.(도 1, 2)

2) 당나라의 '호묘위릉號墓爲陵'

　　조선 말기에 고종은 여러 기의 왕세자묘를 원으로 추숭하면서 그 전례를 중국 고사에서 찾았다. 우의정 홍순목洪淳穆이 "세자나 세손의 무덤을 원으로 승격시킨 것은 당나라에서 태자太子를 공경스럽게 제사지내던 예법을 참고한 것입니다."라고 언급한 대목이 있어,[7] 당나라의 '호묘위릉號墓爲陵' 제도를 그 배경으로 삼았음을 알 수 있다. '호묘위릉'이란 당나라 중종中宗(656~710) 때에 만들어진, 황실의 특별한 가족에 대한 묘장제도이다. 즉, 묘이지만 묘가 아니라 능이라는 개념으로, 그 형식에서 묘장과 부장품을 제왕의 능에 준해 화려하게 조성했다.

　　'호묘위릉' 제도의 출현은 측천무후則天武后(624~705)와 관련이 있다. 의덕태자懿德太子 이중윤李重潤(682~701)과 영태공주永泰公主 이선혜李仙蕙(684~701)는 측천무후의 손자들이었으나 측천무후를 비난하다가 죽임을 당했다. 이들의 아버지 중종은 황제로 복위한 후, 불의에 죽은 장남 이중윤과 7녀 이선혜를 태자와 공주로 추증하고, 묘를 낙양에서 서안 건릉 옆으로 이장했다. 이때 이들의 무덤 내부를 제왕의 능에 준해서 꾸몄다.[8] 현재 서안에 있는 건릉의 배장묘인 의덕태자묘(도 3)와 영태공주묘에서 볼 수 있듯이, 신도 좌우에 석물(도 4, 5, 6)을 배설하고 봉분 아래에 화려한 벽화를 조성하는 등 지하 궁을 꾸몄다.(도 7) 이 묘들의 석물 중에서 석인과 석사자, 망주석 등은 경주의 원성왕릉 석물과 유사하여 양자의 상호관련성을 차후에 면밀히 검토할 필요가 있다.(도 8, 9)

　　중국에서 '호묘위릉' 제도는 의덕태자묘와 영태공주묘에서만 실행된 것으로 알려져 있다. 조선 말기에 고종은 이 제도를 전례로 삼아 '오묘오원五廟五園' 제도를 마련하여 왕세자와 세자빈, 세손의 무덤으로까지 원제의 범위를 확대했다.

3. 의덕태자묘 전경, 중국 서안시

4. 영태공주묘 석인, 서안시

5. 의덕태자묘 신도, 서안시

6. 의덕태자묘 신도 석양

7. 의덕태자묘 지궁 벽화

8. 의덕태자묘 석사자(좌)와 원성왕릉 석사자(우)

9. 의덕태자묘 망주석(좌)과 원성왕릉 망주석(우)

3) 송나라의 '복원濮園'과 '수원秀園'

조선시대에 사친 추숭의 전례를 찾을 때 한나라의 고사 외에 송나라의 영종英宗(1032~1067)이 거론되기도 한다. 영종은 송나라의 복원濮園과 이를 따른 수원秀園에 관한 고사와 관계가 있는 인물이다. 북송의 제5대 영종은 복안의왕濮安懿王(995~1059)의 아들로, 자손이 없던 인종仁宗(1010~1063)의 황태자가 되어 황제에 오른다. 따라서 영종의 친부(복왕)를 황고皇考라고 불러야 하는가, 아니면 인종의 뒤를 이었기 때문에 황백皇伯이라고 불러야 하는가가 문제였다. 이로 인해 영종 2년 4월에 전례에 관한 논의를 구하는 조칙을 내렸고, 복의濮議 논쟁이 시작되었다. 정부中書 측은 황고가 옳다고 하였고, 사마광司馬光 등 대간臺諫 측은 대통大統을 중시하여 황백이라 칭하는 것이 마땅하다고 주장했다. 두 편으로 갈린 관료들의 격렬한 논쟁 끝에 정부 측에서 복왕을 황皇으로 올리고 그 부인을 후后로 하며, 영종은 복왕을 친親이라고 부르는 안을 제출한다. 이러한 복의 논쟁은 방계傍系에서 종통을 계승할 경우에 국정을 파벌싸움으로 몰아넣게 할 수 있다는 사실을 보여주기도 했는데, 이 논쟁이 마무리되자 영종은 조서를 내려 친부 복왕의 무덤을 '복원濮園'이라 개칭하고 사당을 세우게 하였다.[9]

'수원秀園'에 관한 고사는 『송사宋史』권244 「수왕전秀王傳」에 실려 있다. 송나라 제11대 효종孝宗(1127~1194)도 방계에서 양자로 들어가서 황제가 되었는데, 즉위 후 생부生父 안희수왕安僖秀王을 숭봉하고자 했다. 이때, 영종이 복왕을 추숭했던 전례를 따라 생부의 무덤을 '수원秀園'이라 칭하고 사당을 세웠다. 조선 중기에 방계에서 왕이 된 선조가 자신의 아버지를 덕흥대원군으로 추숭한 것도 바로 이러한 중국의 전례를 참고한 것이다.[10]

4) 명나라의 '번왕묘藩王墓'

명나라는 수도를 남경에서 북경으로 천도한 후에 황제들의 무덤을 북경에서 약 40km 떨어져 있는 천수산 아래에 조성하였는데,[11] 이것이 바로 명13릉이다. 황제 다음으로 높은 지위에 있던 비빈과 자녀들의 무덤은 능이 아니라 묘라고 불렀다. 태자와 총애를 받은 비빈의 묘는 별도의 석물 없이 작은 규모로 조성되었는데, 이들이 특별한 대우를 받았던 존재임을 드러내는 방법으로 황제릉의 능역 안에 배장묘로 무덤을 조성하도록 허락했다. 일례로 명13릉 안에 조성되어 있는 '사비이태자묘四妃二太子墓'가 있는데, 이는 제11대 세종숙황제(재위 1521~1566)의 비 4명과 애충태자哀冲太子 및 장경태자庄敬太子의 묘를 지칭한다.

중국 황실의 무덤 중에서 조선왕실의 원처럼 독립된 무덤 공간에 별도의 석물을 배설한 경우는 번국藩國의 묘에서 찾아볼 수 있다. 명나라에서는 봉작제에 의해 황제의 아들들에게 친왕親王의 작위와 봉지封地를 주고 번국을 만들게 하였다. 명나라를 건국한 태조 주원장은 맏아들에게 황제를 물려줬고 나머지 아들들을 전국의 요지에 분봉分封했는데, 이들을 세습한 자손들이 세운 번국들이 있다. 명대 번왕들의 묘에는 석물이 없는 경우가 많지만, 독자적으로 석물을 세워서 체계를 완비한 무덤도 존재한다.[12] 그 대표적인 예로 주원장의 둘째 아들 주상朱樉(1356~1395)의 묘가 있다. 주상은 홍무 3년(1370)에 진왕秦王으로 봉해졌고 1378년에 서안으로 가서 번국을 다스렸다. 주상이 죽자 그에게 민愍이라는 시호를 내려 진민왕秦愍王으로 불렀다. 이후 서안에서는 진민왕의 후손들이 작위를 세습하여 한 지역에 무덤을 조성하여, 일명 '서안 명13릉'이라는 족분을 형성했다. 많은 번왕묘 중에서 진민왕묘는 무덤의 형태가 비교적 잘 보존되어 있다.

진민왕묘의 봉분은 둥근 봉토분으로 하단의 둘레가 약 187미터, 높이가 약 20미터이며, 주위에 5기의 배장묘가 있다. 묘지에는 원래 담장과 향전享殿, 침전, 편전 등이 있었으나 현재는 사라졌고 묘역 주변은 농지로 경작되고 있으며 신도의 석물은 안내판도 없이 방치돼 있는 상태이다.(도 10) 묘역의 훼손에 비해서 석물은 비교적 양호하게 남아 있다. 남쪽에서 봉분을 향하여 망주(주두 없는 8각형 기둥), 석호, 석양, 석기린 각 1쌍, 마부 없이 마구가 장착된 석마 2쌍, 그리고 무석인과 문석인(도 11) 각 1쌍이 신도 좌우에 세워져 있으며, 그 끝에 석사자 1쌍과 귀부의 잔해가 남아 있다. 현재 서측 석양 1기와 무석인 1기는 사라진 상태이다.

10. 진민왕묘 전경, 서안시

11. 진민왕묘 무석인(좌)과 문석인(우), 서안시

한편 진의 번왕묘 중에서 진은왕秦隱王 주상병朱尚炳(1380-1412) 묘의 석물은 입구인 남쪽에서 시작해서 좌우에 석기린 1쌍, 이어서 석마 2쌍, 문석인 1쌍, 무석인 1쌍, 마지막으로 다시 석마 1쌍이 배치되어 있다.(도 12) 조선왕실의 석물 배열과 달리 두 번왕묘의 석물은 무석인이 문석인보다 봉분에 가깝게 놓여 있다. 그러나 번왕묘들의 석물의 수량이나 배치 순서는 서로 다른데, 그 중 신도가 가장 잘 보존되어 있다는 진秦 번왕묘들의 석물을 정리하면 〈표 1〉과 같다.[13]

12. 진은왕 신도 석물, 서안시

표1 섬서성 서안 진번왕묘군 석물 (단위: 쌍)

왕	재위	망주	석호	석양	기린	석마	마관	문관	무관	비고
愍王	1370-1395	1	1	1	1	1	1	1		석양 1기 결실
隱王	1395-1412				1	3		1	1	
康王	1428-1455					2		1	1	
惠王	1458-1486	1	1	1	1	2		1	1	
簡王	1488-1498				1	2		1	1	
宣王	1548-1566	1	1	1		1	1	1		말과 마관 일체

13. 서달묘, 남경

14. 서달묘 신도

이와 같이 서안의 진 왕실묘 13기는 원형이 흐트러진 점을 감안한다 하더라도 본래 동일한 체제를 갖추었다고 보기 어렵다. 명나라 태조의 효릉이나 효릉에 배장된 공신묘인 서달徐達(1332~1385)묘(도 13)와 비교하면, 봉분과 석물 크기나 전체 규모에서 친왕과 군왕의 무덤은 황제보다 낮고 공후보다 높은 등급임을 알 수 있다.(도 14)

그러면 명나라 무덤제도에서 조선왕실의 원에 해당하는 장묘제도는 무엇일까? 명나라 석상생 제도에 대해서는 『대명회전』 권203에 황릉 중 성조成祖(1360~1424) 장릉에 18쌍의 석상생이 있음이 기록되어 있고, 공후묘의 석수와 비석 제도는 홍무 29년(1396)에 "石碑螭首 高三尺二寸, 碑身 高九尺, 闊三尺六寸, 龜趺 高三尺八寸, 石人二, 石馬二, 石羊二, 石虎二, 石望柱二"라고 정했다.[14] 그러나 친왕, 군왕과 종실의 기타 봉작한 사람들의 묘에 설치하는 석의물에 대한 설명은 찾아보기 어렵다. 명대의 기타 문헌인 『국조전휘國朝典彙』, 『황명전례지皇明典禮志』에서도 황제나 황실귀족 무덤의 석의물에 관한 통일된 규율을 찾을 수 없다.[15]

이렇듯 명나라의 친왕과 군왕 묘의 석의물에 관한 규정이 없는 이유는 공후묘의 규정을 정한 홍무洪武(1368~1398) 말년까지 황제릉의 신도에 배설하는 석의물 제도가 확립되지 않았으므로[16] 왕묘의 석의물 제도를 마련할 근거가 없었기 때문이다. 북경의 명13릉에서 인종仁宗(1378~1425) 헌릉獻陵 이하 여러 능에 하나의 신도만을 조성하고 석물을 배설했기 때문에 석물에 관한 제도를 마련할 기회가 없었을 것이다. 다시 말해, 황제릉에 배설하는 석의물에 관한 규정조차 없었던 탓에 왕묘의 석의물 규정은 마련될 수 없었고, 따라서 각 번왕의 시조릉을 참작하면서 다양하게 조성할 수밖에 없었을 것이다.

요컨대 조선왕실에서 제도를 마련할 때 여러 부분에서 명나라의 제도를 참고했으나 원제의 도입과 전개에 있어서는 중국의 전례를 직접적으로 참고했다고 보기 어렵다. 다만 황제의 능과 번왕의 묘를 조성하는 데 차등을 둔다는 개념만을 수용한 것으로 판단된다. 하지만 300년 가까이 지속된 명나라 진왕묘의 독자적인 변화는 조선왕릉 연구에 참고할 만하다.

5) 청나라의 '원침園寢' 제도

조선왕실의 원과 가장 유사한 중국의 장묘제도는 청나라의 '원침' 제도이다. 청나라에서는 일반적인 분묘를 '분원墳園' 혹은 '분영墳塋'이라 하였고 황제와 황후의 무덤을 능 혹은 능침 그리고 비빈妃嬪, 친왕, 공주, 황족 중 작위를 받은 종실 귀족의 무덤을 통칭해 '원침園寢'이라 하였다. 즉, 능과 묘 사이에 원침을 두어 역대 왕조에서는 볼 수 없었던 일종의 특수한 상장제도의 등급을 만들었다.[17]

청나라에서 원침제도가 확립된 시기는 1644년(순치 원년)에 수도를 심양에서 북경으로 천도한 이후로, 청나라 초기의 '동경릉東京陵'의 번성과 쇠퇴과정에서 원침제도의 확립 과정을 확인할 수 있다. 청 태조(누르하치, 1559~1626)는 1624년에 그의 조부(景祖), 부친(顯祖), 백부, 숙부, 동생, 아들(褚英) 등의 무덤을 요녕성에 천장하여 '동경릉'이라 불렀다. 태조가 죽은 후 아들 태종(1592~1643)은 1629년(태종 3년) 2월에 심양에 태조의 복릉福陵을 조성하고 태조의 부인 2명을 동경릉에서 옮겨 복릉에 합장했다. 1658년(순치 15년)에는 태조의 조부와 부친 가족들의 무덤을 동경릉에서 다시 옛 흥경릉興京陵으로 천장했는데, 그 결과 동경릉은 태조의 친동생과 아들만 남게 되어 묘역의 급이 낮아졌고, 1659년(순치 16년)에 흥경릉을 영릉永陵이라 개칭하자 동경릉은 완전히 조상묘역으로서의 지위를 상실하게 되었다.(도 15) 조정에서는 동경릉에 더 이상 황제릉에 해당하는 제사를 지내지 않고 사전祀典도 폐지하

15. 청 동경릉, 요녕성

면서 실질적으로 능침보다 급이 낮은 '원침'이 생겨나게 된 것이다. 대신 태조의 조상 묘역인 영릉의 위치가 높아지고 '능침'과 '원침'에 등급의 구분이 생겼다. 따라서 후대에 '능'으로 불리긴 하지만 태조의 아들 묘역인 동경릉은 실질적으로 원침에 해당된다.[18]

청나라에서 원침의 대상에 해당하는 신분은 황제의 후궁과 아들, 봉작한 종실귀족, 황후와 비빈 소생 공주와 부마이며, 원침에는 신교神橋, 비루碑樓, 궁문宮門, 향전享殿, 월대月臺, 보정宝頂, 위장圍墻 등이 건립되었다. 『대청회전사례大淸會典事例』에는 원침의 관리 조직구성, 원침 조성 비용지출, 원침 비석제도, 건축, 수분호守墳戶 수량 등 원침에 대한 구체적 규정이 보인다.[19] 예를 들어, 원침 비석제도 규정 중에 비석의 비수碑首 규정을 보면, 친왕은 교룡蛟龍에 높이가 4.5척, 친왕세자와 군왕은 교룡에 3.9척, 패륵은 교룡에 3.6척, 진국장군은 이수螭首에 3척, 보국장군은 기린수麒麟首 형태로 하고 높이를 2.8척으로 정하여 차등을 두었다.[20] 그러나 비석 외에는 원침의 석물에 대한 세부 규정이 없다. 이는 원침의 위치가 주로 가족분의 개념인 황제릉의 구역 안에 배장묘로 조성되어 별도의 석물을 배설할 필요가 없었기 때문이다.(도 16) 청 세종(옹정제)의 태릉에 비빈 21명의 무덤이 집단으로 조성된 원침이 그 좋은 예이다. 배장묘를 포함한 황제릉의 구역에는 명나라와 마찬가지로 전체 능역 바깥 입구에 긴 신도가 있고 신도 좌우에 석물이 배치되어 있다. 단, 북경에 있는 태조의 일곱째 아들 요여민친왕僥余敏親王의 원침(1662년 추봉)과 그 아들 안친왕安親王(1689년 졸)의 원침에는 석물이 조성되어 있는데,(도 17) 이는 예외적인 경우이다.21

청 황실의 무덤으로는 12기의 황제릉, 7기의 황후릉, 그리고 10기의 후비

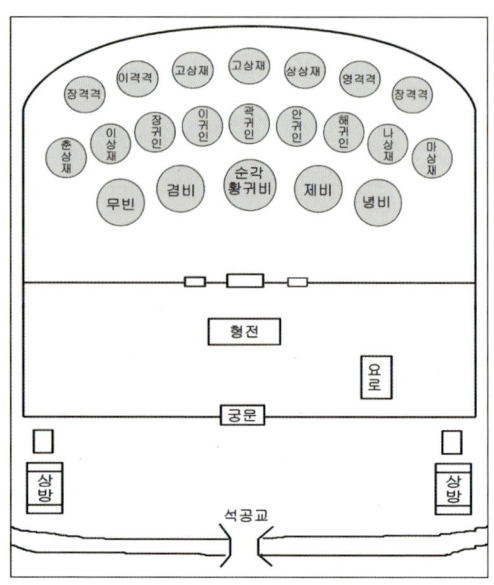
16. 청 태릉비 원침 배치도, 청 서릉

17. 요여민친왕묘 석마와 마부, 북경

원침을 포함한 다수의 원침이 있는데, 황태자 원침으로는 유일하게 단혜端慧황태자 원침이 천진시 계현薊縣에 있다. 건륭황제(1711-1799)의 아들 단혜황태

18. 단혜황태자 원침 비석, 중국 천진시

자는 1736년에 태자밀건법太子密建法²²에 따라 황태자 책봉을 받았으나 이듬해 아홉 살의 나이로 사망했다. 1742년에 원침을 조성했는데, 황태자 신분이었으므로 친왕의 원침보다 규모를 크게 조성하였다. 원래는 삼공석교를 지나서 다리 건너 동측에 신주고 神厨庫를 짓고 동서배전과 향전 등이 있는 일반적인 청나라 원침제도를 따랐으나, 현재는 건물터와 비석만을 볼 수 있다.(도 18) 이를 바탕으로 청의 원침을 조선의 원과 비교하면 다음(표 2)과 같이 적잖은 차이점을 발견할 수 있다.

표2 조선의 원제와 청의 원침제 비교

구분	조선의 왕실	청의 황실	기타
명칭	園	園寢	
창제	1626년	1653년 『대청회전사례』	
대상	사친, 세자, 세손	후궁, 황자, 공주, 봉작귀족	
개념	무덤	무덤과 침전	원의 사당은 궁원제에 의하여 별도 건축
園號	있음	없음	
주요 유물	석물과 정자각	건축	규정에 명시
석물	갖춤	없음	
묘실	관곽구조	지하 궁	
부장품	明器	實器	
배치	단독	복합, 가족분	
경계	홍살문	궁문, 園墻	

지금까지 중국 무덤에서 능과 묘의 중간적 등급에 해당하는 사례를 살펴보았는데, 중국에서는 하나의 제도로 정착되어 이어지지 않았기 때문에 일관성 있는 흐름은 찾을 수가 없다. 단지 각 시대별로 특수 묘장이 있었을 뿐이다. 따라서 중국의 원제를 체계적으로 설명할 수 없을 뿐 아니라 조선왕실의 원의 전개 상황과 비교해서 설명하기가 어렵다. 비록 청나라에서 원침제도를 만들었지만 사실상 조선의 원제 창안과는 직접적인 관계가 있다고 볼 수 없다. 조선왕실 최초의 원園인 홍경원은 1626년에 조성되었고 중국에서는 그 보다 늦은 1653년 『대청회전사례』에 원침의 규제가 들어 있기 때문이다. 요컨대 중국의 원침은 조선왕실의 원에 상응하는 등급이지만 둘 사이에 직접적인 영향관계가 있다고 보기는 어렵다. 더구나 인조 연간은 병자호란이 일어나고 삼전도 굴욕(1636)까지 당하던 시기로서 기본적으로 청나라보다는 명나라의 문화를 높이 평가하고 있었다. 조선에서 청의 원침제도를 주목했던 기록은 1908년에 흥선대원군의 무덤을 봉원하는 과정에서 찾아볼 수 있을 뿐이다.[23] 조선의 원과 청의 원침은 왕실과 황실의 특수층의 무덤 명칭이라는 기본 개념에서는 공통점이 있지만 각각의 상이한 필요에 의해서 창안된 것이다. 따라서 조선왕실 궁원제는 조선의 역사적 상황에서 창안되고 발전한 제도로서 조선 고유의 가치를 지닌다는 점을 재확인할 수 있다.

3. 조선왕실 원의 창안과 전개

앞 장에서 중국의 통치자 가족의 특수층의 묘장에 대하여 각 시대와 국가별로 살펴본 결과, 이들에 대해 특별한 예장禮葬을 치른 것은 사실이지만 일정한 전례가 있었던 것은 아니었다. 이와 달리 조선왕실에서는 원이라는 무덤제도를 조선 중기에 체계화된 예장 제도로 발전시켰다. 국초에 마련한 국조오례의와 마찬가지로, 일관성을 가지고 지속적으로 발전시킨 결과 조선 고유의 무덤제도로 정착된 것이다. 그 과정을 4단계, 즉 원제를 창안한 '창시기', 원제 무덤이 등장하지 않고 잠시 수면 아래에 있으면서 결코 사라졌다고 보기 어려운 '잠복기', 수면 아래에 있던 원제를 부상시켜 궁원제로 정착시킨 '부활기', 그리고 사친뿐 아니라 세자와 세손으로까지 대상 범위를 넓힌 '확대기'로 구분할 수 있는데, 이제 이에 대해 구체적으로 살펴보도록 하자.

1) 원의 창시기(1626년~1632년)

원이라는 무덤제도는 왕이 자신을 낳은 부모를 추숭해야 할 필요성에서 창안되었다. 조선왕실에서 선왕의 적자嫡子가 왕의 자리를 잇는 자연스러운 왕통 계승이 이루어지지 못하고 후궁 소생이나 왕실의 방계에서 왕위를 계승했을 경우에는 왕의 사친의 무덤을 능제로 조성할 수 없었다. 때문에 새로 보좌에 오른 왕은 법통을 세우고 동시에 왕권 강화를 위해서 사친을 추숭할 필요가 있었다. 효의 측면에서도 사친을 추숭하지 않는 것은 도리가 아니었을 것이다. 왕의 생부는 왕으로 추존되거나 대원군으로 올릴 수 있지만, 생모가 후궁 출신일 경우에는 왕비로 추숭할 수가 없었다. 왕이 된 아들의 입장에서 사사로운 정리情理로 생각하면 생모를 왕비로 추숭하고 무덤을 능제로 조성하고 싶었겠지만, 조선왕실의 법도에서 이는 불가능했다. 결국 법통을 지키면서 효를 다하고자 하는 해결 방안으로 창안해 낸 것 중 하나가 '원'이라는 무덤제도이다. 조선왕실의 원제를 창안한 것은 반정으로 왕위에 오른 인조였다.

인조 이전에도 사친 추숭의 사례가 적잖다. 조선왕실에서 실질적인 사친 추숭은 예종睿宗(1450~1469; 재위 1468~1469)에 이어 왕위에 오른 성종成宗 (1457~1494; 재위 1469~1494)으로 거슬러 올라갈 수 있다. 성종은 생부 의경세자 (1438~1457)의 시호를 온문의경왕溫文懿敬王, 묘호廟號를 의경묘懿敬廟, 능호를 경릉敬陵으로 추숭한다. 의경세자는 세자로 책봉되었지만 20세에 요절한 탓에 왕위에 오르지 못했고 의경세자의 동생이 왕위에 올랐는데, 그가 바로 예종이다. 예종 역시 일찍 세상을 떴고 제안대군이라는 아들이 있었지만 너무 어려서 왕위를 계승하지 못하고 의경세자의 아들이 예종의 뒤를 이었는데, 그가 성종이다. 성종은 생부인 의경세자를 덕종으로 추숭했는데, 이는 이후 사친추숭의 전례가 되었고, 더불어 성종의 생모인 수빈 한씨粹嬪韓氏를 인수왕비 仁粹王妃(1437~1504)로 휘호徽號를 올린다.[24]

성종에 이어 왕위에 오른 연산군燕山君(1476~1506; 재위 1494~1506)은 폐비가 되어 사약을 받고 죽은 생모 윤씨를 추숭하였다. 연산군은 왕위에 오른 지 2년 후인 1496년에 생모의 무덤을 천장하려고 하면서 "묘墓를 옮길 때에 지방紙牓과 명정銘旌을 어떻게 쓸 것이며, 신주와 사당을 세울 절목節目을 아울러 옛 제도를 상고하여 아뢰라."라고 한다. 폐비 윤씨는 왕의 생모이지만 사약을 받은 경우이기 때문에 이와 유사한 중국의 다양한 사례를 상고하도록 한 것이다.[25] 실질적인 추숭은 1504년 갑자사화 이후에 이뤄졌다. 연산군은 폐비 윤씨를 제헌왕후로 추존하였으며 묘를 능으로 격상시켜 회릉懷陵이라 칭하고 석물을 왕릉의 체제로 조성했다. 그러나 2년 후에 중종반정으로 연산군이 왕좌에서 물러나면서 회릉은 회묘懷墓로 강봉降封되었고 제헌왕후라는 시호도 삭탈되었다. 회묘는 1969년에 서울 동대문구 회기동에서 서삼릉 내로 이장되었다.

선조宣祖(1552~1608; 재위 1567~1608) 역시 사친을 추숭했다. 선조가 즉위할

19. 덕흥대원군묘와 신도비, 남양주

당시의 신분은 앞서 언급한 성종이나 연산군과 달랐다. 친부인 덕흥군德興君은 제11대 왕 중종의 일곱째 아들로 중종의 후궁인 창빈 안씨昌嬪安氏의 소생이었는데, 선조는 덕흥군의 셋째 아들이다. 선조는 조선왕조에서 처음으로 왕의 직계가 아닌 왕실의 방계에서 왕위를 계승한 왕으로서, 생부인 덕흥군을 '대원군大院君'이라는 제도를 만들어서 추숭했다. 그러나 대원군의 묘를 능으로까지 높이거나 별도의 제도를 만들지는 못했다.(도 19)

원제가 도입되기 전에 마지막으로 사친을 추숭한 왕은 광해군光海君 (1575~1641; 재위 1608~1623)이다. 선조는 적자가 없어 세자를 책봉하지 못한 상태에서 임진왜란을 맞게 된다. 후궁 공빈 김씨恭嬪金氏(1553~1577)의 차남인 광해군이 세자가 될 수 있었던 것은 왜란으로 인하여 왕의 파천播遷을 검토해야 하는 국가적 비상 상황이었기 때문에 가능했을 것이다.[26] 대신들의 반대 논란에도 불구하고 광해군은 즉위 2년(1610) 3월 29일 생모 공빈 김씨를 추존하여 자숙단인공성왕후慈淑端仁恭聖王后라 칭하고, 전殿의 이름은 봉자奉慈, 능의 이름은 성릉成陵으로 올리는 데 성공했다. 그러나 연산군의 경우처럼 조선왕실에서 아들이 어머니를 무리하게 왕후로 추존한 경우는 결국 원점으로 돌려졌다. 1623년 인조반정으로 광해군이 폐위되고 나서 공성왕후라는 시호는 삭탈되고 성릉은 공빈묘로 강봉되었다. 당시 묘소에 어긋나게 세운 석물들을 헐도록 했으나,[27] 현재 경기도 남양주에 있는 공빈묘의 석물은 왕릉 체제를 그대로 유지하고 있다.(도 20)

능과 묘의 중간 등급에 해당하는 무덤제도로 원園을 창안한 인조 역시 사친 추숭에 심혈을 기울였다. 인조의 생부 정원대원군定遠大院君(1580~1619)은

20. 공빈 김씨 성묘, 남양주

선조의 후궁 인빈 김씨의 아들로 1619년(광해군 11)에 사망했고 무덤은 경기도 양주에 있었다.[28] 인조는 1626년(인조 4년) 2월에 생모가 사망하자 장지를 경기도 김포로 결정하는데, 이때 사친을 존숭하는 방법으로 묘에 이름을 지을 것을 생각하고,[29] 1626년 3월 12일에 비망기備忘記로 "사친私親 산소의 묘호墓號를 한나라의 고사에 의거하여 의정義定하라."고 지시했다.[30] 홍문관에서 한나라의 고사를 살핀 결과를 보고한 내용이 『승정원일기』 3월 15일자에 기록되어 있는데, 이를 간추리면 다음과 같다.

한나라 선제宣帝가 황제에 오른 뒤에 '아비가 사士이고 아들이 천자이면 제사를 천자의 예로 모신다'는 전례에 따라, 생부모의 존호尊號를 올려 황고皇考라 하고 사당을 세웠으며, 원園에 침전寢殿을 만들고 시절마다 제사를 올렸다는 고사를 상고하면서, "양한兩漢에 걸쳐 사친을 높이 받든 황제들이 여기에 그치지 않습니다. 환제桓帝, 영제靈帝 같은 이들은 모두 자신의 친생 고비考妣를 추존하여 황皇 또는 후后로 하였습니다. 그래서 그들 장지葬地를 바로 능陵이라 하였는데, 이러한 것들은 너무나 예를 무시하고 제도에 어긋난 처사여서 밝으신 성상께서도 매우 싫어하시어 그렇게 하려고는 않으실 것입니다. 다만 선제宣帝는 '능陵'자를 피하여 쓰지 않고 '원園'이라고 칭하였는데, 이 밖에는 달리 근거 삼을 만한 고사가 없습니다."라고 보고했다.[31]

이 상고의 내용에 대해서는 대신들 사이에 의견이 분분했다. 좌의정 윤방尹昉은 "'능陵'자는 이미 쓸 수가 없고 '원園'자 역시 근래에는 쓰지 않는 것이니, 성상의 하교대로 '묘墓'자 위에 명칭을 붙여 일반 묘와 구별하는 것이 타당할 듯합니다."라 하였다. 우의정 신흠申欽은 "김포 산소에 묘호가 있어야 하지 않겠느냐는 뜻으로 예조에 내리신 전교를 삼가 보았는데, 홍문관이 널리 고사를 상고한 끝에 아뢴 내용을 보니 홍문관이 상고해 낸 것은 묘墓가 아니고 원園에 관한 일이어서 전교하신 본의와는 어긋난 것이며, 게다가 원園의 기원을 고찰해 보면, 삼대三代 이전에는 묘제墓祭가 없었다가 진시황이 묘 옆에 침전寢殿을 두었는데, 한대에 진대의 제도를 그대로 따라 모든 능에 침전을 두어 생시에 기거하던 것과 똑같이 의복 등 모든 용구를 갖추어 두고 '침원寢園'이라 이름하였습니다. 이것은 태상황太上皇 이하 고제高帝, 혜제惠帝, 문제文帝, 경제景帝 대에 각기 모두 있었습니다. 이렇게 본다면 원이란 바로 능을 달리 부르는 칭호로서, 옛사람들의 문자에도 원릉園陵이니 침원寢園이니 하는 말이 있습니다. 곧 원園은 천자와 제후에 공통되게 말하는 것이지, 묘의 위, 능의 아래에 별도의 '원園'자를 두어 그것으로 위아래의 등급을 매겨서 능이니 원이니 했던 것이 아닙니다. (중략) 지금 만약 묘를 원으로 고쳐 부르려고 한다면 처음으로 시작되는 일인 만큼 심사숙고하여 신중히 처리하지 않으면 안 됩니다. 차라리 성상의 하교대로 '묘墓'자 위에 색다른 명칭을 붙여 다른 묘와 차이가 나도록 하는 것이 타당하지 않을까 싶습니다."라고 하였다.[32]

이와 같은 보고를 받은 인조는 '원'이라는 용어 사용의 문제점을 분명히 알고 있었겠지만, 결국 원이라는 용어를 선택하며 다음과 같이 하교한다.

> 제帝와 왕王, 두 가지 호칭이 본디는 높고 낮은 차이가 없었으나 진대秦代에 이르러 구별하기 시작하여 지금까지 준행하고 있다. 이와 마찬가지로 능과 원을 비록 통칭한다고는 하나 한대, 송대에 헤아려 정한 것이 어찌 그만한 뜻이 없겠는가. 더구나 원은 본디 능명陵名을 참핍僭逼하는 것이 아닌 데야 더 말할 나위가 있는가. 한나라 선제宣帝의 고사대로 김포의 산소를 아무 원園이라고 칭하여 다소 구별하는 뜻을 보존하라.[33]

이로써 조선왕실에서 원은 능에 버금가는 무덤제도로 등장하게 된다. 인조는 1626년 4월 1일에 양주 정원대원군의 원호園號를 흥경원興慶園으로 올리고³⁴ 어머니 연주부부인 구씨(계운궁) 산소의 원호를 육경원毓慶園으로 정했다. 그러나 이를 집행해야 할 예조에서 이행하지 않자 우부승지 김수현이 대신해서 집행한다.³⁵ 원호에 대해 반대하는 대신들의 의견이 잇달았고, 4월 10일에는 "원園으로 호칭하는 문제는 선조宣祖께서도 행한 적이 없는 일"로 부모에 대한 정에 끌려 도리에 어긋나는 일을 해서는 안 된다는 등의 반대 상소가 올라왔지만, 인조는 이미 결정된 일을 논하는 것은 늦었다며 상소를 물리쳤다.³⁶ 이렇게 해서 1626년에 조선왕실에 원이라는 무덤제도가 도입된 것이다.

2) 원의 잠복기(1633년~1752년)

인조는 사친의 무덤을 어렵게 봉원하고서 불과 6년 만에 능으로 추봉하였다. 1627년에 양주의 흥경원을 김포로 이장하고, 1632년에는 정원대원군을 원종元宗으로, 계운궁을 인헌왕후로 추존하였으며, 흥경원을 장릉章陵으로 추숭하고 육경원을 장릉에 합장하면서 원제의 무덤은 곧 사라졌다.(도 21)

1753년에 영조가 생모의 무덤을 원으로 승격시키기 전까지 원제로 조성된 무덤은 없었다. 그렇다고 조선왕실에서 능과 묘의 중간 무덤제도로서 원의 존재를 완전히 없앤 것은 아니었다. 1645년 4월 26일에 소현세자(1612~1645)가 죽었을 때 원에 대해 논의한 적이 있다. 인조는 이조吏曹에서 올린 서류 중에 세자묘를 지키는 '수원관守園官'이란 직책에서 '원園'자가 합당한지의 여부를 상고하도록 했다. 이조에서 "원園자는 대체로 옛날 태자에게 호칭했던 것을 모방한 것"이고 따라서 '수원守園'이라는 호칭도 근거할 만한 것이라고 했지만, 인조는 '수원관守園官'을 '수묘관守墓官'으로 고치게 하고,³⁷ '원소도감園所都監'이란 명칭에서 '원소園所'를 '묘소墓所'로 개칭하도록 했다.³⁸

21. 원종 장릉, 김포

22. 대빈묘, 서오릉

인조는 생부를 추존하기 위해 심혈을 기울인 것과 달리, 아들의 경우에는 '원'이라는 단어조차도 사용하지 못하게 했다. 이러한 사실은 소현세자의 아들 즉, 원손을 세자로 삼지 않고 봉림대군(훗날의 효종)을 세자로 책봉한 사실과 함께 인조와 소현세자 간의 갈등관계를 확인할 수 있게 한다.

'원'자가 다시 등장하는 것은 숙종대였다. 1718년(숙종 44)에 세자빈 심씨(훗날의 단의왕후)가 죽자 원소도감園所都監을 설치했다. 하지만 원소園所의 '원園'자와 수원守園의 '원園'자를 모두 '묘墓'자로 고쳤다.³⁹ 인조가 홍경원을 만들었지만 1632년에 홍경원을 장릉章陵으로 추봉하는 바람에 당시에 원제로 조성된 무덤이 없었으므로 세자빈의 무덤을 원제로 조성하려다가 바로 묘제로 되돌린 것이다.

숙종 때에 원을 조성할 기회가 또 한 차례 있었다. 숙종은 한때 자신의 부인이자 아들 경종景宗(1688~1724; 재위 1720~1724)을 낳은 희빈 장씨를 1701년(숙종 27)에 자진自盡하게 했으나 장례는 예장으로 치러주었다. 그리고 세상을 뜨기 1년 전인 1719년(숙종 45)에 희빈묘를 광주로 천장하였는데, 숙종이 직접 지휘해 묘자리를 정하고 천장의 절차도 논의했으며, 세자인 경종에게 망곡례를 하도록 허용했다. 경종이 즉위하자 왕비에서 희빈으로 강등되었던 장씨의 추숭에 대한 조정의 논의가 분분했으며, 결국 1722년(경종 2) 10월에 희빈 장씨를 옥산부대빈玉山府大嬪으로 추존했다. 부대빈은 왕비보다는 아래지만 빈嬪보다 한 단계 높은 지위로, 사친 추숭을 위해 만든 새로운 제도였다. 조선시대에 대빈의 작위를 받은 사람은 희빈 장씨가 유일하다.⁴⁰ 숙종이 1701년(숙종 27)에 내린 "빈어嬪御가 후비后妃의 자리에 오를 수 없도록 하라."는 하교로 인해 왕비로 추숭은 어려웠다.⁴¹ 이때 묘를 원으로 추숭할 수 있었으나 봉원封園하지 않았고, 현재 서오릉 경내로 이장되어 대빈묘로 칭해지고 있다.(도 22)

요컨대, 인조 이후에 영조가 생모의 무덤을 소령원으로 봉원할 때까지 원제로 조성된 무덤은 없었지만 그 기간에 원제가 완전히 폐지된 것은 아니고 정치적인 이유로 원이 조성되지 않았을 뿐이다. 따라서 홍경원과 육경원이 1632년에 왕릉으로 추봉되면서 원제 무덤이 사라진 이후 원제의 무덤이 등장하지 않은 것은 원제가 폐지되었다기보다는 정치적인 이유로 원제 무덤이 조성되지 못했기 때문에 이 시기를 잠복기라고 할 수 있다.

3) 원의 부활기(1753년~1869년)와 '궁원제宮園制' 도입

영조가 왕위에 오른 지 29년 만인 1753년에 생모 숙빈 최씨 묘를 소령원으로 추봉하면서 조선왕실에서 120여 년 만에 원제 무덤이 다시 등장했다. 앞서 언급한 대로, 인조는 사친의 무덤을 능으로까지 추봉하는 데 성공했지만 연산군과 광해군이 추봉한 사친의 능은 묘로 되돌려지고 말았다. 영조는 면밀한 연구 끝에 사친의 묘를 능으로 추봉하는 대신 궁원제를 도입하였다.

영조가 부활시킨 원제는 조선왕실의 고유한 장묘제도로 정착되었다. 영조는 52년이라는 긴 통치기간 동안 두 명의 왕비와 네 명의 후궁을 두었는데, 왕비들과의 사이에는 아들이 없었고, 후궁들이 낳은 자녀들 중 두 아들(효장세자와 사도세자)과 장손(의소세손)이 사망해 결국은 차손(정조)에게 왕통을 넘기게 된다. 이렇게 연속된 훙서薨逝로 인하여 조선왕실의 원은 영조와 관련된 경우가 많다.(도 23) 이 책에서 다루는 13기 원 중에서 6기가 영조 재위 연간에 해당하는, 1724년에서 1776년 사이에 원으로 추봉되었거나 영조와 직접 관련 있는 묘가 후대에 원으로 추봉된 경우다.[42] 한편 24년 동안 재위했던 정조와 관련 있는 원으로는 아버지 사도세자의 현륭원 외에 후궁 수

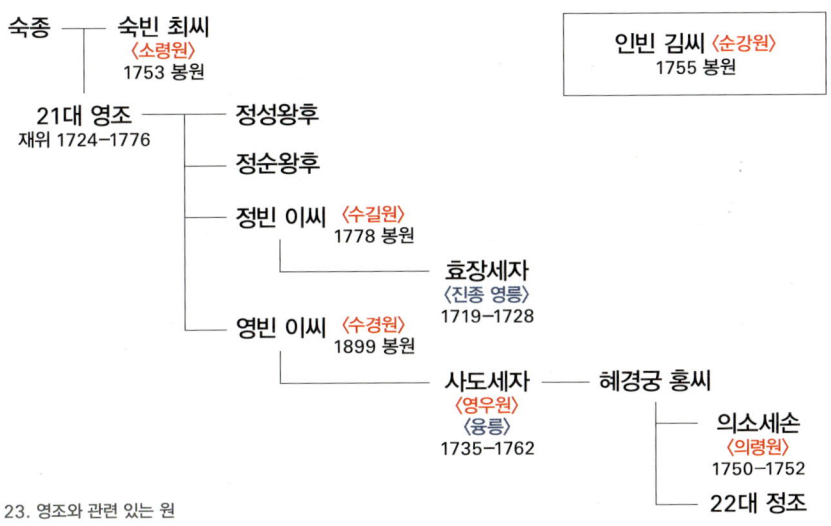

23. 영조와 관련 있는 원

빈 박씨(순조의 생모)의 휘경원, 아들(문효세자)의 효창원이 있다. 이 외에 원으로 조성됐다가 법도에 어긋나기 때문에 묘로 격하된 인명원仁明園도 있다.

 인명원과 관련해서는 후궁의 무덤에 대한 조선왕실의 원칙을 살펴볼 수 있다. 정조는 1779년 5월 7일에 첫 후궁인 원빈 홍씨(1766~1779)가 죽자 당나라의 '개원례開元禮'와 명나라의 비빈妃嬪의 예에 의거하여 시호를 인숙仁淑, 궁호를 효휘孝徽, 원호를 인명仁明이라고 추증한다.⁴³ 중국의 예에 따라 후궁에게 궁호와 원호를 내렸다고 하지만 사실 여기에는 원빈 홍씨의 오빠 홍국영의 힘이 작용했을 것이며, 그 단초를 제공한 것은 궁원제를 만든 영조였다. 영조가 후궁인 빈嬪도 궁원제에 포함시킬 것을 유명으로 남겼기 때문이다. 후궁 영빈 이씨의 장례 후 영조는 직접 글을 써서 예조에 간직해 두라고 명했는데, 그 내용은 자신의 후궁들이자 효장세자와 사도세자의 생모들이었던 정빈 이씨묘(훗날 수길원으로 봉원)와 영빈 이씨 의열묘(훗날 수경원으로 봉원)를

24. 장조 융릉

후일에 차례로 봉원하라는 것이었다.[44] 그러나 이 두 후궁과 달리, 원빈 홍씨는 세자를 둔 적이 없기 때문에 인명원은 조성된 지 7년 만에 원빈 홍씨 묘로 개칭되었다.[45] 인조 이후 영정조대에 조성된 순강원, 소령원, 수길원, 영우원(현륭원), 수경원, 휘경원 중에서 사도세자의 현륭원(고종대에 융릉(도 24)으로 추봉)을 제외하고는 모두 세자를 낳은 후궁들의 무덤이다.

4) 원제의 확대기(1870년 이후)와 '오묘오원五廟五園'

영정조대까지는 사친의 무덤만을 원제로 조성할 수 있었고 세자나 세자빈은 포함되지 않았다. 정조가 즉위한 직후(1776년 3월)에 사도세자의 존호를 장헌세자莊獻世子로 올리고 궁호宮號를 경모궁景慕宮으로 정했으며 무덤을 수은묘垂恩墓에서 영우원永祐園으로 추숭했는데, 이는 세자로서가 아니라 정조의 사친으로서 추숭된 것이다.[46]

원제의 대상이 세자와 세자빈, 그리고 세손으로까지 확대된 것은 고종 대였다. 1870년(고종 7)에 순회세자, 소현세자, 소현세자빈, 의소세손, 문효세자의 묘가 원으로 추봉되었다. 이른바 "경오년의 오묘오원五廟五園의 추숭"이 이루어졌다.[47] 고종 즉위 이전에는 세자의 무덤을 차별화해서 호칭하지 않았지만, 숙종은 순회세자(1551~1563)와 소현세자(1612~1645)의 묘를 일반 왕족의 묘와 차등적으로 대우하고 관리할 것을 다음과 같이 명한 적이 있다.

> 순회順懷·소현昭顯 두 묘의 절사 제관節祀祭官은 으레 내관으로써 차견差遣하였으며, 술을 부어 잔을 드리는 일에 이르러서는 수복守僕을 시켜 이를 하게 하니, 몹시 미안한 일이다. 이제 추석 절사秋夕節祀부터는 내관으로 하여금 하게 하는 것이 마땅하고, 또 두 묘는 원릉園陵과 다름이 있더라도 사체事體는 또한 스스로 가볍지 않으니, 그런 까닭으로 묘 위에 탈이 있으면 예조의 당상관과 낭관이 나아가 간심하고 춘추에는 경기감사가 각 능을 봉심할 때에 일체로 간심하게 하며, 평상시의 수직守直은 별감別監에 지나지 않으니, 또한 매우 미안하다.[48]

1870년에 고종이 세자와 세자빈의 묘를 원으로 추봉하려 한 데는 왕권을 강화하고자 하는 의도가 있었을 것이다. 이 시기는 순조純祖(1790~1834; 재위 1800~1834)에 이어 세손인 헌종憲宗(1827~1849; 재위 1834~1849)이 왕통을 계승한 후, 적통의 계승이 어려워지면서 왕실에서 다시 종통의 유지 문제가 대두된 시점이다. 또한 사회적으로도 근대화의 기운이 나타나기 시작한 시기이자 서양에서 들어온 천주교의 박해로 프랑스군이 침공한 병인양요(1866)가 일어나고 강화도의 조선왕실 사고가 불타는 등 유교이념이 도전받고 있었다.

흥미로운 것은 『고종실록』에 세자와 세손의 묘를 원으로 추봉한 것은 고종의 의지가 아니라 신정왕후神貞王后의 하교에 따른 것이라고 기록되어 있다는 사실이다.

열성조列聖朝의 세자世子나 세손世孫은 사체事體가 자별한데 의절儀節이 도리어 각 궁各宮보다 하찮게 된 것은 매우 온당치 못하다. 묘호墓號를 원園으로 높이고 수위 관守衛官을 수봉관守奉官으로 고치는 것이 예법 내용에 맞을 듯하거니와, 이 때문에 하교한 것이 있다. 각궁을 원이라고 부른 것은 바로 순강원順康園을 본딴 것이지만 예례에는 없는 일이다. (중략) **모두 자전慈殿의 하교를 받든 것이다.** 예조의 낭청을 보내어 시임 대신時任大臣과 원임 대신原任大臣, 그리고 예조의 당상堂上에게 수의收議 하여 들이라. 이번 하교를 《오례편고五禮便攷》에 실어서, 다시는 제도를 어겨 원이라고 부르는 일이 없게 하고 만년토록 법식法式으로 삼으라.⁴⁹(인용자 강조)

여기에서 자전은 신정왕후로, 그는 세자와 세자빈의 무덤을 원으로 올릴 것을 하교하면서 후궁의 무덤을 봉원하는 것은 예에 없는 일로 온당치 못하다고 지적하고 있다. 아마도 자신과 직접 관련이 있는 사항이었기 때문일 것이다. 남편인 효명세자孝明世子(1809~1830)는 3세에 왕세자로 책봉되었으나 21세의 이른 나이에 훙서하는 바람에 무덤이 원제가 아닌 연경묘延慶墓로 조성되었다. 5년 후인 1835년에 아들이 헌종으로 왕위에 오르고 나서야 효명세자가 익종翼宗으로 추존되고 연경묘는 수릉綏陵으로 추봉될 수 있었다. 신정왕후 입장에서는 세자빈으로 있던 1823년에 시조모인 수빈 박씨가 휘경원에 장사되는 것을 보았기에, 남편인 효명세자가 18세인 1827년부터 순조를 대신해 대리청정까지 하였고 왕위를 이을 아들까지 있었음에도 연경묘에 머물렀던 것이 부당하다고 생각했을 것이고, 이를 바로 잡고자 했을 것으로 판단된다.

신정왕후의 하교가 떨어지자마자 묘제로 조성되어 있던 세자와 세자빈의 무덤에 원호園號가 정해졌다.⁵⁰ 순회세자의 묘는 순창원, 소현세자의 묘는 소경원, 소현세자빈의 묘는 영회원, 의소세손의 묘는 의령원, 문효세자의 묘는 효창원으로 봉원封園되었다. 이로써 조선 중기에 시작된 원제는 조선 말기에 이르러서 확대되었고, 조선왕실에는 '궁원宮園' 제도와 함께 '묘원廟園' 제도가 공존하게 되었다. 즉 사당은 궁이 아닌 묘이면서 무덤은 원인 경우로, 순회묘順懷廟-순창원, 소현묘昭顯廟-소경원, 민회묘愍懷廟-영회원, 영소묘永昭廟-의령원, 문희묘文禧廟-효창원의 '오묘오원五廟五園'의 묘원제廟園制가 생겼다. 그 외에 고종대에 영조 후궁이자 사도세자의 생모인 영빈 이씨의 묘가 수경원으로 봉원되었고, 유강원이 조성되었다가 유릉으로 천장되었다. 그리고 흥원과 영휘원이 조성되었다.

원제가 확대되던 시기에 세상을 뜬 흥선대원군(1820-1898)은 황제의 사친이지만 무덤이 능이 아니라 원으로 조성되어 있다. 공덕리 아소정에 조성되었던 첫 무덤은 묘제였다.[51] 1907년에 순종이 즉위하면서 대원왕大院王으로 추존되었고 1908년에는 무덤이 파주 운천면으로 이장되면서 흥원興園으로 추봉되었다.[52] 조선의 대원군 제도는 선조의 생부 덕흥군을 덕흥대원군으로 추존하면서 생긴 것으로, 인조의 생부 정원대원군, 철종의 생부 전계대원군, 그리고 고종의 생부 흥선대원군이 있다. 흥선대원군을 제외하고는 모두 사후에 대원군으로 추존되었다. 덕흥대원군의 무덤은 아직 원제가 도입되기 전이었기 때문에 현재 묘제로 무덤이 조성되어 있으며, 정원대원군은 앞서 언급한 대로 왕(元宗)으로 추존되면서 무덤이 능제로 조성되었다. 따라서 조선시대 대원군들의 무덤은 능, 원, 묘의 형식으로 현존한다.

순종대에 조성된 조선왕실의 원으로는 영휘원과 숭인원이 있다. 이 시점에는 원의 조성에 일제가 개입하면서 조선의 전통이 희석되기 시작했다. 영휘원은 조선 마지막 황태자 영친왕의 사친인 순헌귀비 엄씨(1854-1911)의 무덤이다. 영친왕은 1900년에 황제국의 친왕으로 봉해지고 1907년에는 황태자로 책봉되었지만, 일제강점으로 인하여 황제에 오르지 못했다. 따라서 순헌귀비의 무덤이 원제로 조성될 수 있는가 하는 문제는 검토를 요한다.

이 문제에 대하여 당시 자작 조중응趙重應(1860~1919)은 다음과 같이 해명하였다.

> 엄비는 내명부로서 상궁, 귀인, 순비를 거쳐 황귀비로 승차되었고 한때는 정후正后 승차설까지 있었으며 순종純宗께서는 서모庶母로 이강공李堈公께서는 제모諸母이며 더욱 황태자皇太子께서는 생모生母인 까닭에 본래는 병세가 위독하면 사궁私宮으로 나아가 서거해야 함에도 불구하고 정궁正宮에서 서거하였고 빈소殯所도 정궁正宮에 설치하였으며, 묘墓라고 해야 하나 이를 원園으로 칭하게 되었으며 묘소墓所는 처음에는 동구릉 내 전前 숭릉崇陵 앞으로 정하였던 것이나 25일 홍릉洪陵 내로 개정한 것이다. 세태도 변천하고 또 황태자의 생모인 까닭에 예식葬式을 파격 대우하게 된 것이다.[53]

순헌귀비의 장례에 일제가 개입하긴 했지만 무덤은 조선왕실의 원제로 조성되었고, 전통적인 체제와 차이는 있을지언정 『순헌귀비예장의궤純獻貴妃禮葬儀軌』(1911), 『순헌귀비빈궁혼궁의궤純獻貴妃殯宮魂宮儀軌』(1911) 같은 의궤까지 남겼다. 숭인원崇仁園은 고종의 원손 이진李晉(1921~1922)의 무덤이다. 이진은 1910년 8월 29일 경술국치 이후 세손으로 책봉이 되지 못한 상태에서 죽었고, 무덤 조성과정에 일본인이 주도적으로 참여하는 등 그 자체가 조선왕실의 아픈 역사를 담고 있다. 그러나 숭인원은 조선의 전통 체제가 완전히 단절되기 전에 조성되었다는 점에서 나름의 역사성을 지닌다.

지금까지 살펴본 대로, 원으로 숭봉된 대상은 왕의 사친에서 시작하여 세자와 세자빈, 세손, 원손, 세자의 사친으로까지 확대되었다. 그러나 인명원이 묘로 낮춰지면서 후궁은 원의 대상에서 제외되었고, 이로써 원은 왕이나 왕비가 되었어야 할 사람을 존숭하는 제도가 되었다. 왕이나 황제가 되어 개국을 하면 그 조상을 왕이나 황제로 추숭하던 조선과 중국의 전례에 비추어 볼 때, 방계에서 즉위한 왕은 건국한 왕이 아니므로 자신의 선조를 몇 대에 걸쳐서 추숭할 수 없었지만 사친만은 추존할 수 있었다. 따라서 왕의 사친이 1차적인 원급 추존 대상으로 이어져 왔는데, 고종이 그 범위를 확대해서 왕이 되었어야 할 세자와 세손까지를 소급 적용한 것이다. 고종은 작위 없는 사람과 '군君'으로 봉해지지 않은 사람에게 군의 칭호를 추증追贈하기로 하고, 태조가 추존한 선조의 아들들에게 모두 군의 직함을 추증하였다.

園

원야 조영의장 및 석물조영
Construction of Won
and stone sculptures

원의 조영造營 및 석물石物

01 원소園所 체제의 성립

02 원소의 배치와 구성

03 조영造營 및 상설象設 분석

04 원 조성에 참여한 장인匠人

1. 원소園所 체제의 성립

현재 인조가 1626년에 창안한 원의 체제가 어떠했는지를 자세히 알 수 없다. 인조는 홍경원을 조성한지 불과 6년 만에 정원대원군을 다시 원종元宗으로 추존하고 원제의 무덤을 능제로 개수했기 때문이다. 이후 조선왕실에서 조성한 원은 세자의 묘가 기준이 되었다. 1753년에 영조가 생모 숙빈 최씨 묘를 소령원으로 봉원하면서 바로 한 해 전에 각별한 관심을 기울여 조성한 의소묘(1752)의 예를 따랐기 때문이다.[1]

당시 조선왕실에서 후궁의 무덤은 일반 사대부의 묘와 동일하게 조성되고 있었다. 반면에 세자와 세자빈의 무덤은 왕릉 다음으로 중요시했는데, 영조는 의소세손(1750~1752)의 묘를 효장세자의 등록을 참고해 3도감三都監을 설치하여 세손의 묘였지만 세자의 묘와 동일하게 조성했다.[2] 더구나 의소세손의 장례는 조선왕실의 상례를 정비하는 데 중요한 계기로 삼았었다. 영조는 의소세손의 장례를 치르면서 『국조오례의』를 보완한 『속오례의』를, 그리고 이를 다시 정리하여 『상례보편』을 편찬하였다. 이 중에서 1752년 김재로가 영조의 교서를 받들어 지은 『어제국조상례보편御製國朝喪禮補編』에 능제와 묘제가 구분되어 있는데, 아직 원제가 시행되기 전이었기 때문에 원에 대한 별도의 구분은 없다. 따라서 세자와 세자빈 묘의 체제를 살펴보고자 한다.

세자빈묘의 첫 사례는 1441년(세종 23)에 죽은 세자빈 권씨(1418~1441)(훗날의 현덕왕후)의 묘였다. 세자빈이 원손元孫인 단종을 낳고 죽자, 세종은 장례를 원경왕후보다 내리고 정소공주보다 1등을 더하게 하라는 기준을 정하고 염빈도감敛殯都監을 설치했다.

> 빈嬪의 묘에 석마를 세울 것인가 아니 세울 것인가를 의논하게 하니, (중략) 하연은 의논하기를, "석마는 고제古制에 있사오니, 이제부터는 능실에 모두 석마 둘을 설치하는 것이 옳습니다." 하고, 민의생·윤형 등은 의논하기를, "원경 왕후의 능에는 석인 넷, 석양 넷, 석호 넷, 석망주 둘만 있고 석마는 없으며, 정소 공주의 묘에는 석인 둘, 석양 둘, 석호 둘만 있사오니, 이제 석마는 세우지 말고 석양과 석호 각각 하나씩을 더하게 하여, 정소 공주의 묘제와 구별하게 하소서." 하니, 임금이 하연의 의논을 따랐다.³

26. 덕종 경릉, 서오릉

그러나 이때 만든 세자빈 권씨묘는 나중에 소릉昭陵을 거쳐 현릉顯陵으로 개장改葬되면서 원형이 사라지고 말았다.⁴ 원제와 동일한 무덤 석물을 볼 수 있는 최초의 묘소는 의경세자(1438~1457)의 묘이다. 1457년(세조 3)에 조성된 의경세자묘는 나중에 의경세자가 덕종으로 추존되면서 무덤의 명칭이 경릉敬陵으로 바뀌었으나 원래의 모습을 그대로 유지하고 있다.(도 26) 의경세자가 죽었을 때 장례를 주관하는 기구로 국상의 격인 염빈도감殮殯都監·국장도감國葬都監·조묘도감造墓都監의 3도감三都監을 설치했으며,⁵ 세조는 석물제도의 방향을 구체적으로 지시했다.

> 대저 이번 장례는 임금의 장례가 아닌데, 모든 일이 정도에 지나친 것 같다. 그 무덤 안의 모든 일은 마땅히 한껏 후하게 할 것이지만, 무덤 밖의 모든 일은 비록 나의 장자라 할지라도 반드시 박하게 해야 한다. 한갓 백성만 번거롭게 할 뿐이지 죽은 자에게는 유익할 것이 없다. 의당 이러한 뜻을 알고서 태반을 감손하여 작고한 이의李嶷의 묘석으로써 의상儀象을 만들되, 대략 경상卿相과 같게 하라." 하였다.⁶

또 조묘도감의 기록에 의하면, 세조는 "세자묘에 석실 및 석상·장명등·잡상은 아울러 예에 의하고, 사대석 및 삼면석과 석난간·삼개체三磕砌는 설치하지 말라."고 명하였다. 이로 인하여 의경세자묘는 난간석과 무석인만 없을 뿐 정자각과 석수石獸를 배설하는 왕릉 형식에서 석물의 숫자만 1/2로 줄이는 방식으로 조성되었다.

공릉恭陵 역시 세자빈묘의 무덤 형식을 그대로 유지하고 있다(도 27) 공릉은 조선 제8대 왕 예종(재위 1468~1469)의 원비 장순왕후章順王后 한씨(1445~1461)의 무덤이다. 장순왕후는 1460년 4월 11일 세조의 둘째 아들인 해양대군(훗날의 예종, 당시 11세)의 세자빈으로 책봉되었으나 1461년(세조 7) 11월 30일에 원손 인성대군을 낳고 산후병으로 죽었다. 이에 세조는 1462년 2월 17일에

27. 장순왕후 공릉, 파주 삼릉

장순이라는 시호를 내리고, 2월 25일 파주에 장사지냈다.

장순왕후는 1470년(성종 1)에 왕후로 추존되며 공릉으로 추봉되었는데, 무덤의 구조와 석물은 세자빈묘로 조성된 그대로 현존한다. 덕종 경릉과 마찬가지로 사대석, 난간석, 무석인, 망주석이 없는 공릉은 조선 초기에 왕실 특수층의 장묘제도를 확인할 수 있는 귀중한 예이다.

조선 초기의 세자와 세자빈 묘는 후대 세자묘 형식의 기준이 되었으며, 특히 의경세자묘는 독립된 세자묘의 전례가 되어 1563년(명종 18) 순회세자와 1645년(인조 23) 소현세자의 장례 때도 역시 의경세자의 전례를 따랐다. 다만 소현세자의 장례에서는 기구의 명칭이 국장도감에서 예장도감으로, 조묘도감에서 묘소도감으로 바뀌었다.[7]

1728년(영조 4) 11월에 효장세자가 사망하자 영조는 춘추관의 당상·낭청을 시켜 소현세자의 상례 전례를 등록에서 상고해 내게 하였고, 그 전례에 따라 국장도감이 아닌 예장도감에서 장례를 진행했다. 조선시대에 세자묘는 왕릉에 견주어서 규모를 줄였지만, 왕릉처럼 제향공간을 별도로 갖추어서 정자각과 수복방, 수라간을 마련했다. 따라서 봉분 앞에 상석 대신 혼유석을 배치하고, 원침공간은 조선 후기 왕릉의 3단보다 1단 적은 2단으로 만들고 곡장을 둘렀다. 석물은 망주석과 장명등은 배설했지만 무석인은 없이 문석인, 석마, 석양, 석호를 1쌍으로 줄이고 크기도 왕릉의 석물에 비해 조금씩 축소했다. 이들 세자묘가 원으로 승격되기 이전의 상설체제는 의궤를 통해 파악할 수 있지만, 상세한 상설의 종류와 수는 『춘관통고』에 기록되어 있다.

반면 후궁의 묘는 등급에 따라 약간의 차이가 있지만 일반 사대부의 묘와 크게 다르지 않았다. 봉분을 감싸는 곡장 없이 사성莎城으로 대체하고 망주석과 간소한 장명등을 세웠다. 정자각과 수라간 등 별도의 제향공간이 없이 봉분 앞에 표석을 세우고 규모가 작은 혼유석 앞에 제물을 올리는 상석을 마련해 놓았다. 석물은 무석인이나 석수를 세우지 않고 문석인 1쌍만 세우거나 동자석인 1쌍을 추가해서 세우기도 하였다. 후궁의 묘 중 후대에 원으로 승격한 묘를 세자묘와 비교하면, 원의 체제가 세자묘를 기준으로 삼았다는 사실을 〈표 3〉을 통해 확인할 수 있다. 소령원 이후에 후궁의 묘에서 원으로 추봉된 순강원(1755), 수경원(1899) 등은 원래 묘에 원제 석의물을 추가로 배설하는 방식으로 봉원되었다.

2. 원소園所의 배치와 구성

조선왕실 13기의 원이 배치된 좌향坐向은 남동향에서 서향 사이로, 동향 1기, 남동향 2기, 남향 2기, 남서향 3기, 서향 4기이며 북향은 없다. 왕릉과 마찬가지로 북향을 피하는 풍수지리의 명당론에 입각해서 길지를 정했기 때문일 것이다.〈표 4〉

표3 세자묘, 후궁묘, 원의 구성물

구분	구성물	세자묘	후궁묘	원제
건축물	재실	있음	없음	있음
	정자각	5칸	제청	5칸
	수복방 및 수라간	있음	없음	있음
	비각	있음	없음	있음
	홍살문	있음	있음	있음
	곡장	있음	없음	있음
석물	상석	없음	있음	없음
	혼유석	있음	소형	있음
	고석	있음	있음	있음
	향로석	없음	있음	없음
	망주석	있음	있음	있음
	장명등	있음	있음	있음
	석양	1쌍	없음	1쌍
	석호	1쌍	없음	1쌍
	석마	1쌍	없음	1쌍
	동자석인	없음	순강원 1쌍	없음
	문석인	1쌍/복두	1쌍/양관	1쌍

표4 초장 시 원의 배치와 구성

원명	초장형식	원상계체석	초장좌향	비석배치	곡장
순창원	묘	1	亥坐巳向	없음	있음
순강원	묘	1	子坐午向	봉분/비각	있음
소경원	묘	2	乙坐辛向	없음	있음
영회원	묘	1	艮坐坤向	없음	멸실
소령원	묘	2	酉坐卯向	봉분/비각	있음
수길원	묘	2	艮坐坤向	봉분	있음
의령원	묘	1	亥坐巳向	상계	멸실
수경원	묘	1	丑坐未向	봉분/진입	있음
효창원	묘	1	壬坐丙向	상계/진입	멸실
휘경원	원	1	乙坐辛向	비각	있음
흥원	묘	1	미상	진입	있음
영휘원	원	1	甲坐庚向	비각	있음
숭인원	원	1	甲坐庚向	비각	있음

원의 체제는 세자묘의 체제를 따랐지만, 앞서 언급한 대로 이는 곧 왕릉의 규모를 줄이는 방식으로 조성되었음을 의미한다. 원소 공간의 구성은 진입공간, 제향공간, 원침공간이 차례로 이어지고, 원을 관리하는 재실과 수복방, 수라간 등의 건축물이 조영되었다. 진입공간에는 금천교를 지나 홍살문, 판위, 향어로가 갖추어져 있다.[8] 제향 의식은 5칸으로 이루어진 정자각에서 행해졌고 제를 지내고 난 후 축문은 예감에서 태웠다. 정자각 뒤에는 산신에 대한 제를 지내는 산신석이 있고 피장자의 행적을 기록한 비석이 있다. 사초지 위의 원침공간은 계체석으로 상하 단을 두어 구분했다. 하계에는 장명등을 중심으로 좌우에 문석인과 석마 각 1쌍이 마주보도록 했고, 상계에는 봉분을 중심으로 정면에 혼유석을, 좌우에 망주석 1쌍을 설치했다. 봉분 주변에는 석양과 석호 각 1쌍이 밖을 향하도록 배설하고 그 바깥으로 곡장을 둘렀다.〈표 5〉

표5 원의 구성물

원명	재실	정자각	수라간	수복방	비각	홍살문
순창원	없음	5칸	없음	없음	없음	있음
순강원	있음	5칸	없음	없음	2기	있음
소경원	없음	기단부	없음	없음	없음	있음
영회원	없음	없음	없음	없음	없음	없음
소령원	있음	5칸	없음	3칸	3기	있음
수길원	－	기초	없음	기초	없음	있음
의령원	없음	없음	없음	없음	없음	없음
수경원	없음	5칸	없음	없음	1기	없음
효창원	없음	제청	없음	없음	없음	없음
휘경원	없음	5칸	기지	기지	1기	있음
흥원	없음	없음	없음	없음	없음	없음
영휘원	있음	5칸	없음	없음	1기	있음
숭인원	－	5칸	없음	없음	1기	있음

28. 원침공간의 배치형식

　　현재 조선왕실 원의 석물은 세자묘 형식과 후궁묘 형식으로 나눌 수 있다. 세자묘 형식에는 원래 묘로 조성되었다가 봉원된 순창원, 소경원, 영회원이 있고, 처음부터 원으로 조성된 휘경원, 영휘원, 숭인원이 포함된다. 후궁묘 형식에 속하는 것은 후궁의 묘에서 원으로 봉원된 순강원, 소령원, 수길원, 수경원이다. 그 외 효창원, 의령원, 흥원은 이장으로 변동이 심해 정확하게 파악하기 어렵지만 기본적으로 세자묘 형식에 포함시킬 수 있다. 석물 배치에서 드러나는 가장 큰 차이는 상계와 하계에 배설된 석물의 종류인데, 후궁묘 형식에는 묘로 초장 시에 설치되었던 동자석이나 향로석 등 묘제 석물이 남아 있으며, 석상과 망주석이 하계에 배설되어 있다. 반면 세자묘 형식의 원에는 혼유석과 망주석이 왕릉과 같이 상계에 배설되어 있다.(도 28)

3. 조영造營 및 상설象設 분석

왕통의 적자 승계가 이루어지지 못한 상황에서 조성된 원은 각기 다른 사연만큼이나 사후 장례도 다양하게 치러졌다. 따라서 원의 조영 및 상설도 문석인과 장명등만 공통적으로 구비되었을 뿐 그 외의 석물은 서로 달라 보인다. 그러나 전례와 명분을 중시했던 조선왕실에서 원은 분명한 원칙과 규범에 따라 조성되었기 때문에 원의 체제와 석물의 양식에서 보이는 흐름을 찾아 통합적으로 분석하고 정리할 필요가 있다. 이는 기록문헌에서 드러나지 않은 역사를 읽어내는 중요한 방법론이기 때문이다.

1) 원침공간 계절階節과 석물 배치

원침공간의 사초지 계절은 2단으로 조성되어 있다. 사초지에 계체석으로 단을 두는 것은 봉분 앞의 공간을 효과적으로 활용하기 위한 기능적인 측면을 고려한 것으로 볼 수 있다. 그러나 왕릉에서 계절의 수가 후대로 오면서 3단에서 2단으로 변화된 현상이나, 의경세자묘(경릉)를 조성할 때 세조가 삼개체三磕砌는 설치하지 말라고 구체적인 명을 내린 것으로 미루어 볼 때[9] 조선시대의 무덤에서 계절은 상징적 의미를 지니고 있었을 것이다. 현재 이에 대한 구체적인 기록을 찾기는 어렵지만 그 변화양상을 살펴보는 것은 유의미하다.

29. 능침공간의 배치형식

    조선왕릉에서 3계체로 구성된 능침공간은 사후세계의 궁궐로 비유할 수 있다. 봉분이 있는 상계는 왕의 편전구역, 장명등과 문석인이 배설되어 있는 중계는 신하구역, 무석인이 배설되어 있는 하계는 호위구역이 된다. 상계의 침전(봉분)에 자리 잡은 왕이 혼유석이라는 편전에 앉아서 공복을 입고 있는 중계의 문신들과 집무를 보고, 하계에서는 칼을 찬 무신들이 호위하고 있는 형국이다.(도 29) 그러나 효종 영릉(1673)에서 2계체로 줄어들고 영조 원릉(1776)에 이르면 무석인이 문석인과 나란히 배설되어 신하구역으로 들어오면서 조선왕릉의 사초지 계절은 편전구역과 신하구역의 2계절 체제로 바뀐다.

    원제 무덤에는 무석인이 배치되지 않으므로 자연히 왕릉의 사초지 계절에 비해 규모가 줄어든 형식으로, 봉분이 있는 상계와 한 단 낮춘 하계의 2계절 체제로 조성되었다. 즉 피장자에 속하는 원침구역과 장명등과 석인이 배설되어 있는 신하구역으로 나뉜다. 따라서 피장자와 직접 관계되는 혼유석은 상계에 배치되는 것이 원칙이지만 순강원, 소령원, 수길원, 수경원은 하계로 내려와 있는 것처럼 보인다. 그러나 이 원들에 배설되어 있는 혼유석은 원래 추봉되기 전에는 상석으로 쓰이던 석물이며, 혼유석은 상석 뒤의 상계에 배설되어 있다. 현재 의령원과 효창원에서는 하계에 혼유석이 배설되어 있는데, 이는 이장할 때 조선왕실의 무덤에 대한 이해 없이 석물을 잘못 배설했기 때문으로 여겨진다.

2) 정자각

원제와 묘제 무덤의 분명한 차이를 드러내는 의물은 정자각이다. 묘제 무덤에서는 정자각을 세우지 않고 제청祭廳에서 제사를 지냈다. 조선 초기에는 영응대군永膺大君(1434~1467)이나 영순군永順君(1444~1470) 묘에서처럼 정자각이 건립되기도 했으나, 성종 5년(1474)에 묘에 정자각을 두어 능침을 흉내 내는 것은 참람하다고 하여 묘에 정자각을 세우는 것을 금했다.[10]

30. 순창원 정자각, 서오릉

참고도판 1 원의 정자각 현황

순창원 1563(1870 봉원), 서오릉

순강원 1613(1755 봉원), 진접

소경원 1645(1870 봉원), 원당

영회원 1646(1870 봉원), 광명

소령원 1718(1753 봉원), 파주

수길원 1721(1778 봉원), 파주

의령원 1752(1870 봉원), 원당

수경원 1764(1899 봉원), 서오릉

효창원 1786(1870 봉원), 원당

휘경원 1823, 포천

흥원 1898(1908 봉원), 마석

영휘원 1911, 청량리

숭인원 1922, 청량리

수경원 정자각, 연세대학교

이후 묘에서는 정자각을 더 이상 세우지 않았지만 세자묘에서는 다시 세우기 시작한다. 순창원으로 추봉된 순회세자묘(1563)가 그러한 경우이고,(도 30) 인조의 생부 흥경원(1626)[11]과 아들 소현세자묘(1645)에도 정자각을 세웠다. 빈의 묘에서는 1718년에 단의빈 심씨묘와 소현제자빈 강씨를 복위하고 봉묘하면서 정자각을 세웠다. 후궁의 묘에서 승격한 원의 경우에는 봉원 시에 추가로 영건했다. 이 책에서 다루는 13기의 원 중에서 현재 정자각이 남아 있는 곳은 순창원, 순강원, 소령원, 휘경원, 영휘원, 숭인원 6기이고, 나머지 7기의 원에서는 이장이나 소실 등으로 인해 정자각이 남아 있지 않다.(참고도판 1)

세자의 묘나 원에 세워진 정자각은 5칸이다. 지붕에 올린 잡상은 잦은 수개修改로 인해 조성 당시의 원형 여부를 일일이 확인할 수 없으나, 현재 왕릉에는 잡상이 추녀마루마다 2개에서 5개 사이로 놓여 있어 특별한 규칙을 찾기 어려운데, 원에는 3개가 일반적이다. 기록상으로는 순강원 의궤에는 6개, 『의소세손묘소도감의궤』에는 7개를 번와소에서 제작한 것으로 되어 있

31. 영휘원 정자각 잡상

으나, 정자각의 규모로 보아 이들을 모두 추녀마루에 설치했다고 보기는 어렵다. 영휘원의 정자각 도설에는 잡상이 5개씩 그려져 있으나 현재는 3개가 설치되어 있다.(도 31) 왕릉과 원의 정자각에 조성된 잡상의 수는 〈표 6〉과 같이 정리할 수 있는데, 능과 원의 차이를 거의 두지 않았음을 알 수 있다.

표6 왕릉과 원의 정자각 잡상의 수

왕릉				원			
능주	능호	정전	배위청	원주	원호	정전	배위청
태조	건원릉	3	3	순회 세자	순창원	3	3
태조	헌릉	3	3	인빈 김씨	순강원	3	3
세종	영릉	3	3	소현 세자	소경원	–	–
문종	현릉	3	3	민회빈 강씨	영회원	–	–
단종	장릉	0	0	숙빈 최씨	소령원	3	3
세종	광릉	3	0	정빈 이씨	수길원		
예종	창릉	3	3	의소 세손	의령원	–	–
성종	선릉	3	3	영빈 이씨	수경원	3	3
중종	희릉	5	0	문효 세자	효창원	–	–
인종	효릉	3	3	수빈 박씨	휘경원	2	2
명종	강릉	3	3	흥선대원군	흥원	–	–
선조	목릉	3	3	순헌 귀비	영휘원	3	3
인조	장릉	3	3	원손 이진	숭인원	3	3
효종	영릉	3	3				
현종	숭릉	0	2				
숙종	명릉	3	3				
경종	의릉	5	3				
영조	원릉	3	3				
정조	건릉	4	3				
순조	인릉	3	3				
철종	예릉	5	0				
헌종	경릉	3	3				
고종	홍릉	5					
순종	유릉	5					

정자각의 기둥은 둥근기둥을 쓰는 것이 일반적인데, 일제강점기에 건립된 영휘원과 숭인원의 정자각은 사각기둥을 사용한 점이 특이하다. 건축물의 사각기둥과 둥근기둥에 대한 조선시대의 인식을 살펴보면, 기둥의 생김새에 따라 차별을 둔 것으로 보인다. 예를 들어, 『광해군일기』에 "문정전文政殿은 법전法殿이니, 둥근기둥을 만들어 세워야 마땅할 듯하다. 지금 사각기둥을 만들어 세웠는데 둥근기둥으로 바꿀 수는 없겠는가?"라는 대목이 나온다. 문정전의 기둥을 사각기둥에서 둥근기둥으로 바꿀 수 있는지를 선수도감에 묻고, 이후 넉 달에 걸쳐 이에 관한 논의가 진행되었는데,[12] 이러한 사실을 통해 조선시대에는 사각기둥이 둥근기둥에 비해 격이 낮은 것으로 여겨졌음을 알 수 있으며, 실제 사각기둥은 주로 부속건물이나 살림집에 사용되었다. 그렇다면 순헌귀비 영휘원 정자각에서 볼 수 있듯이 일제강점기에 정자각 기둥이 사각기둥으로 바뀐 것은 전통성이나 상징성보다는 건축의 편리성을 중시한 결과일 것이다.(도 32)

32. 공혜왕후 순릉 정자각 기둥(좌)과 순헌귀비 영휘원 정자각 기둥(우)

3) 비석

왕릉이나 묘에 비해 원의 비석은 배치 양상이 다양하다. 그것은 묘제와 원제의 비석이 혼재하기 때문이다. 즉 봉분 바로 앞에 세워진 비석은 원으로 추봉되기 전에 묘제로 초장할 당시 묘주를 나타내기 위한 표지물로 세운 묘표이다.(도 33) 그리고 정자각 옆의 비각 안에 비석을 건립한 것은 정자각이 세워진 세자묘나 원의 경우에 해당하는 것으로 왕릉의 체제와 동일하다. 소령원처럼 사초지 구릉에 별도의 비각과 표석

33. 소령원 표석

을 둔 경우는 봉원과정에서 추가로 조성한 것으로, 원의 변천사를 보여준다. 의령원과 효창원같이 봉분 옆 상계에 놓인 표석은 이장으로 인해 원형이 상실되면서 조선왕실의 무덤 전통과는 무관하게 배설된 것이다.

원제 무덤 중에 신도비神道碑가 건립되어 있는 경우가 있다. 신도비는 조선시대 묘제에서 세운 비석이다. 신도비라는 명칭은, 대개 무덤을 남향으로 앉히므로 동남쪽을 신이 다니는 신도神道라 하여 그곳에 비를 세운 데서 유래한 것이다.[13] 조선왕릉에서 신도비는 국초에만 세웠다. 문종의 현릉(1452)을 조성할 때, 국왕의 사적은 실록에 기록되기 때문에 신도비가 불필요하다

는 주장에 따라 신도비를 더 이상 세우지 않았다. 실록에 업적이 실리지 않는 사대부나 개인의 역사가 제대로 실리지 않는 왕실 가족의 묘에는 신도비를 세웠는데, 특히 17~18세기에 많이 건립되었다.

각 원에 세워진 비석의 수를 보면, 순창원, 소경원, 영회원에는 비석이 없는 데 비해 소령원에는 신도비를 포함하여 4기가 세워져 있다. 묘제로 초장하면서 세운 신도비는 순강원, 소령원, 효창원, 홍원 네 군데에 있는데, 효창원 외 3기는 거북 받침을 한 이수귀부이다. 그 중 높이가 약 5미터에 달하는 순강원 신도비는 조각 솜씨가 뛰어나고 석물의 품질도 우수하다. 반면 일제강점기에 만들어진 영휘원과 숭인원의 비석에는 건립 연도가 일본 연호로 표기되어 광복 이후에 이 글자들을 파내면서 훼손되었다.

4) 혼유석

봉분 앞에 상 모양으로 놓인 거대한 육면체 석물을 석상石床 혹은 혼유석이라고 하는데, 『세종오례』의 '산릉 만드는 법'이나 『상례보편』 그리고 많은 산릉도감의궤의 도설에서는 원명原名을 석상, 속명을 혼유석이라고 했다. 그리고 이 돌을 받치고 있는 받침돌도 족석足石이 원명이며 속명 혹은 일명으로 고석鼓石이라고 하였다. 혼유석은 넋이 머물도록 한 돌이라는 사전적 의미를 담고 있는데, 혼유석이라는 용어가 『조선왕조실록』에서 처음 보이는 것은 임진왜란 이후이다. 『춘관통고』(1788) 길례의 능침 항목과 『사도세자묘소도감의궤』(1762), 그리고 산릉도감의궤들의 도설이 아닌 다른 부분 및 일반 사서史書에서는 오히려 혼유석과 고석이라는 용어를 보편적으로 사용하고 있다. 따라서 두 석물이 결합된 상태, 즉 형상을 지칭할 때는 상과 상다리의 의미로 석상과 족석이라고 하지만, 석물의 성격 위주로 표현할 때는 혼유석과 고석으로 부르는 것이 타당하다고 생각한다.

혼유석은 직육면체의 간단한 형태이지만, 조선왕실 무덤 석물 중에서 가장 크기가 크고 수공이 많이 들어간 석물이다. 조선왕릉의 혼유석은 소혜왕후(1437-1504) 경릉敬陵의 혼유석처럼 11톤이 넘기도 하는데, 이와 같이 큰 돌은 채석은 물론 운반과 가공, 설치에 이르기까지 대단한 물력이 소요된다. 형태는 간단하지만 바닥면을 제외한 5면에 광을 내는 것이 중요한데, 장정 여러 명이 숫돌을 고정시킨 무거운 마정기磨正機를 이용해 표면에 광을 냈다. 또한 무거운 돌을 들어서 고석 위에 균형을 잡아 설치하는 것은 간단한 일이 아니었을 것이다. 이러한 노력과 정성을 기울인 것은, 혼유석이라는 이름에서도 알 수 있듯이 피장자의 혼이 노니는 자리로 여겼기 때문이다. 그러나 묘제와 능제의 혼유석은 모양과 크기가 다르다. 묘제의 혼유석은 고석이나 걸방석掛方石 위에 설치된 상석이라 부르는 석상에 차려진 제물을 흠향하는 자리로, 봉분과 상석 사이에 낮게 배치했으며 그다지 크지 않다.(도 34)

34. 능원대군 이보묘 혼유석, 1656년, 남양주

원에서는 왕릉에서처럼 제향을 정자각에서 지내기 때문에 고석 위에 올린 석상을 혼유석으로 간주한다. 따라서 원에 배치된 혼유석은 경우에 따라 상계에 놓이기도 하고 하계에 놓이기도 한다.(참고도판 2) 이는 초장 시에 묘제였는가 원제였는가의 차이에 기인하는 것이 아니라, 정자각의 유무에 따라 결정되었다. 즉 정자각이 함께 건립된 순창원, 소경원, 영회원 같은 세자묘와, 휘경원, 영휘원, 숭인원처럼 처음부터 원으로 조성된 경우에는 혼유석이 상계에 배설되어 있다. 반면 정자각과 비각이 없이 표석을 봉분 앞에 세운 순강원, 소령원, 수길원, 수경원 같이 후궁의 묘였다가 후대에 봉원된 원에는 혼유석이 하계에 배설되어 있다. 혼유석의 크기는 소경원의 혼유석(51×287×186cm)이 약 7톤으로 원 중에서 가장 크고 수길원의 혼유석(39×140×87cm)은 1.2톤 정도로 가장 작다.

5) 고석

고석은 혼유석을 받치고 있는 북 모양의 돌로, 다리의 기능을 하기 때문에 족석足石이라 불리기도 한다. 중국의 옛날 건축에서는 북 모양의 돌을 대문 앞에 세우기도 하고 기둥의 주춧돌로 사용하기도 하였다. 묘제 무덤에서 사용된 족석은 석상을 공중으로 올림으로써 묘제의 제사음식을 상석에 차릴 때 개미나 벌레의 접근을 차단하는 기능도 있었다. 그러나 원제 무덤에서 북 모양의 고석은 소리를 울려 잡귀를 쫓는 주술적인 의미를 담고 있으며, 북을 거는 고리장식에서 따온 나어두羅魚頭의 형상을 과장되게 새김으로써 벽사적인 의미를 강조했다고 볼 수 있다.

왕릉의 고석은 조선 초기에는 태조 건원릉에서처럼 5개가 설치된 경우도 있지만 점차 4개로 정착되었다. 원에서도 4개가 표준이며 순강원, 소령원,

참고도판 2 원 혼유석

순창원 1563(1870 봉원), 268cm(폭)

순강원 1613(1755 봉원), 180cm

소경원 1645(1870 봉원), 287cm

영회원 1646(1870 봉원), 264cm

소령원 1718(1753 봉원), 159cm

수길원 1721(1778 봉원), 140cm

의령원 1752(1870 봉원), 160cm

수경원 1764(1899 봉원), 154cm

효창원 1786(1870 봉원), 172cm

휘경원 1823, 239cm

흥원 1898(1908 봉원), 162cm

영휘원 1911, 243cm

숭인원 1922, 144cm

참고도판 3 원 고석

순창원 1563(1870 봉원), 53cm(높이)

순강원 1613(1755 봉원), 29cm

소경원 1645(1870 봉원), 55cm

영회원 1646(1870 봉원), 40cm

소령원 1718(1753 봉원), 28cm

수길원 1721(1778 봉원), 29cm

의령원 1752(1870 봉원), 32cm

수경원 1764(1899 봉원)

효창원 1786(1870 봉원), 29cm

휘경원 1823, 37cm

흥원 1898(1908 봉원), 35cm

영휘원 1911, 51cm

숭인원 1922, 28cm

수길원은 초장 시에 능과 차등을 두었기 때문에 능 석물의 수를 반으로 줄여 앞에 2개만 고석을 설치하고 뒤는 계체석에 연결시키는 걸방석으로 대신했으며, 수경원에서처럼 고석 대신 두꺼운 하전석으로 받쳐 놓기도 했다.

고석의 형태를 살펴보면,(참고도판 3) 원래 사도세자 수은묘(1762)에 설치되어 있었던 석물인 휘경원의 고석은 북의 모양을 살려서 아래 위를 평평하게 만들었다. 하지만 소경원이나 영휘원의 고석은 둥근 공에 가깝게 조성되어 있는 것으로 보아 원래 북 모양의 고석이 갖고 있던 상징적 의미는 사라졌다고 하겠다. 나어두 조각에 있어서도 도상적으로는 뿔이 달린 귀면이 입에 고리를 물고 있어야 하지만, 수길원의 고석에는 귀면의 입에 고리가 표현되지 않았다. 고석 중에서 의령원의 고석은 화장 김덕령이 기화한, 북의 테두리선을 넘어오는 과감한 표현이 눈에 띄고, 세부 표현에서도 효창원의 고석과 더불어 우수한 편이다.

6) 향로석

향로석은 상석 앞에 향로를 놓기 위해 돌로 만든 향상香床인데, 현재 모든 원에 향로석이 배설되어 있는 것은 아니다. 순강원과 수경원에 6각 향로석이 있으며 소령원에는 4각 향로석이 있다. 『휘경원천봉도감의궤』(1855년 2권)의 「1방의궤 조성질」 도설을 보면, 가래나무에 검은 옻칠을 한 향좌아香佐兒 2부를 만들고,(도 35) 하나는 신여神輿 앞에 다른 하나는 대여大輿 앞에 쓴다고 했는데, 반차도에는 향정자香亭子 앞에서 가는 것으로 그려져 있다. 『정조국장도감의궤』(1800)에는 가래나무에 왜주칠倭朱漆한 상으로 향정자 뒤에 따라간다고 되어 있다.(도 36) 향로석은 이렇게 장례 의식에 꼭 필요한 향좌아를 돌로 만든 의물로서 봉분 앞에서 제를 올리는 묘제에서는 향로를 안치하기 위한 필수 석물이다.

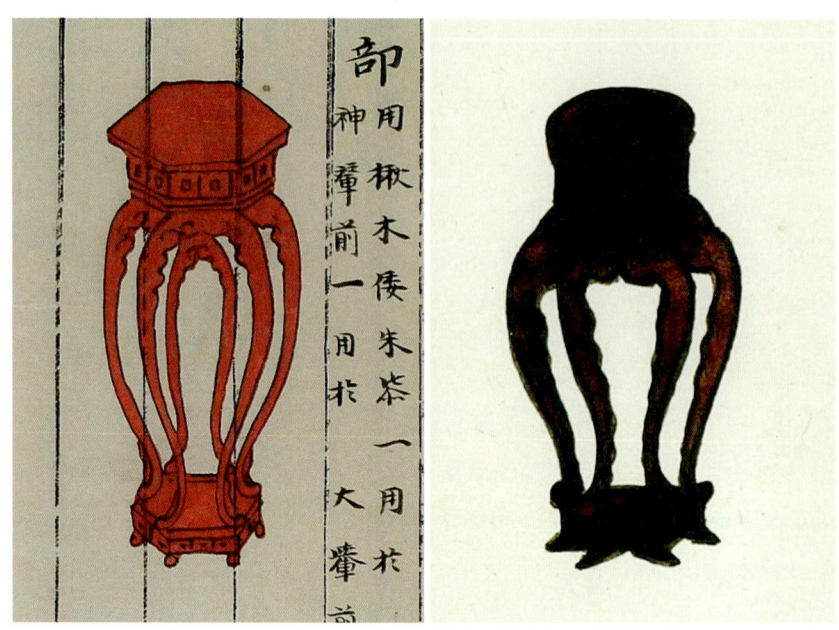

35. 의궤의 향좌아 도설, 정조국장도감도의궤(좌)와 휘경원천봉도감의궤(우)

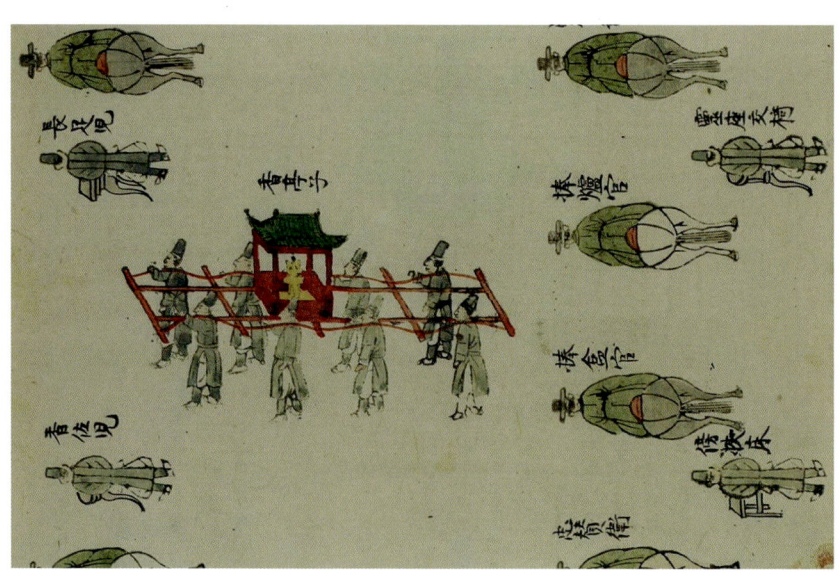

36. 반차도, 『휘경원천봉의궤』 2권, 1855년

7) 망주석

조선시대 능묘에서 망주석은 봉분에서 멀지 않은 곳에 배설되어 있다. 왕릉에서는 언제나 봉분이 있는 상계에 배설되어 있지만 원에서는 일정하지 않다. 휘경원, 영휘원, 숭인원에서는 상계에 있으며, 그 외의 원에서는 하계에 배설되어 있거나 아예 없는 경우도 있다.14(참고도판 4) 따라서 원에서 망주석의 위치는 규칙성이 없는 듯하지만, 면밀히 살펴보면 조선시대 능묘에서 망주석은 대부분 혼유석(묘제의 경우에는 상석)과 같은 계절階節에 배설되는 경향이 있다. 즉 혼유석이 상계에 있는 왕릉에서는 망주석도 상계에 배설되어 있으며, 묘제에서는 상석이 하계에 있으므로 망주석도 하계에 배설되었다.(표 7) 세자와 세자빈 묘는 초장 시에 일반 묘제가 아닌 능제와 같은 형식을 따랐기 때문에 혼유석이 상계에 배설되어 있고, 봉원된 무덤에서도 망주석은 상계에 배설되어 있다. 하지만 원 중에서도 후궁의 묘처럼 초장이 일반 묘의 형식으로 조성된 경우에는 망주석이 하계에 배설되어 있다.(도 28 참조)

망주석은 주신과 대석으로 이루어져 있는데, 묘제 망주석은 주신과 대석이 연결된 일체형으로 몸통과 받침돌을 하나의 돌로 만든 경우가 많다. 주신의 높이는 의령원의 경우 약 141cm이고 영휘원은 245cm에 달하는데, 크기의 변화에서 규칙성을 찾기는 어렵고 대체로 세손묘의 망주석이 작은 편이다. 망주석의 크기뿐 아니라 주신과 대석의 비율도 다양하지만, 맨 꼭대기에서부터 원수, 연주, 운각, 염의, 주신, 대석으로 이루어지는 형식만은 동일하다.

망주석의 세호를 살펴보면, 수경원과 휘경원(수은묘 석물)의 망주석에서처럼 세호가 표현되지 않은 경우도 있지만, 대부분의 경우에는 세호가

참고도판 4 원 망주석과 세호

순창원 1563(1870 봉원)
망주석 없음

순강원 1613(1755 봉원)
주신 235cm

소경원 1645(1870 봉원)
망주석 없음

영회원 1646(1870 봉원)
망주석 없음

소령원 1718(1753 봉원)
주신 164cm | 좌승우강 세호

수길원 1721(1778 봉원)
주신 144cm | 좌승우강 세호

의령원 1752(1870 봉원)
주신 141cm | 좌승우강 세호

수경원 1764(1899 봉원)
주신 177cm | 세호 없음

효창원 1786(1870 봉원)
주신 157cm | 좌승우강 세호

휘경원 1823
주신 230cm | 세호 없음

흥원 1898(1908 봉원)
주신 220cm | 좌승우강 세호

영휘원 1911
주신 245cm | 좌승우강 세호

78

숭인원 1922
주신 142cm | 좌승우강 세호

표7 계절의 구분과 망주석 위치

원명	초장형식	원상계절	망주석 위치
순창원	묘	2단	없음
순강원	묘	2단	하계
소경원	묘	3단	없음
영회원	묘	2단	없음
소령원	묘	3단	하계 (2단)
수길원	묘	3단	하계 (2단)
의령원	묘	2단	상계
수경원	묘	2단	하계
효창원	묘	2단	상계
휘경원	원	2단	상계
흥원	묘	2단	하계
영휘원	원	2단	상계
숭인원	원	2단	상계

표현되어 있다. 망주석의 세호는 원래 고려시대부터 구멍이 뚫린 귀 모양으로 시작되었다. 이러한 형식은 조선시대로 계승되어 조선 초기에는 귀 모양으로 나타났다가 점차 장식성을 띠게 되고, 임진왜란 이후에 세워진 망주석에는 그야말로 꼬리가 긴 동물 모양으로 변화했다.

일반 사대부 묘의 망주석에서는 특이한 형상의 세호들이 나타나기도 하지만, 왕실 무덤의 망주석 세호의 형상은 일정한 양식의 흐름을 유지하고 있다. 17세기 초반 순강원의 세호는 동물의 형상이라기보다는 상하대칭의 기하학적 형태인데, 이후 조성된 무덤의 망주석 세호들은 동물의 형상을 하고 있으며 대체로 동편 망주석의 세호는 위로 올라가고, 서편 망주석의 세호는 아래로 내려가는 좌승우강의 방향성을 띠고 있다. 세호의 모양에서도 곱슬곱슬한 털과 등줄기의 뼈대가 묘사되고 우락부락한 큰 머리를 가진 동물의 형상이었던 것이, 20세기로 들어서면서 머리가 작아지고 좌우대칭으로 양식화되며 설치류의 형상을 띤다. 망주석에서 세호가 표현되는 위치에서도 고종과 순종의 황제릉 이전에는 염의로 올라오지 않았는데, 원제 망주석의 세호는 염의 부분까지 올라오게 된다. 수길원의 망주석 세호는 앞발을 염의에 조금 걸친 모양이고, 효창원과 수릉(연경묘) 및 영휘원에서도 이와 비슷하게 나타나지만, 1922년에 조성된 숭인원의 망주석에서는 세호의 뒷다리까지 염의에 올라탄 모양으로 조각되어 있다.

8) 장명등

능묘 석물의 이름 중에 '石'이라는 글자가 들어있지 않은 유일한 석물이 장명등이다. 드물게 명등석明燈石이라고 하여 '石'을 넣은 기록도 있다. 1788년(정조 12)에 편찬한 『춘관통고』 17권 길례 능침 항목에서 예외적으로 명등석이라고 표기하였다. 그러나 의궤의 명칭조차 전통을 상실한 영휘원의 『순헌귀비원소의궤純獻貴妃園所儀軌』(1911), 홍릉의 『홍릉천봉산릉주감의궤洪陵遷奉山陵主監儀軌』(1919), 『숭인원어장의등록崇仁園御葬儀謄錄』(1922), 그리고 유릉의 『순종효황제산릉주감의궤純宗孝皇帝山陵主監儀軌』(1926)와 같이 일제강점기에 제작된 의궤에서는 모두 장명등의 의미에 내포된 장생발복을 상징하는 '장長'자를 제거하고 단순히 '불을 밝히는 석물'이라는 의미인 '명등석'으로 명명했다.

장명등은 조선 능묘조각의 고유성을 드러내는 석물로서 고려 왕릉에서 시작되어 조선시대에는 사대부 이상의 묘에서 꾸준히 조성되었다. 크게 팔각장명등과 사각장명등으로 구분되며, 받침돌인 대석과 불을 켜는 화사석, 그리고 위를 덮은 개석으로 이루어져 있다. 원에는 주로 사각장명등이 세워져 있는데, 사각장명등은 지붕인 개석과 그 아래 체석으로 이루어져 있다.(참고도판 5) 개석은 합각의 지붕 위에 정자석으로 마무리되어 있으며, 정자석은 원수, 연주, 연엽으로 구성된다. 체석은 격석隔石과 대석으로 구성되어 있는데, 격석에는 불을 켜는 화창이 있다. 대석은 향로석처럼 탁상을 형상화한 것이지만, 화창의 위치를 높이기 위해 탁상의 위판 두께를 키워 놓은 형태이다. 따라서 사각장명등이 유행한 조선 후기 이후에는 위판을 화창 아래의 높이를 키우기 위한 격석이라 부르기도 하고 상대라 부르기도 한다. 또 격석 아래의 좁은 허리 부분을 중대라 부르며, 아래의 지대석에 이르는 상다리 모양 부분을 하대라고 한다.[15]

장명등은 조선시대 무덤에서 실제로 불을 밝혀 놓기 위한 실용적인 기능보다는 무덤에 불을 밝힌다는 상징성을 더 중요시했다. 그러나 조선왕실 무덤의 장명등 제작을 담당한 대부석소 기록을 보면, 실제로 불을 밝혔을 가능성도 있다. 예를 들어, 소경원 대부석소의궤를 보면 '가창기假窓機'라는 4개의 창을 조성소에서 만들어 오고, 바르는 종이는 장흥고에서 마련했다는 기록이 있다. 또한 『의소세손묘소도감의궤』 대부석소 편에도 별공작소에서 만들어온 장명등창 4개에 대부석소에서 저주지楮注紙라는 두꺼운 창호지를 발라서 사용했다고 기록되어 있다.[16] 이러한 기록들로 추측해 보면,

참고도판 5 원 장명등

순창원 1563(1870 봉원), 273cm

순강원 1613(1755 봉원), 205cm

소경원 1645(1870 봉원), 322cm

영회원 1646(1870 봉원), 224cm

소령원 1718(1753 봉원), 217cm

수길원 1721(1778 봉원), 209cm

의령원 1752(1870 봉원), 191cm

수경원 1764(1899 봉원), 174cm

효창원 1786(1870 봉원), 190cm

휘경원 1823, 210cm

흥원 1898(1908 봉원), 200cm

영휘원 1911, 270cm

숭인원 1922, 175cm

장명등을 현재처럼 화창이 뚫린 상태로 세워둔 것이 아니라, 적어도 장례 기간 제사에서 바람막이 창을 설치하고 불을 켜 두었을 것이다. 대부분의 화창 안쪽 모서리에 창틀을 화창에 고정하기 위한 정지턱이 만들어져 있는 것 역시 그런 가능성을 시사한다.17

조선왕실 원에 배설된 장명등은 팔각장명등과 사각장명등이 있다. 팔각장명등은 세자묘였다가 봉원이 된 순창원(1563)과 소경원(1645)에만 있고 나머지는 모두 사각장명등이다. 이는 조선왕실의 능묘 석물 원칙이 적용된 것으로, 조선왕실의 무덤에서 세자묘에는 팔각장명등을 설치했고 후궁묘에는 사각장명등을 사용했기 때문에 세자묘였던 순창원과 소경원에만 팔각장명등이 배설된 것이다. 이는 1699년 단종 장릉莊陵이 추봉되기 전에 조성된 경우이다. 숙종 때 단종의 무덤을 묘에서 능으로 추봉하면서 원래의 사각장명등 형식은 그대로 유지하고 석물 간소화를 단행했는데,[18] 이때부터 왕릉에도 사각장명등을 수용하게 되었고 이후에도 특별한 경우를 제외하고는 사각장명등을 배설했기 때문에 18세기 이후에 조성된 원에서는 당연히 사각장명등이 배설되었다. 순창원과 소경원의 팔각장명등은 왕릉의 장명등과 동일한 양식 변화의 흐름을 보이고 크기도 왕릉과 별반 차이 없이 장대하다. 사각장명등 역시 기본적인 양식은 왕릉의 장명등과 같고 세부 장식에서 차이가 나는데, 이 점에 대해서는 다음 장에서 자세히 언급하고자 한다.

　장명등과 관련하여 흥미로운 도설이 있다. 휘경원을 조성하면서 대부석소 화원 윤명주尹命周가 그린 『현목수빈휘경원원소도감의궤』 도설의 장명등은 8각인지 4각인지 모호하다. 이는 효명세자 『연경묘소도감의궤』(1830) 도설의 투시도법이 적용된 경우와 비교된다.(도 37) 실제 휘경원의 장명등은 사각장명등이며, 1823년 초장의 장명등을 1855년과 1863년의 천봉 시에도 옮겨다 사용했다. 물론 천봉 시 그림도 처음의 것을 그대로 베껴서 그렸기 때문에 모두 동일한데, 얼핏 8각으로 보이는 그림 옆의 설명에는 분명히 4면이라고 밝히고 있다. 그러나 이 장명등은 원래 사도세자 영우원(1762)의 석물이었다. 『현목수빈휘경원원소도감의궤』의 대부석소의궤 일록日錄을 보면 1823년 1월 26일 석물공사를 시작하여 2주만인 2월 9일에 구 원소 앞에 배치되었던 석물을 세정洗淨한다고 하였고, 도설에서도 '舊件彫琢以用', 즉 옛 석물

37. 『현목수빈휘경원소도감의궤』 장명등 도설(좌)과 『연경묘소도감의궤』 장명등 도설(우)

을 다듬어 사용했다라고 밝혔다. 따라서 이 도설은 실제 장명등을 제작하면서 그린 것이 아니라 영우원의 옛 석물을 참고하여 화원의 생각을 담아 그린 것이다. 특히 개석 꼭대기에 높이 올린 연봉 장식과 굴곡을 강조한 다리는 실물과 다르며 목각의 느낌이 강하다. 그 결과, 도설은 돌로 된 장명등이 아니라 목제 등가구를 연상하게 하여, 장명등의 장식등으로의 기능을 강조한 그림이 되었다.

9) 석양

조선왕실 무덤에서 능, 원, 묘의 차등적 체제를 가장 분명하게 드러내는 석물은 석호, 석양, 석마 같은 석수이다. 세종 32년(1450)에 태조의 후궁 성비誠妃의 묘에 석수를 세우는 문제를 논의하면서 "석양과 석호는 능실陵室에 세우는 물건이므로 함부로 쓰는 것은 불가합니다."라고 못 박아 둠으로써 일반인 묘에는 석수를 세우지 못하게 했다.[19] 조선 초기에 태종의 넷째 아들 성령대군城寧大君(1405~1418) 묘에는 석호와 석양을, 영조대의 무신인 이주국李柱國(1720~1798) 묘에는 석양과 석마를 세웠는데,[20] 이는 매우 이례적인 경우다. 18세기 이후에 묘에 석양을 설치한 경우가 간혹 있었지만, 석호나 석마는 함부로 세우지 않았다.

조선시대 능묘에 석수를 세우는 것은 중국의 영향이겠지만 도상과 배설 위치가 서로 다르다. 중국의 석양이 주로 무덤의 앞에서 무릎을 꿇고 엎드려 있는 형상으로 효와 공양을 상징한다면, 조선의 석양은 봉분의 주변에서 밖을 바라보며 서 있는 모습으로 배설되어 있어 봉분을 수호하는 의미로 해석할 수 있는데, 이런 석양의 자세나 상징성은 고려 공민왕릉에서도 찾아볼 수 있다. 조선왕실 원에 세워진 석양도 왕릉의 석양과 동일한 맥락에 있으며 그 수를 왕릉의 절반으로 줄여서 능과 차등을 두었을 뿐이다.

13기의 원 중에서 현재 수길원과 숭인원에는 석양이 배설되지 않았으나 나머지 11기의 원에는 석양이 배설되어 있다.(참고도판 6) 능동 어린이대공원에 전시되어 있는 유강원 석물 중에도 석양이 포함돼 있다. 석양은 몸과 다리에 살이 찐 정도나 관절의 묘사, 다리 사이의 장식, 그리고 머리 부분의 세부 표현, 즉 뿔의 크기와 귀의 모양 등에 변화가 나타나기 때문에 이러한 조형적 특징으로 제작 시기를 유추할 수 있다.

원 석양의 양식변화는 왕릉 석양과 동일한 흐름을 유지한다. 예컨대 석수의 다리 사이를 뚫지 않은 채 평평하게 남기고 식물 문양을 새기는 것이 일반적이다. 그러나 인목왕후 목릉(1632), 원종 장릉(1632), 인조 장릉(1649)의 경우에는 예외적으로 석수의 다리 사이가 뚫려 있는데, 1645년에 조성된

참고도판 6 원 석양

순창원 1563(1870 봉원), 170cm 순강원 1613(1755 봉원), 120cm 소경원 1645(1870 봉원), 157cm

영회원 1646(1870 봉원), 115cm 소령원 1718(1753 봉원), 122cm 수길원 1721(1778 봉원), 석양 없음

의령원 1752(1870 봉원), 120cm 수경원 1764(1899 봉원), 123cm 효창원 1786(1870 봉원), 117cm

휘경원 1823, 122cm 흥원 1898(1908 봉원), 122cm 영휘원 1911, 128cm

숭인원 1922, 석양 없음 유강원 1904

소경원 석양의 다리 사이도 뚫려 있다. 이것은 일종의 시대양식이라 하겠다. 의궤의 도설에서는 다리 사이 문양을 초형草形이라고 밝히고 있는데, 실제 석물에 표현된 식물은 수선화, 원추리, 난초, 지란芝蘭 등이다. 왕릉의 석양에는 모두 초형을 새겼으나 순강원, 수령원, 휘경원 등 원의 석양에는 초형 장식이 생략되어 있다.

10) 석호

조선시대에 일반 묘에서는 석호를 거의 세우지 않고 왕릉에 세웠기 때문에 석호를 세우는 것은 무덤의 격을 올리는 것이었다. 현재 수길원과 흥원에는 석호가 없으며, 11기의 원과 유강원의 석물 중에는 석호가 한 쌍씩 있다.〈표 8〉

대부분의 원에 석호가 설치되어 있기 때문에 원의 석물에 처음부터 석호가 포함되었을 것이라 생각하기 쉽지만, 당시 기록을 살펴보면 그렇지 않다. 영조가 생모인 숙빈 최씨묘를 소령원으로 봉원하면서 남긴 소령원의 『상시봉원도감의궤』 품목질에는 석호가 포함되어 있지 않으며 석호 제작을 위한 가건물도 없다. 심지어 석호가 불필요하니 (궁원)식례에 기재하라고까지 되어 있다.[21] 그러나 두 달 후 『상시봉원도감의궤』의 계사질 '癸酉

표8 원제 수립 시 석수의 차별시도 분석

구분	석양	석호	석마	비고
왕릉	2쌍	2쌍	2쌍	
세자묘	1쌍	1쌍	1쌍	
세손묘	없음	1쌍	1쌍	의소묘 초기 및 숭인원도 동일
원	1쌍	없음	1쌍	소령원 초기
일반묘	없음	없음	없음	

九月十九日'자의 주석을 보면, 8월 28일 모든 석물 배치를 완료한 후에 석호를 추가로 설치한 것으로 되어 있으며, 예조판서 홍봉한은 「원호석배립시후계園虎石排立始後啓」[22]를 통해 9월 27일에 석호 설치를 시작하겠다고 영조에게 보고했다.

이렇듯 원에서 처음에는 석호를 제외했다가 추가로 설치한 것은 1752년에 의소세손의 묘를 만들 때 논한 기억에 혼란이 있었기 때문으로 생각한다. 이때 처음 만드는 세손묘 체제를 결정하는 과정에서 영조가 세자묘의 석물은 무엇이 있느냐고 묻자, 도제조 김약로는 석양, 석마, 문석인이라고 답한 반면, 제조 이익정은 왕릉에는 석양, 석마, 석호 각 둘이라고 답한다. 그리고 석호와 석양에 대한 설명이 있은 다음에 "이번에는 묘소에 차등을 두라고 이미 하교하였으니, 문석·망주·장명등 외에는 단지 호석과 마석을 각각 한 쌍씩만 설치하되 종전의 제도에 비하여 모두 4분의 1을 감하라."고 한다. 이렇게 세자가 아닌 세손의 묘에서는 석양과 석호 중 하나를 줄이는 논의가 있었고, 의소세손묘를 처음 조성할 당시 석양은 만들어지지 않았다. 즉 원의 석물 체제를 세자묘보다는 한 단계 낮춘 세손묘의 지위로 맞추되, 세손묘에서는 석양을 없앴으니 사친의 원에서는 석호를 제외하여 세손묘와 구별하려는 의도가 있었던 것으로 판단할 수 있다.

원의 석호 양식을 살펴보면,(참고도판 7) 임진왜란 이전에 만들어진 순창원의 석호는 큰 머리와 목 아래 늘어진 육수肉垂로 인하여 호랑이가 웅장하고 위엄이 있어 보인다. 그러나 임진왜란 이후의 원들에서는 이러한 인상의 석호를 찾아보기 어렵다. 소경원의 석호는 등허리가 솟아올라 구부정하게 숙인 것처럼 보여서 위엄이 느껴지지 않는데, 이는 17세기 초의 왕릉 석호와 같은 양식이다. 1718년에 봉묘된 영회원의 석호는 거대한 덩어리 같은 느낌이며 솔방울 같은 발톱에서 보이듯 세밀한 묘사를 시도하기도 했으나, 조각

참고도판 7 원 석호

순창원 1563(1870 봉원), 170cm

순강원 1613(1755 봉원), 95cm

소경원 1645(1870 봉원), 180cm

영회원 1646(1870 봉원), 127cm

소령원 1718(1753 봉원), 92cm

수길원 1721(1778 봉원), 석호 없음

의령원 1752(1870 봉원), 100cm

수경원 1764(1899 봉원), 120cm

효창원 1786(1870 봉원), 105cm

휘경원 1823, 110cm

흥원 1898(1908 봉원), 석호 없음

영휘원 1911, 142cm

숭인원 1922, 100cm

의 솜씨가 뛰어나지는 않다.

그러나 18세기 중반에 이르면 갑자기 왕릉과 원에서 뛰어난 장인의 솜씨가 나타난다. 같은 시기에 제작된 의령원과 소령원의 석호는 같은 석공이 조각한 것으로 보이는데, 이전의 전통적인 석호 양식과 확연한 차이가 있다. 실제 동물을 보고 조각한 듯이 유연하고 자연스러울 뿐만 아니라 드러낸 앞 이빨, 교차하는 아래위 어금니, 눈꺼풀, 처진 귀, 곡선의 변화가 있는 꼬리의 묘사도 사실적이다. 전체적으로 이전 석호에서 느껴지는 장엄함은 사라지고 귀여운 강아지 같은 동물조각으로 변화했는데, 이러한 양식은 효창원까지 이어진다.

19세기 말엽에 이르면 석호 표현이 경직되고 어색해진다. 수경원, 영휘원, 숭인원, 그리고 유강원의 석호는 모두 형태의 굴곡이 없고 머리도 입체감 없이 평평하며 꼬리도 뻣뻣하고 둔중하다. 숭인원에는 석양이 없이 석호만 있는데, 이는 최초의 세손묘인 의소묘를 조성할 당시와 같다. 그러나 석호의 몸이 바닥에 달라붙어 있고 꼬리를 비롯한 몸의 유연성은 전혀 표현되지 않아 호랑이를 묘사한 동물조각이라고 보기 어려울 정도로 어색하다. 이는 19세기 말에서 20세기 초반의 석물조각의 수준을 단적으로 보여주는 것이다.

11) 석마

신라나 고려시대 무덤에 없던 석마는 세종대에 중국의 고제古制에 따라 능묘제도를 새롭게 정비하면서 처음으로 등장했다. 그러나 조선시대 능묘 석물의 석마는 중국의 능묘 석마와는 다른 모습이다. 중국의 석마는 말고삐를 잡고 있는 마관이 등장하고 말에는 안장 등의 마구가 갖춰져 있어 묘주

38. 죽산마, 『의세손예장도감의궤』, 반차도, 화원 김덕성

인 피장자를 위한 말임을 알 수 있다. 이와 달리, 조선의 석마는 마구나 마관이 없는 상태로 석인상 바로 옆에 배치되어 있어 신하의 말로 표현되었음을 알 수 있다. 대신 묘주가 타는 말은 국장이나 예장 시에 죽안마竹鞍馬 1쌍과 죽산마竹散馬 2쌍을 만들어 장례가 끝난 후에 태움으로써 그 역할을 하도록 했을 것이다.(도 38)

봉원하면서 추가로 석물을 배치하지 않았던 수길원에만 석마가 없고, 12기의 원과 현재 석물만 남아 있는 유강원에는 석마가 있다.(참고도판 8) 석마는 대체로 고개를 숙이고 있고 꼬리는 땅에 닿아 있으며, 이목구비와 이마의 머리털, 목의 갈기, 그리고 다리 관절과 발굽이 표현되어 있다. 양식적 흐름은 앞서 언급한 다른 석수와 일치하는데, 1645년에 제작된 소경원의 석마는 석양과 마찬가지로 다리 사이가 뚫린 모습이 동시대 왕릉 석물과 동일하고, 이 외에는 다리 사이가 막혀 있다. 왕릉에 있는 석마의 경우는 다리 사이에 초형 장식이 있으나, 순강원, 소령원, 수경원, 휘경원, 숭인원의 석마에는 초형

참고도판 8 원 석마

순창원 1563(1870 봉원), 175cm

순강원 1613(1755 봉원), 150cm

소경원 1645(1870 봉원), 189cm

영회원 1646(1870 봉원), 151cm

소령원 1718(1753 봉원), 145cm

수길원 1721(1778 봉원), 석마 없음

의령원 1752(1870 봉원), 162cm

수경원 1764(1899 봉원), 142cm

효창원 1786(1870 봉원), 140cm

휘경원 1823, 144cm

흥원 1898(1908 봉원), 145cm

영휘원 1911, 162cm

숭인원 1922, 135cm

표9 원 석마와 석양의 초형 장식

원	순창원	의령원	효창원	영회원	흥원	유강원	영휘원
제작 연도	1563	1752	1786	1870	1898	1904	1911
석마 문양	수선화	원추리	지란	수선화	수선화	난초	지란
석양 문양	수선화	지란	지란	수선화	난초	지란	지란

장식 없이 빈 면으로 처리되어 있다. 의궤에는 다리 사이의 식물 문양이 '초형'이라고만 언급되어 있는데, 석양과 석마는 동일하지만 실제 석수에 새겨진 식물의 종류는 서로 조금씩 다르고 표현기법은 대체로 비슷하다.〈표 9〉

식물의 종류를 보면 잎 가장자리가 톱니 모양으로 된 일년생 식물도 있지만 대개는 여러해살이 식물로 가는 잎을 지닌 붓꽃, 수선화, 원추리, 그리고 난초가 주를 이룬다. 수선화는 꽃이 단일화로 정면의 형태가 별 모양으로 갈라지고 잎은 위로 뻣뻣하게 나 있다. 원추리는 난초처럼 잎이 부드러운 곡선을 그리나 꽃이 나팔 모양이며 꽃봉오리가 함께 있다. 난초는 사군자의 난초 모양으로 꽃잎이 낱낱으로 퍼져 있다. 그리고 고려나 구름 모양의 영지초는 난초와 함께 있으면 '지란芝蘭'이라 칭한다. 조선왕릉에서는 수선화류의 식물이 주류를 이루다가 단경왕후 온릉(1739)에서는 효창원과 같은 지란이 등장하고, 이어 원추리와 난초의 중간 형태가 불규칙적으로 이어지다가 건릉(1800)에서는 난초가 조각된다. 이 난초는 유강원과 고종 홍릉에서 반복되지만, 나머지 능에서는 식물의 종류를 분별할 수 없이 모호하게 표현된 경우가 많다. 식물의 표현에 통일성이 없는 것은 의궤에 단순히 '초형'이라고만 기록되어 있기도 하거니와, 기화하는 화원과 조각하는 석수 사이의 인식 차이에서도 기인했을 것이다.

18세기 중후반에 제작된 의령원, 소령원, 효창원, 휘경원(수은묘)의 석마는 신체의 비례와 근육 표현이 자연스럽다. 편안한 자세, 머리의 턱뼈 묘사와 표정, 변화 있는 갈기 털의 길이와 방향, 앞다리의 약간 높은 견갑골 표현, 다리의 관절과 근육, 말굽과 며느리발톱, 좌대에서 분리된 짧은 꼬리와 꼬리털의 이중 표현 등 세부 표현에서도 말의 특성이 구체적이고 실감나게 표현되어 있다. 그러나 조선 말기와 일제강점기에 제작된 석마는 석양이나 석호와 마찬가지로 조각 수준의 퇴보를 그대로 보이고 있다.

12) 문석인

석인상은 조선시대 능, 원, 묘의 제도를 구분하는 중요한 요소로서 다른 석물에 비해 시기에 따른 양식의 변화가 뚜렷하다. 일반적으로 왕릉에는 문석인과 무석인을 같이 세우고 원과 묘에는 문석인만 세웠다. 그리고 동자석인은 묘제에만 세운 석물이다.

이 책에서 다루고 있는 13기의 원에는 모두 문석인이 1쌍씩 배설되어 있다. 지금은 유릉에 합장된 유강원의 석물 중에 무석인이 있었으며, 현재 융릉으로 숭봉된 현륭원에 무석인이 설치되어 있다. 그리고 묘제 석물이 그대로 배설되어 있는 순강원에는 동자석인이 있다. 따라서 원에는 무석인 없이 문석인만 세우는 것이 원칙이었음을 알 수 있다. 원의 문석인은 대체로 왕릉 석인보다 작게 조성되어 있는데, 현존하는 원 문석인 중에서는 숭인원 문석인(약 137cm)이 가장 작고, 그 다음으로 작은 것은 의령원 문석인(약 144cm)이다. 이들은 모두 세손의 무덤으로, 피장자를 감안하여 크기를 조정했을 것으로 여겨진다.

원의 문석인은 크기뿐 아니라 형식에서도 왕릉의 문석인과 차이를 두었던 것으로 보인다. 왕릉의 문석인은 철저하게 복두공복형을 유지하여 묘제문석인의 양관조복형과 차별화했는데, 정조의 건릉에 이르러 이러한 전통이 깨진다. 정조 건릉은 아버지 사도세자의 현륭원을 따라 조성되었기 때문인데, 현륭원은 원의 문석인 전통에 따라 양관조복형으로 조성되어 있다.

13기 원의 문석인을 살펴보면, 순창원 외에는 모두 임진왜란 이후에 조성된 것으로서 복두공복형 5기와 양관조복형 8기가 있다.(참고도판 9) 참고로, 묘제 문석인은 임진왜란을 기준으로 그 이전에는 복두공복형이었고, 이후에는 양관조복형이 주류로 자리 잡았다. 그럼에도 복두공복형 문석인이 세워진 원이 5기나 되는 이유는 아마도 세자(빈)의 묘라는 위상 때문일 것이다. 세자묘들은 모두 원으로 올리기 전에 묘제로 조성했던 석물인데, 순창원, 소경원은 처음에 세자묘로 조성되었고, 영회원은 남편인 소경원을 따랐으며, 휘경원은 사도세자 수은묘의 석물을 재사용한 것이다. 현재 양관조복형인 효창원도 조성 당시 『문효세자묘소도감의궤』의 도설에는 복두공복형으로 되어 있는데,(도 39) 이 도설은 의소세손묘를 만들면서 상례보편에 실은 도상과 같다.

원의 문석인은 왕릉의 문석인에 비해 크기는 작지만 높은 수준의 조각 솜씨를 유지하고 있으며, 왕릉의 석인과 양식적 유사성을 보이는데, 이는 아마도 당시 왕릉과 동일한 장인이 제작에 참여했기 때문일 것이다. 그러면서도 왕릉 석물의 형식화에서 다소 벗어난 느낌이 드는 것은 그만큼 석수가 재량권을 가지고 돌을 다룰 수 있었기 때문이라고 보인다. 효창원이나 일부 원에서는 화원이 기화를 하고 석수가 돌을 깎았지만, 소규모이고 장례 기간이 짧았기 때문에 소수의 장인이 왕실 관리들의 큰 간섭 없이 비교적 자유롭게 능력을 발휘한 결과라고 판단된다.

순창원(1563)의 문석인은 세자묘의 중요성 때문인지 크기가 큰편인데, 동시대에 조성된 태릉(1565)과 강릉(1567)의 석인과 동일하게 머리가 크고 전

참고도판 9 원 문석인

순창원 1563(1870 봉원), 273cm

순강원 1613(1755 봉원), 225cm

소경원 1645(1870 봉원), 252cm

영회원 1646(1870 봉원), 171cm

소령원 1718(1753 봉원), 175cm

수길원 1721(1778 봉원), 159cm

의령원 1752(1870 봉원), 144cm

수경원 1764(1899 봉원), 183cm

효창원 1786(1870 봉원), 153cm

휘경원 1823, 167cm

흥원 1898(1908 봉원), 168cm

영휘원 1911, 226cm

숭인원 1922, 137cm

체적으로 육중한 느낌의 양식을 보여준다. 인빈 김씨묘로 조성된 순강원 (1613)의 문석인은 당시 묘제 문석인 유형인 양관조복형이며 폐슬과 후수 장식을 갖추었다. 그러나 다음에 만들어진 소경원(1645)은 규모 면에서도 인조 장릉(1636)과 큰 차이가 없는, 복두공복형의 왕릉 석인 체제로 조성되어 있다. 18세기에 만들어진 석인은 숙종의 석물 간소화 영향을 받아 석물의 크기가 대폭 줄어들지만 왕릉과 큰 차이는 없다. 비슷한 시기에 만들어진 소

 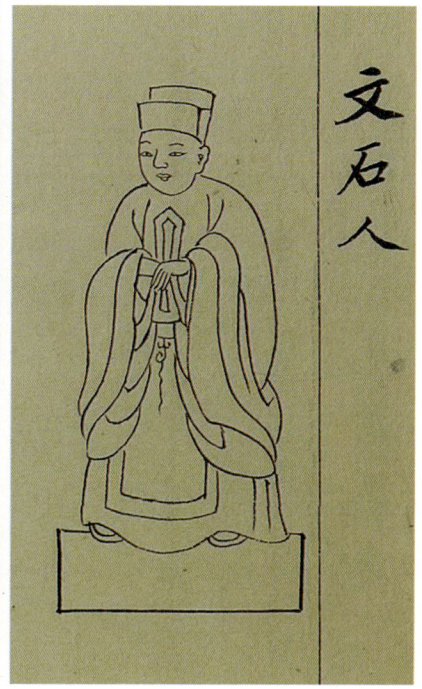

39. 문효세자 효창원 문석인과 「문효세자묘소도감의궤」 도설

령원(1718)과 단의왕후 혜릉(1718)의 문석인은 크기, 신체비례, 의습의 양식 등에서 모두 동일하고, 모자 표현에서만 능의 석물은 복두로, 원(조성 당시에는 묘)은 양관으로 표현되어 있다. 혜릉 문석인 그리고 수길원 문석인에서 보이는 폐슬에 새긴 구름 장식은 묘제에서 흔한 양식이 원제 석물에 등장한 경우이다.

    문석인 조각양식에서 자연스러운 표현은 석수와 마찬가지로 18세기 중후반에 나타난다. 의령원, 수경원, 휘경원의 석인은 왕실 묘제의 특성을 간직하고 있는데, 김성응(1699-1764) 묘의 석인에서도 같은 장인의 솜씨가 느껴진다. 양관의 섬세한 세부 장식, 주머니 같은 옷소매의 독특한 표현, 미소 띤 얼굴 표정, 그리고 아래로 편안히 내린 팔의 자세 등 긴장감이 사라졌다. 잠시 왕릉 석인의 자세와 비교해 보면, 조선왕릉 문석인의 손의 자세는 초기에는 팔꿈치보다 위로 올라간 자세였다가 중기부터는 오랜 동안 거의 수평 자세로 지속되었다. 그러다가 18세기 후반부터 손이 조금씩 내려오기 시작하더니 헌종 경릉(1843)에서는 손이 아랫배까지 내려와서 긴장이 완전히 풀린 자세로 표현되었다. 원에서도 홍원(1898), 유강원(1904), 영휘원(1911), 숭인원(1922)의 문석인 모두 홀을 배에 대고 있다. 소매 의습의 선이 파형을 그리는 것은 『유강원원소도감의궤』 도설(1904)에 나타난다.

문석인을 사실적으로 표현하려는 의식은 고려 공민왕릉이나 조선 초기 왕릉의 문석인에서도 찾아볼 수 있는데, 18세기 중후반에 강하게 대두되었다. 이후 능묘 석인은 점점 양식화되어 시각적인 사실성을 추구하기보다는 석의물로서의 전통에 충실했다. 새로운 양식을 도입하는 것은 전통을 중시하고 국가적 역량이 모이는 왕릉에서는 매우 어려운 일이었을 것이다. 그러나 왕실의 무덤이라 하더라도 원이나 묘는 능에 비해 사적이었기 때문에 왕의 개인적 의지에 따라 새로운 솜씨를 지닌 장인을 동원할 수 있었을 것이다. 이러한 이유 때문인지 왕릉에서는 1757년에 조성된 영조의 원비 정성왕후 홍릉弘陵의 문석인에서 보이기 시작하는 사실적인 인물 표현이 묘제에서는 그보다 앞선 1752년 의소세손의 의소묘 석인에 보인다.

금관조복에서 금관은 양관이라고도 부르는데, 관에 달린 양梁의 숫자로 품계를 나타내기 때문이다. 양은 관의 이마부분에서 머리 뒤로 올린 반월형半月形의 면지面地에 금색실로 붙인 가는 세로줄을 말한다. 양의 숫자가 1품은 5량, 2품은 4량, 3품은 3량, 4에서 6품은 2량, 7품 이하는 1량으로, 정조가 사도세자의 묘를 영우원으로 봉원하며 의식 절차를 기록한 『궁원의』(1780) 도설에도 양관의 그림과 함께 품계의 설명을 실었다. 원에는 대체로

2,3량관의 문석인을 세웠지만, 1900년(광무 4) 4월 17일 칙령勅令 제15호로 문무관의 복식을 서구식으로 갖출 것을 반포한 이후인 대한제국기에 조성한 유강원 문석인의 관에서 양의 숫자가 늘어난다.

13) 동자석인

13기의 원 중에서 선조후궁 인빈 김씨의 순강원에만 동자석인 1쌍이 배설되어 있다.(도 40) 조선시대 묘제에서 묘주의 시동 역할을 하는 동자석인은 16세기 전반기에서 18세기 전반기에 주로 등장하는데, 특히 초기에 동자석인이 등장하는 묘의 주인공들인 류순柳洵(1441~1517)과 최명창崔命昌(1466~1536)은 중종반정 이후 등극한 정국공신들이다. 초기의 동자상은 연꽃을 들고 연화대석에 서 있어서 불교적인 면모를 보이지만, 이후 불교적 동자상은 도교적, 민속적, 무속적 요소가 혼재하는 동자석인으로 바뀌게 된다.[23]

흥미로운 것은 동자석인이 등장하는 16세기 전반기는 왕릉의 석인상들이 가장 커지고 웅장해지는 시기라는 사실이다. 태조 건원릉의 문석인 키가 약 232cm인데, 이 시기가 되면

40. 순강원 동자석인

문석인이 3m가 넘는 크기로 제작되기에 이른다. 추측컨대, 묘제에서도 별도의 규정 없이 무석인 대신에 석인 1쌍을 세워서 화려함을 추구한 것이라고 생각한다. 순강원의 동자석인은 『궁원식례』(영조 32, 1756년, K2-2425)에 향동자석香童子石이라고 명명되어 있는데, 실제 조각상에도 손 사이에 구멍이 파여 있어서 동자석인은 향을 올리는 기능을 했음을 짐작할 수 있다.

동자석인에서 한 가지 주목할 점은 동자석인이 원제의 기본 석물에 포함될 기회가 있었다는 사실이다. 현재의 원제는 영조의 소령원을 계기로 기본틀이 정해졌지만, 원의 제도를 처음 만든 인조가 자신의 생모인 계운궁의 육경원에 동자석인을 세운 기록이 있다. 계운궁의 산소를 만들면서 인조가 계운궁의 묘에 무석인 1쌍을 더 마련하라고 지시하자 예장도감이 다음과 같이 언급한다.

> 예문禮文에 문석인의 모습은 관대에 홀을 잡고 있는 형상이고 무석인의 모습은 갑주甲冑에 검을 차고 있는 형상으로 되어 있는데 이것은 바로 국상國喪 때 문무백관을 형상한 제도로서 혐핍에 관계되는 것 같았기 때문에 의논해서 2쌍을 감한 것입니다. 그러나 이제 성교聖敎를 받들었으니 마땅히 이에 의거 마련하도록 하겠습니다만, 석인 2쌍은 중첩된 것 같으니 1쌍은 동자석童子石으로 만드는 것이 마땅하겠습니다. 대신들의 의견도 이와 같으므로 감히 아룁니다.

이에 따라 동자석인을 세우기로 하고,[24] 혼유석과 향좌아香座兒는 충주의 분석粉石으로 만들어 배설하라고 하였다.[25] 전체 체제와 재료에서 순강원과 동일하여 동자석인과 향로석이 있으며, 재료는 대리석이다. 그러나 육경원이 1632년에 장릉으로 추봉되면서 석물을 다시 조성했기 때문에 동자석인은 원의 석물로 자리 잡지 못했다.

석물 분석 종합

　조선왕실 13기의 원 중에서 조성 당시의 원래 모습 그대로 유지하고 있는 경우는 많지 않다. 의령원과 효창원 같이 이장으로 본래 원의 구조가 완전히 흐트러진 경우도 있고, 재실도 순강원과 영휘원만 옛 모습을 지니고 있으며, 정자각이 남아 있는 경우도 절반밖에 되지 않는다. 수복방은 소령원에만 보존되어 있으며, 수라간은 단 한 곳도 보존되지 못했다. 또 홍살문은 건립 연도 및 원형을 파악하기조차 어렵다. 이에 비해 석물은 주로 풍화에 강한 화강암으로 조성했기 때문에 원형이 비교적 잘 보존되어 있는 편이다. 원은 특별한 경우에만 조성되었기 때문에 왕릉에서 볼 수 있는 일관된 흐름을 찾기는 어렵지만, 일반 묘와 왕릉의 석물을 함께 비교분석함으로써 시대양식을 규명할 수 있고, 나아가 원의 고유성을 찾아낼 수 있다.

　원제 무덤의 형식은 다양해 보이지만 석물의 전체적인 흐름을 살펴본 결과, 나름의 원칙이 있었음이 확인되었다. 세자묘에 토대를 둔 원은 왕릉 석물의 흐름을 따르고 있고, 후궁묘에서 원으로 추봉된 경우는 묘제의 요소를 지니고 있어, 대체로 능과 묘의 절충적인 형식과 수준을 이루고 있다고 하겠다. 원의 석물이 묘제 석물과 관계가 있다고 하더라도 왕실에서 간여한 석물이므로 왕릉 석물과 일정 부분 같은 흐름이 유지되었다. 원제의 석물은 초기에는 능제를 축소하여 왕릉의 흐름과 궤를 같이 하려 했지만, 묘제의 양식을 받아들여 장명등이 팔각에서 사각으로 바뀌고 문석인도 복두공복에서 양관조복으로 바뀌는 등 왕릉과 묘제의 중간에서 이들 모두의 유기적 관계를 나타내는 지표의 역할을 한다.

4. 원 조성에 참여한 장인匠人

　조선왕실의 석물 조성을 담당한 공장工匠에 대해서는 간역, 화원, 편수, 석수 등의 이름이 전해지지만, 구체적으로 어느 석물을 누가 만들었는지는 알 수 없다. 석물에 제작자의 이름을 새겨놓은 경우를 찾기도 어려울뿐더러 석물을 제작할 때 어느 한 석물을 석공 한 명이 완성하는 것이 아니라 여러 명이 공동으로 제작했기 때문이다. 따라서 조선시대 특정 석물을 제작한 석공의 이름을 알 수 있는 경우는 거의 없는데, 흥미롭게도 소령원 표석의 개석을 제작한 석수의 이름이 남아 있다. 실제로 소령원 표석의 개석 형태를 보면 대단히 조화롭고 조각이 아주 우수한데, 이는 석수 우흥민禹興民, 강차극姜次極의 솜씨로 기록되어 있다.[26] 대체로 두 사람의 이름이 기록될 경우, 먼저 기록된 사람이 중심 역할을 하고 뒤의 사람이 제자나 조수인 경우가 많다. 따라서 이 개석은 우흥민의 솜씨라고 봐도 좋을 것이며, 이를 그의 조각양식으로 볼 수 있다.

　일반적인 왕릉 석물의 경우에는 먼저 산릉도감이 왕의 허락을 얻어서 석물의 종류와 수량 또는 크기, 재료의 산출지 등과 관련해 큰 틀에서 방향을 결정하고, 현장의 간역이나 편수가 좀 더 구체적인 세부사항을 결정한다. 그에 따라 화원이 선대의 능을 모사하거나 새로 도안한 그림을 돌에 기화한다. 석마같이 비교적 단순한 석물에서는 전체 형태에서 석수가 가진 능력이 잘 드러나지만, 세부 문양의 부분에서는 화원의 기호가 양식 결정에 더 크게 작용한다. 예를 들어 인조 장릉 병풍석의 모란 문양은 이후 고종 홍릉과 순종 유릉에서 반복적으로 사용되었는데, 세부의 미묘한 선의 표현이나 생동감 표현에서 차이를 보인다. 이때 동일한 패턴이 반복된 것은 화원의 단순한 필사 대신에 탁본과 같은 기술적인 모사가 활용되었을 가능성을 시사한다. 그러나 소령원 개석과 같은 표현, 특히 추녀마루의 용조각 같은 표현은 화원이 그림으로 기획할 수 없는 것으로, 이는 전적으로 석공의 조각 능력에 달린 것이다.

원이나 묘는 왕릉에 비해 무덤 조성기간이 짧고 석물이 소규모였기 때문에 석물 제작에 간여한 인적 조직도 축소되었다. 원과 묘의 조성에 참여한 석수의 수는 석물의 규모에 따라 서로 다르고 각 장인이 일을 한 날의 수도 동일하지 않다. 현륭원 조성에는 석수 159명과 화장 48명의 명단이 장인진에 포함되어 있는데, 이는 현륭원이 능의 규모로 조성되었기 때문이고, 일반적으로 원의 석물 조성에 참여한 석수와 화장은 각각 60명과 10명 내외이다.

원은 대체로 왕릉에 비해 절반 정도로 축소된 규모이고, 왕릉 석물을 제작할 경우와 달리 원의 석물을 제작할 때는 화원의 역할이 거의 없거나 줄어들었기 때문에 현장에서 직접 돌을 다듬는 장인들의 역량이 중요했다. 석호에서 살펴보았듯이, 시대별로 매우 다른 특징을 지닌 양식도 바로 이러한 이유에서 기인했을 것이다. 의소묘의 화장咊匠 김덕령金德齡은 화사畫師를 겸하여 직접 기획을 하고 각정刻釘으로 세부를 조각하기도 하였는데, 그러한 영향 때문인지 의소묘는 다른 무덤의 석물에 비해 훨씬 더 실물을 보는 듯 자연스럽다. 그러나 아쉽게도 조성 당시의 의궤가 완전히 사라진 원도 있다. 다음의 표는 무덤이 조성된 순서대로 원의 석물을 제작한 대부석소 장인들의 목록이다.(표 10)

석수 장인의 체계는 편수를 통해 가늠해볼 수 있는데, 이는 왕릉에 참여한 석수와 편수의 상호 관계를 통해 알 수 있다. 먼저 소령원 조성 시에 인조로부터 순혜왕후 공릉 문무석인 개수(1648)에 공이 있다는 이유로 장인으로서는 이례적으로 명예직인 영직影職과 정3품에 해당하는 통정通政 품계를

표10 원 석물 조성 대부석소 장인 명단

원묘		장인
소경원 『소현세자묘소도감의궤』 「우부석소」 1645년	左邊石手	曹末龍(편수) 趙生 安戊生 李加佐 朴春難 朴得金 朴成立 崔天一 金石堅 姜壬生 白雲吉 白雲民 李京己 全忠己 金順男 韓金 李三男 安夢同 安龍 劉㐫參 金龍立 李金伊 咸夢哲 咸信 咸毘金 崔順龍 金戒男 金生 金立徐 金伊 金莫同 田好福 崔今金 崔春一 金七文 李巨龍 高彦福 金還 (38명)
	右邊石手	姜福(편수) 柳男 崔應 金彦水 李夢賢 梁乂間 鄭天生 金天龍 朴成建 咸福 劉五龍 嚴廷民 趙禮男 金得鏡 金大雲 全得信 洪岻同 梁北間 閔戒龍 洪得佶 李鶴 金金伊 金貞 金仁 金彦龍 南太宗 金雲 張仁男 申男 金介也之 僧一先 李龍鶴 金㐫福 金奉伊 朴男 金男 李順立 李生伊 朴表龍 崔金伊男 (40명)
	左邊雕刻匠	金億還(편수) 金武生 金成立 玄禮男 姜承立 林成律 金得善 景天民 劉承立 曹太男 禹先立 安成吉 (12명)
	右邊雕刻匠	安仁男(편수) 金仁男 黃愛男 趙白川 丁應福 金太山 李明福 閔承業 金厚男 朱仁己 南龍 (11명)
영회원 『민회빈봉묘도감의궤』 「대부석소」 1718년	石手	鄭夢男 李天良(편수) 黃承先 安云 李 明福 咸富興 吳永俊 金二奉 崔正萬 李介夫里 李次萬 南時萬 朴尙俊 金得龍 金同伊 李不己 金尙建 金巨卜 金墨去 金正民 林世萬 金仁方 鄭次江 李順昌 裵貴同 鄭開天 金起石 李仁江 林士善 朴同伊 羅奉吉 金二分 吳天伊 朴忠積 金得民 崔已民 金石鐵 朴貴同 尹介先 金四龍 朴二龍 李䇮x 金夏石 宋民伊 金周石 朴已生 金貴尙 石信先 姜有恒 金壬申 金世後 金義發 許楚同 禹命先 申元立 羅富永 李順男 吳貴男 金正建 洪靑尙 韓論世 安孝得 (63명)
	㕨匠	李次成 梁興 朴次同 李尙萬 李守贊 李萬才 咸萬興 (7명)
	刻手	黃再顯
소령원 『제청급석물조성시등록』 1718년	石手	吳士俊(편수), 禹興民, 姜次極
	刻手	文尙一, 鄭愛男, 劉智賢
의령원 『의소세손묘소도감의궤』 「대부석소」 1752년	石手	金天碩(편수) 朴必深 尹起成 金次明 禹相得 金二㐫 徐次奉 金金夢 朴必重 朴彦墨伊 李元伊 吳尙仁 許淡立 金福喜 金太雲 薛萬才 南時福 李同伊 朴三俊 高世奉 崔任金 林二尙 李順伊 ㅍ金三伊 朴三出 金枝成 金聲玉 文承李 尹德金 金德輝 安命得 姜尙俊 黃二男 金萬碩 李士得 金仁芳 李時老味 金奉得 李乙先 韓命山 咸二徵 丁泰仁 金泰柱 崔三㐫 李春得 高天世 李有福 金時老味 朴望伊 張一順 金㐫巴其 朴栗孫 趙二昌 金順起 金㐫男 車道賢 李建伊 李貴同 李世萬 金守奉 金壽萬 權貴不里 崔大起 金次尙 金厚立 (65명)
	冶匠	金時金 朴貴萬 林得成 洪世萬 吳後種 李渭濱 (6명)
	㕨匠	李帶春(편수) 林遇春 李佑大 任守寬 金德齡(畫師 겸함) 李彦墨 李枝成 張厚先 金老味 高成渭 權廷贊 (11명)
소령원 『상시봉원도감의궤』 「대부석소」 1753년	石手	金天碩(편수) 朴弼深 金次明 尹起成 金二㐫 金太雲 李同伊 金奉得 崔三㐫 高天世 金時老味 金壽萬 金二夢 朴彦墨 李元伊 安壽江 李四得 張一順 李有福 (19명)
	冶匠	朴貴萬(편수) 李鍾金 洪世萬. 　　　화원:朴壽仁
	㕨匠	李帶春(편수) 朴秀根 林遇春 閔太卜

순강원 『상시봉원도감』 「부석소」 1755년	石手	金天碩(편수) 朴弼深 崔萬成 金次明 朴三俊 尹起成 黃二男 金泰云 李司伊 李先伊 金金夢 崔三㐑 金種老味 金枝盛 高世奉 張一順 李士得 朴三出 許淡立 金占山 李贊柱 朴孟伊 崔丁金 金泰柱 李貴奉 金順起 (26명)
	冶匠	朴貴萬(邊首) 洪世萬 李渭濱 金泰山
	㫚匠	李帶春(邊首) 林遇春 金振秋 李三實 柳春成 張厚成 金厚大 崔大畜 (8명)
휘경원(수은묘) 『思悼世子墓所都監儀軌』 「대부석소」 1762년	石手	金千碩(편수) 朴必深 崔萬俊 金大輝 金次明 金泰雲 金枝成 崔壬金 金夢金 朴彦墨 李貴才 崔壽江 徐老味 金德成 安命得 崔集俊 安濟江 金金夢 徐次奉 金得尙 金三伊 金守才 崔春鶴 林順伊 安三槐 林春得 朴必重 李思得 金泰柱 金元伊 黃尙太 李日隱金 李福男 金奉得 林尙萬 金二㐑 申三萬 金順起 金昌福 李二男 朴尙奉 金光益 金時金 黃老味 金貴成 吳乙老味 金三福 金德尙 申介同伊 車云朱 (50명)
	冶匠	朴聖根 金天明 申次㐑 李聖連 金世太 (5명)
	㫚匠	徐延漢 高聖燁 金順徵 鄭福良 朴泰輝 金汗柱 金延太 張天郁 尹彝俊 李成福 張俊成 (11명)
효창원 『文孝世子墓所都監儀軌』 「대부석소」 1786년	石手	金大輝(편수) 成尙偉 金福良 趙光善 吳奉天 崔汲伊 龍成輝 黃天才 崔成雲 金有福 高世奉 朴福相 都廷雲 都完石 金夢金 金仁福 李時老味 朴無出伊 李重輝 尹大興 崔孫立 朴福得 李二男 李晉恒 金中世玉 金貴成 金尙仁 鄭金老味 金熙得 高福起 金重日 林善得 崔貴得 金相允江 車興萬 金聖起 卞德重 禹龍海 宋福相 崔相福 嚴孝得 李得奉 崔興世 尹尙偉 金光益 金成柱 辛道元 崔成仁 金 (50명)
	冶匠	朴大弼 禹世郁 金喜點 朴次興 李奉才 金兌福 (6명)
	㫚匠	徐仁範 朴春起 朴枝茂 安福相 孫繼良 金道成 金昌得 崔好完 (8명)

받은 조말룡曺末龍이 소현세자 묘소도감의 편수를 맡았으며, 인조 장릉과 효종 영릉의 편수도 역임했다. 영회원을 조성한 민회빈 봉묘도감의 편수 정몽남鄭夢男은 왕릉의 익릉(1683), 휘릉(1688), 명릉(1701), 의릉(1724)의 석수였지만, 단의빈묘(1718), 효장세자묘(1728)의 편수를 지냈다. 민회빈 봉묘도감의 공동 편수 이천량李天良은 숭릉(1675)부터 익릉, 휘릉, 사릉, 명릉 등 5기 왕릉의 석수와 혜릉(1722)의 추배시 편수였다. 석수 오영준吳永俊도 이천량과 함께 했으나, 단종 복위 시에 이천량은 사릉으로, 오영준은 장릉으로 각각 파견되어 참여했다. 소령묘의 『제청급석물조성시등록』(1718) 편수 오사준吳士俊은 혜릉, 의릉(1725), 효장세자묘의 편수였다.

18세기 중반에 오면 새로운 세대의 장인들이 등장하는데, 김천석金天碩과 박필심朴弼深이 대표적 인물이다.27 김천석은 특이하게도 의릉산릉도감에서는 편수 오사준 밑의 석수로 등장하지만, 의소묘, 효순현빈묘(1751), 소령원, 순강원, 수은묘(1762)에는 편수로 참여했다. 김천석은 왕릉보다는 묘와 원의 편수를 가장 많이 했던 인물로, 원의 석물 연구에 가장 중요한 장인이다.

이와 반대로 박필심은 원에서는 편수 김천석 바로 아래 이름을 올려서 2인자의 역할을 했음을 짐작할 수 있는데, 정성왕후 홍릉(1757)과 인원왕후 명릉(1757)에서는 최만성崔萬成과 공동 편수를 맡았다. 최만성은 박필심과 함께 왕릉에서는 편수를 했지만 원에서는 순강원의 석수로 참여했다. 다음으로, 문효세자 효창묘의 대부석소 편수 김대휘金大輝는 영조 원릉(1776)과 현륭원(1789)에서도 편수 역할을 했다. 원의 조성에 참여하여 석물의 세부를 마무리한 조각장 혹은 화장哛匠으로는 이대춘李帶春이 가장 빈번히 등장한다. 이대춘은 인원왕후 명릉에서는 일반 화장이었지만, 의소묘(1752), 소령원(1753), 순강원(1755)에서는 편수를 맡았다.

화원도 석물의 제작에 참여했다. 왕릉의 산릉도감 대부석소에는 석물 제작 시 밑그림을 기화한 화원의 이름이 많이 등장하는데, 원에는 소령묘의 표석 제작에 참여한 장득만張得萬과 소령원 봉원 시의 박수인朴壽仁, 그리고 왕릉으로 추봉된 현륭원의 석물 기화를 위하여 30일 동안 대부석소의 일을 한 허륜許磮이 있고, 휘경원 대부석소의 윤명주尹命周가 있다. 그 이외의 원과 묘는 의소묘와 같이 화원의 참여 없이 석수들이 스스로 해결하거나 효종 영릉(1659)처럼 조성소나 다른 부서에서 임시로 불러다 기화했을 수도 있다. 묘소와 원소 의궤에 구체적으로 화원이 명시되지 않는 것은 석물의 양식과 관련해서 화원의 역할이 그리 크지 않았음을 의미하기도 한다.

그러나 새로운 양식을 많이 만들어낸 현륭원은 화원의 역할이 상대적으로 컸고, 따라서 화원이 참여한 구체적 날짜까지 명시해 두었다. 요컨대, 원의 석물을 제작한 석수와 장인들이 왕릉에서도 동일하게 중요한 역할을 하기도 했으며, 편수 김천석의 경우처럼 왕릉보다는 원묘에 주도적인 역할을 결과 18세기 중반에 조성된 원의 문석인과 석수는 왕릉과 다른 독자적인 양식을 보이기도 한다.

20세기에 들어와서는 조선왕실 무덤의 석물 제작에서 조선의 석공 외에 중국인 장인이 참여했을 가능성이 높다. 이에 대한 정확한 기록은 찾기는 어렵지만, 숭인원의 문석인에서 보이는 조가비 같이 튀어 나온 눈꺼풀, 입가의 미소는 조선의 전통적 문석인에서 찾아보기 어려운 조형적 특징인데, 이러한 요소는 고종 홍릉의 문석인에서 그대로 반복되고 있다. 순종 유릉을 조성할 당시 『동아일보』에는 고종 홍릉 석물과 관련해 "중국으로부터 석공을 불러다가 중국 고대식으로 조각했으나…"라는 언급이 실렸고,[28] 숭인원 석물 조성과정에서 실제로 중국인 노동자와 조선인 노동자 사이에 싸움이 벌어지기도 했던 것으로 보아, 20세기 초에는 중국인 석공이 조선왕실의 석물 제작에 참여했을 가능성이 크다.

園

조선왕실 13기의 원에 관한 고찰
Study on the 13 Won tombs
of the Joseon Dynasty

III

조선왕실 13기의 원에 대한 고찰

조선왕실 원의 위치

원은 왕릉과 달리 도성에서 매우 가까운 위치에 조성되었다. 신덕왕후 神德王后(?-1396) 정릉이 예외적으로 도성 안(중구 정동)에 조성되기도 했지만, 왕릉은 고양이나 양주 등, 도성에서 어느 정도 거리를 두고 조성되었다. 반면 왕실의 원과 묘는 대부분 도성 가까이에 조성되었다. 의령원(의소묘)은 북아현동, 수경원(의열묘)은 연희동(연세대학교 교정), 효창원(효창묘)은 효창동, 영우원(수은묘)과 휘경원은 휘경동, 흥원(대원군묘)은 공덕동, 영휘원과 숭인원은 청량리동, 유강원은 능동에 조성되었는데, 모두 도성에서 20리 이내의 거리에 위치해 있었다. 이렇게 도성 가까이에 무덤을 마련한 이유는 왕릉과 달리 풍수지리적인 명당 개념에서 비교적 자유로웠기 때문일 것이다. 조선시대 왕릉은 왕의 능행을 감안하여 도성에서 100리 안에 자리를 정했지만, 능의 자리는 풍수지리적으로 국가의 운명을 좌우한다고 믿었기에 최고의 명당자리를 찾아야 했다. 따라서 왕릉은 도성에서 멀어질 수밖에 없었다. 하지만 묘나 원은 풍수지리적 조건보다는 실질적으로 참배하기 편리한 곳을 선택했다. 이러한 사실은 효창묘의 터를 결정하는 과정에서 정조가 언급한 다음과 같은 내용을 통해 알 수 있다.

동교東郊의 능원이 8, 9곳이기 때문에, 매번 동가動駕할 때마다 비록 이른 새벽에 출궁出宮하여도 반드시 깊은 밤이 되어서야 도성으로 돌아왔다. 이제 만약 이곳에 다 쓰도록 결정한다면, 경숙經宿하지 않고는 두루 들를 수가 없다. 비록 사세事勢로 말하더라도, 봄가을로 전배展拜를 하는 것 이외에 이 때문에 다시 한 차례 더 동가한다면, 경비의 낭비도 염려하지 않을 수 없다. 설령 사세의 불편함을 따지지 않고 산지山地가 좋은 것만을 취한다고 하더라도 이곳을 쓰기로 정한다면, 10년 동안에 한 번도 가서 볼 수 없을 것이니, 이 어찌 인정상 절박한 바가 아니겠는가. 영우원과 의소묘를 쓰기로 정한 것은 그때 모두 사세에 편리하고 가까운 곳을 취해서 그렇게 한 것이니, 지금 어찌 영우원이나 의소묘와 같이 편리하고 가까운 곳을 얻을 수 있겠는가?"[1]

원의 피장자들은 대부분 무덤 조성자의 생모이거나 세자, 세자빈, 세손이었기 때문에 그 죽음이 안타깝게 여겨지는 경우가 많았고, 따라서 산소를 자주 방문하고자 하는 애틋한 마음이 컸을 것이다. 20세기에 도시가 팽창하

41. 원의 위치도

면서 도성 가까이에 조성되었던 원들은 대부분 이장되어 서울에서 멀어졌지만,^(도 41) 효창동, 휘경동, 능동 같은 지명에는 왕실 무덤의 흔적이 담겨 있다.

원의 조성과 피장자의 신분

조선왕실 13기의 원은 처음부터 원으로 조성된 경우보다는 묘로 조성되었다가 후에 원으로 봉해진 경우가 많다. 즉 생전에는 무덤이 원으로 조성될 만큼 특별한 신분이 아니었지만 사후에 신분의 변화로 원으로 승격된 것이다. 따라서 무덤 조성시기와 봉원시기가 일치하지 않는 경우가 대부분이다. 원으로 봉해지면서 무덤의 체제가 변경되었는데, 그렇다고 원래 무덤의 형상을 완전히 변경한 것은 아니고 원제에 걸맞은 의물을 추가하는 정도였다. 13기의 원과 피장자를 정리하면 〈표 11〉과 같다.

표11 13기 원의 피장자

신분		기수	이름	피장자	봉원여부	합장여부
사친	모	6	순강원	인빈 김씨	추봉	단일원
			소령원	숙빈 최씨	추봉	단일원
			수길원	정빈 이씨	추봉	단일원
			수경원	영빈 이씨	추봉	단일원
			휘경원	수빈 박씨		단일원
			영휘원	순헌귀비 엄씨		단일원
	부	1	흥원	흥선대원군	추봉	합장원
세자		3	순창원	순회세자	추봉	합장원
			소경원	소현세자	추봉	단일원
			효창원	문효세자	추봉	단일원
세자빈		1	영회원	소현세자빈	추봉	단일원
세손		2	의령원	의소세손	추봉	단일원
			숭인원	원손 이진		단일원

이 장에서는 13기의 원을 석물 중심으로 살펴보고자 하는데, 봉원하면서도 처음의 묘제 석물을 대부분 그대로 남겨두고 원제 석물을 추가하는 방식이었기 때문에, 봉원된 순서가 아니라 피장자의 최초 무덤이 조성된 순서로 살펴보고자 한다.

1. 순창원 順昌園

현존하는 조선왕실의 원 중에서 가장 먼저 조성된 것은 순창원이다.(도 42) 조선 제13대 왕 명종과 인순왕후仁順王后의 장자인 순회세자順懷世子(1551~1563), 그리고 세자빈인 공회빈 윤씨恭懷嬪尹氏의 무덤이다. 순회세자의

42. 순창원 전경

이름은 부暊이며, 자字는 중명重明이다. 7세(1557년, 명종 12)에 세자로 책봉되고 11세에 결혼했다. 1563년(명종 18) 9월 20일 13세의 나이에 병사하자, 23일에 부드럽고 어질며 인자하고 사랑한다는 의미의 순順자와, 자상하고 인후하며 요절했다는 의미를 담은 회懷자를 써서 시호를 순회順懷로 정했다.² 순회세자의 내묘內廟인 혼궁魂宮은 초기에 잠시 순회궁順懷宮과 순회묘順懷廟로 혼용되다가 순회묘로 정해졌다.

세자빈 공회빈 윤씨는 호군護軍 윤옥尹玉의 딸로 1561년(명종 14) 7월 21일에 세자빈으로 간택되었으며,³ 순회세자가 어린 나이로 요절한 까닭에 자녀는 없다. 순회세자 사후에 덕빈德嬪으로 불리며 30년을 지내다가 임진왜란이 일어난 해인 1592년(선조 25) 3월 3일 41세에 창경궁 통명전에서 세상을 떠났다.⁴ 시호를 공회恭懷라 하고 세자묘에 부장附葬하려는 절차를 진행하던 중에 임진왜란이 발발했다. 선조와 신하들이 의주로 급히 피난을 가면서 행렬이 벽제에 이르렀을 때에야 윤씨의 시신을 창경궁 후원에 임시로 가매장하라는 전갈을 보냈다. 1593년에 선조가 한양으로 돌아와 그의 시신을 수습하려 했지만 찾지 못했고,⁵ 1603년에 신주神主만 봉안하여 순회세자묘에 합장했다. 임진왜란으로 인하여 공회빈의 시신만 사라진 것이 아니라 중종의 정릉靖陵도 훼손되었다.

인조가 창안한 원제와 이를 계승한 영조의 궁원제는 그 대상이 사친으로 한정되었기 때문에, 순회묘는 고종이 1870년(고종 7) 12월에 시행한 '오묘오원五廟五園'의 추숭의 대상에 포함되면서 순창원으로 봉원되었다.⁶ 순회세자에게 아들이 있었다면 그 아들이 왕위를 계승하여 일찍 추존되었겠지만, 순회세자 대신에 왕위에 오른 사람이 사촌 동생인 선조였기 때문에 추존왕이 되지 못하고 세자의 신분에 머물렀으며, 무덤도 300여 년 동안 원이 아닌 묘의 지위에 있었다.

순창원의 조성

순창원은 서오릉 경내 덕종 경릉과 인경왕후 익릉 사이에 위치해 있다. 순창원의 원래 무덤인 순회묘는 임진왜란 이전에 조성되어 당시의 구체적 등록이나 의궤를 참고할 수 없고, 다만 『조선왕조실록』의 기록을 통해 장례 상황을 짐작할 수 있다.

장례에 관한 모든 절차는 의경세자懿敬世子(1438~1457)의 예에 따랐다. 세자의 죽음은 특별한 일이었기에 참고할 만한 장례의 선례를 찾은 결과, 100여 년 전에 치른 의경세자의 국장이 있었다. 그러나 당시 국장등록의 관리 상태가 체계적이지 못해서 의정부에 소장되었던 기록은 불타 버렸고 예조에 소장된 것은 오래되어서 마모되고 파손되어 상고할 수가 없었으므로 춘추관 지고地庫의 등록을 상고했다.7 좌찬성 정응두丁應斗와 예조 참판 이택李澤을 염빈도감斂殯都監 제조로, 우의정 심통원을 국장도감 제조로, 우참찬 신희복愼希復과 공조 참판 정종영을 조묘도감 제조로 삼아서 국장의 규모로 시행했다.8

순회묘 조성 당시 묘역에 배설한 상설에 대해서는 구체적 기록을 확인할 수 없으나, 1645년에 소현세자昭顯世子(1612~1645) 장례를 위하여 참고하고자 순회세자의 묘소를 둘러보고 보고한 내용이 있는데, "사대석莎臺石 및 홍문紅門을 모두 설치하지 않았고 재실齋室의 칸수도 너무 간략한 듯하니"라는 기록이 남아 있다.9 이에 비추어 보면, 간소하게 조성되어 있는 현재 순창원의 모습과 다르지 않음을 알 수 있다. 순회묘를 조성한 다음 공회빈의 의대衣帶로 합장한 구체적 내용은 알 수 없지만, 『선조실록』에 기록된 "초혼장招魂葬이란 말은 어세語勢가 합당하지 못한 듯하니 유의장遺衣葬이라고 하는 것이 좋겠다. 방언方言에서 이르는 허장虛葬이라고 하는 것은 어떤 것인가?"

라는 구절로 짐작해 볼 때,[10] 순회세자 장례 시에 조묘도감에서 조성했던 묘역 전체의 모습에는 변화를 주지 않고 단지 시신을 못 찾은 공회빈을 상징할 수 있는 신주와 옷가지를 봉분 속에 간단히 넣는 방식으로 장례를 치렀을 것이다. 1870년에 봉원할 때에도 원래의 상설에 별도의 의물을 추가하지 않아 16세기에 초장했을 당시의 묘제 형식을 그대로 유지하고 있는데, 세자묘의 형식이 그대로 원제의 무덤 형식이 되었기 때문이다.

순창원의 구성 및 상설

홍살문을 지나면 박석이 깔린 향어로를 지나 정자각이 있고 그 뒤로 신로神路가 조성되어 있다.(도 43) 현재 조선왕실의 원에서 신로가 조성된 유일한 경우이다. 정자각 이외에 비각, 수라간, 수복방은 없다.

43. 순창원 정자각

44. 순창원 원상

　원상의 사초지는 계체석으로 상계와 하계 2단으로 구분했는데, 상계의 봉분에는 『인조실록』의 기록대로 사대석조차도 설치되지 않았다.(도 44) 봉분 주변에 석양과 석호가 1쌍씩 밖을 향하도록 배치되어 있고, 그 밖으로는 성석聖石이 없는 곡장이 둘러져 있다. 봉분 앞에는 혼유석이 있고, 4개의 고석이 받히고 있으며 망주석은 설치되지 않았다. 이러한 모습은 바로 옆에 조성된 의경세자묘(덕종 경릉으로 추봉)와 일치한다. 장례 절차뿐만 아니라 무덤의 형식도 의경세자묘를 참조했음을 짐작할 수 있다. 하계에는 가운데에 장명등이 있고 좌우에 문석인과 석마 각 1쌍이 있다. 순창원은 왕릉에 비해서는 단출하지만 현재 배설되어 있는 석물들은 모두 초장 시에 설치했던 그대로 보존되어 있어, 임진왜란 이전 왕실의 묘제를 확인할 수 있는 귀중한 사료이다. 이제 각각의 석물들을 살펴보자.

비석은 원래 묘제에 없었을 것이다. 이를 짐작할 수 있는 다음과 같은 실록의 기록이 있다. 순회묘가 조성된 지 180여년이 지난 1748년(영조 24)에 경기 감사 홍봉한洪鳳漢이 "지난번 승지 홍계희洪啓禧의 주달로 인하여 순회묘에 비석을 세우라는 유지가 있었으니, 신의 영營에서 진실로 봉행하여 지휘하는 것이 당연하겠습니다만, 각 능에도 미처 하지 못한 것을 먼저 순회묘부터 시작하는 것은 사체를 중히 여기는 방도가 아니라 여겨집니다."라고 하니 영조가 그냥 두라고 말한 대목이 있다.[11] 그리고 1871년(고종 8)에는 "'각 원園의 원호를 이제 이미 고쳐 바쳤으므로 비석도 그대로 써서는 안 될 것이니, 고쳐 세우는 등의 절차는 도감을 설치하여 거행하고 그 원에 고유告由하는 일은 해조로 하여금 거행하도록 하소서.'라는 건의에 '내년 봄이 되거든 거행하되 한식제寒食祭 때에 아울러 고유하라.'고 명하였습니다."라는 기록이 있다.[12] 그러나 현재 순창원에는 비각과 비석은 없고,(표 12) 국립고궁박물관에 1754년(영조 30)에 영조가 쓴 현판인 순회묘유지順懷墓留識가 남아 있다.

혼유석은 순회묘로 조성할 때 묘제 석물로 조성한 것이지만 폭이 268cm정도로 왕릉의 혼유석에 못지않게 크다.(도 45) 윗면의 광택은 보이지

표12 순창원 상설

명칭	수량	크기(cm)	재료	제작연도	특징
비석	0				
혼유석	1	49×268×176	화강암	1563	무광
망주석	0				
고석	4	53	화강암	1563	나어두 조각 없음
장명등	1	273	화강암	1563	8각형
석양	2	96×170×60	화강암	1563	
석호	2	104×170×60	화강암	1563	
석마	2	107×175×60	화강암	1563	
문석인	2	273×95×82	화강암	1563	복두공복

45. 순창원 혼유석과 고석

않으며 4개의 고석이 받치고 있는데, 고석은 위와 아래에 띠를 두르고 연주 聯珠를 양각했으나 나어두羅魚頭 장식이 없어서 왕릉의 고석보다 간략화시켰음을 알 수 있다. 조선시대 능묘 석의물 중에서 비석을 제외하고 혼유석은 유일하게 마정기磨正機로 표면을 매끄럽게 광을 내서 정성들여 제작했다. 그러나 순회묘의 혼유석은 광택도 내지 않았는데, 고석에 나어두도 새기지 않은 것처럼 왕릉보다 간소하게 꾸몄던 의경세자묘의 예를 따랐기 때문으로 판단된다. 참고로, 의경세자는 덕종으로 추존되고 묘는 능으로 추숭되었지만 능역을 확장하거나 석물을 추가로 설치하지 않았다.

장명등(도 46)은 동시대 왕릉 석물처럼 팔각장명등으로 개석과 체석을 분리해서 제작했다. 개석에는 연엽과 2단의 정자석을 얹었고, 지붕 내림마루는 2단이며 머리에 용두 장식이 없다. 조선 초기 장명등에서는 일반적으로 내림마루에 용두가 조각되었지만, 순창원에서는 내림마루가 층을 이루고 장식이 없다. 화사석의 화창은 아래로 쏠려 있으며, 전후좌우를 뚫어서 창을 내고 그 사이에는 4면을 파지 않고 헛창을 새겼으며, 상대의 하단과 하대의 아래위로는 횡으로 간략한 선을 둘렀다. 이러한 모든 특징은 섬세한 장식을 한 동시대 왕릉 장명등이 아닌 의경세자묘 장명등을 그대로 따른 것으로, 당시 화원이 모사해온 의경세자묘의 그림을 바탕으로 제작한 것이라 판단된다.

46. 순창원 장명등

석양(도 47)은 몸에 비해 머리가 작은 편인데, 이는 털이 있는 양의 모습을 묘사한 듯한 조선 초기의 양식이다. 뿔은 둥글게 말려서 얼굴 뒤쪽에 위치하고 있으며 귀는 둥글게 말린 뿔 사이에 끼어 있는 것처럼 표현되었다. 앞발은 짧고 뒷발이 앞발보다 길고 엉덩이가 올라가 있어 마치 머리를 숙이고 있는 것처럼 보인다. 다리 사이의 초형 장식은 질경이 모양인데, 석양의 초형 장식으로 일반적으로 등장하는 백합과나 난초과 식물과는 구별된다.

석호(도 48)는 머리가 크고 웅장한 모습이다. 귀는 봉긋하게 솟아 있고 두 눈은 둥글고 볼록하게 표현되어 있으며, 코는 길게 내려오다 끝부분이 뭉툭하게 표현되고, 입은 살짝 벌린 모양으로 호랑이의 근엄한 인상이 살아 있다. 턱을 당겨 어깨에 붙인 원통형 몸체와 목 아래 주름인 육수肉垂가 축 늘어진 모습은 중후함을 느끼게 하며, 갈라진 발가락과 땅에 편안히 내려트린 꼬리의 표현도 자연스럽다.

47. 순창원 석양

48. 순창원 석호

49. 순창원 석마

석마(도 49)는 전체적으로 통통하고 몸의 길이가 짧은 편이지만 머리를 등보다 살짝 올리고 있는 모습이 자연스럽다. 이마의 머리털은 양쪽으로 갈라지고, 길쭉한 말머리의 형태에 입은 둥글게 표현되었다. 다리의 관절이나 굴곡의 묘사, 비스듬히 묘사된 말발굽 등에서는 사실적으로 표현하려는 의지가 엿보인다. 석양과 달리, 석마의 다리 사이에 새긴 초형은 수선화 모양이며 잎이 좌우대칭으로 표현되었다.

문석인은 당당하고 괴량감이 있는 복두공복형이다.(도 50) 높이가 273cm 정도로 왕릉의 석인상과 비교해도 큰 편인데, 이는 조선왕릉 석물 중에서

50. 순창원 문석인

규모가 가장 큰 시기인 16세기에 조성되었기 때문이다. 오례의에는 문석인의 크기가 8척 3촌(250cm)으로 정해져 있으나, 실제로는 조선 초기에는 7척 5촌(230cm) 정도였던 것이 16세기 중종대에는 11척(330cm)까지 커졌다. 조선 중기까지는 대체로 오례의에 기록된 크기를 유지하다가 18세기 전반기에는 6척(180cm)도 채 안되게 작아졌다.[13] 이후에도 고종 홍릉과 순종 유릉을 제외하고는 7척(210cm) 정도로, 그다지 큰 편은 아니다.

순창원의 문석인은 16세기 중반 왕릉의 문석인 양식으로 조성되었다. 3.5등신 정도로 얼굴이 큰편이며 이목구비가 입체적이면서 온화한 표정을 짓고 있는 모습은 동시대 왕릉 문석인과 유사한데, 이는 순창원의 석물 조성에 당시 왕릉 석물 제작에 참여한 화원과 석수가 참여했을 가능성을 시사한다.

석물의 수는 왕릉보다 줄여서 차등을 두었지만, 석물의 크기나 공을 들인 정도는 왕릉 석물과 별반 차이가 없다. 순회세자가 사망하던 날 명종은 "세자의 병세가 위중하니 옥문을 활짝 열어주는 것이 어떻겠는가?"라며 대사면을 고민할 정도로 세자의 죽음을 안타까워했다고 하는데, 아마도 이러한 마음이 묘를 조성하는 장인들에게 전달되었기 때문은 아니었을까.

2. 순강원 順康園

순강원은 인빈 김씨仁嬪金氏(1555~1613)의 무덤으로,(도 51) 인빈 김씨는 선조의 후궁이자 정원대원군元宗(1580~1619)의 어머니이며 인조의 할머니이다. 1604년(선조 37)에 귀인貴人에서 빈으로 품계가 올려지고,[14] 1613년(광해군 5) 10월 29일에 사망하여 12월 19일에 장례를 치른다. 인빈 김씨는 의안군義安君·

51. 순강원 전경

신성군信城君·정원군·의창군義昌君 네 군과 다섯 옹주를 낳았다. 실록에는 "술수가 있어 미봉을 잘하였다"라고 기록되어 있으며, 1609년 임해군 옥사 등의 정치적인 어려움 속에서도 수완을 발휘했다고 한다.[15] 인빈 김씨가 죽자 광해군은 특명으로 조시朝市를 3일간 정지하라고 했는데, 사헌부에서 일개 궁인의 장례에 조회를 중지하는 예가 없다고 이의를 제기하여 명을 취소했다.[16]

영조는 1753년 자신의 생모 숙빈 최씨를 추숭하고 '궁원제'를 만들었는데, 이 제도에 따라 원종의 생모인 인빈 김씨묘도 140년 만에 원으로 추봉되었다. 1632년(인조 10)에 인조의 생부 정원대원군이 원종으로 추존됨으로써 왕의 어머니가 되었기 때문에 추존의 대상이 된 것이다. 영조는 1755년(영조 31) 6월 2일에 숙빈 최씨의 육상궁毓祥宮의 예에 따라, 궁원宮園으로 인빈 김씨를 모시고자 한다며 궁원의 호를 올리도록 하여 궁호를 저경궁儲慶宮, 원

호를 순강원順康園으로 정하고, 김상로金尙魯를 상시봉원도감 도제조上諡封園
都監都提調로 임명한다.[17] 그리고 시호를 경혜 인빈敬惠仁嬪으로 올렸으며 무덤
을 원의 체제로 추봉했다.

순강원의 구성 및 상설

경기도 남양주 진접에 위치해 있는 순강원은 원소 입구에 있는 신도비
에서 시작한다.(도 52) 신도비란 지리가地理家들이 동남쪽을 신이 다니는 길이라
하여 그곳에 비를 세우면서 붙인 이름이다.[18] 문종 현릉을 조성할 당시 국왕
의 사적은 실록에 기록되기 때문에 신도비가 필요하지 않다는 주장에 따라,
세종 영릉 이후에는 신도비를 세우지 않았다.[19] 반면 개인의 역사가 실록에
다 실리지 않는 사대부나 왕실의 주요 인물들의 경우에는 신도비를 세웠다.

52. 순강원 신도비각

53. 순강원 신도비 귀부

　순강원의 신도비는 5미터에 달하는 이수귀부형이다. 인빈 김씨의 손자인 인조가 1633년(인조 11)에 장유張維에게 비문을 짓도록 하여 1636년에 건립했다. 전액에는 "인빈김씨신도비명仁嬪金氏神道碑銘"을 횡서했고 비음碑陰에는 글씨를 새기지 않았다. 비신과 이수는 대리석으로, 귀부는 고운 백색 화강암으로 조성되어 있다.(도 53) 이수는 쌍룡이 여의주를 다투고 있는 형상으로, 한 마리는 입을 벌리게 하여 변화를 주었다. 비늘과 구름 문양이 조화를 이루고 있으며 입체감이 잘 표현되었고 생동감이 있다. 귀부의 표현에서도 강한 인상의 눈, 이빨을 드러낸 입, 유기적 곡선을 지닌 연잎, 섬세한 귀갑문 등에서 공을 들인 흔적을 엿볼 수 있다.

　신도비를 지나 원소園所에 이르면 금천교를 거쳐 홍살문에 다다르고, 정자각 중심축에 위치한, 한 단 높이 위에 박석으로 만들어진 향로香路와 그 동편의 어로御路를 통하여 정자각에 이른다.[20] 정자각 앞 좌우에는 각 3칸의 수라간과 수복방이 있었다.[21]

정자각은 5칸인데, 규장각 소장 『상시봉원도감의궤』 권2의 조성소 편을 통하여 정자각은 묘를 원으로 봉원하면서 정전 3칸 배위청 2칸으로 새로 건축했음을 알 수 있다. 재료는 의릉의 구舊 정자각 석재를 사용했다고 기록되어 있다. 그간의 변동으로 인해 정자각의 원형은 정확히 알 수 없으나, 의궤의 '번와소燔瓦所' 수본질手本秩에 의하면 취두鷲頭 3개, 용두龍頭 6개, 잡상雜像 36개를 제작했다고 한다. 현재 남아 있는 잡상은 18개뿐이지만 원래는 잡상이 각 모서리에 6개씩 배치되었을 것으로 여겨진다. 그러나 그러기에는 실제 정자각의 추녀마루가 비좁은 편이다. 정자각 동편에는 비각이 있고, 정자각의 신문神門 뒤에는 사초지와 연결된 신로 교석橋石이 있으며, 신교의 서편에는 예감이 있다.

원침공간은 계체석으로 상하 2단으로 구분되어 있고, 상단에는 장식이 없는 호석護石을 두른 봉분이 있다.(도 54) 봉분의 좌우에는 석양 1쌍이, 뒤편으로는 석호 1쌍이 봉분을 지키고 있으며 곡장이 전체를 감싸고 있다. 순강원에는 왕릉에 없는 종류의 석물로 신도비 이외에도 동자석인과 향로석이

54. 순강원 원상

있는데, 이는 1613년 장례 시에 처음 배설한 묘제 석물들이다. 1755년에 봉원하면서 묘제 석물을 그대로 둔 채로 원에 걸맞은 석의물을 추가로 배설했기 때문에 묘제와 원제 석물이 공존한다. 봉분에서 가까운 곳에 배설되어 있는 석물부터 살펴보도록 하자.

봉분 앞에는 옥개방부屋蓋方趺형의 표석이 있으며, 다시 그 앞으로 혼유석(상석)이 배설되어 있다. 혼유석은 계체석에 잇댄 걸방석掛方石으로 뒷면이 받쳐져 있고 앞면으로는 두 개의 고석이 받치고 있다. 전면에는 향로석과 동자석인 1쌍이 좌우로 배치되어 있으며, 하계의 중앙에는 장명등이, 좌우에는 망주석, 문석인, 석마 1쌍이 놓여 있다. 망주석과 문석인 사이에는 크기가 다른 판석(동: 94×155cm, 서: 55×70cm)이 놓여 있는데, 크기나 위치로 보아 배설석排設石과 준석樽石이 아닌가 한다. 즉, 정자각이 없던 초기 묘제에서 제물祭物과 제주병祭酒甁을 준비하던 용도로 사용되었을 것으로 보이는데, 이와 유사한 배설석을 소령원이나 사대부 묘에서도 찾아볼 수 있다. 이렇듯 순강원 상설은 다소 복잡한데, 묘제와 원제 석물을 분리해서 정리하면 〈표 13〉과 같다.

표13 순강원 상설

명칭	수량	크기(cm)	재료	제작연도	특징
비석	3				신도비, 묘표, 원비
혼유석	1	34×187×121	화강암	1613	
고석	2	29×35×35	화강암	1613	
향로석	1	63×40×44	대리석	1613	6각형
망주석	2	214×72×72	대리석	1613	식물형 세호
장명등	1	205×78×77	화강암	1613	4각형
석양	2	65×120×45	화강암	1755	私儲石材鍊正(의궤)
석호	2	65×91×45	화강암	1755	私儲石材鍊正(의궤)
석마	2	80×150×50	화강암	1755	私儲石材鍊正(의궤)
동자석인	2	80×30×30	대리석	1613	유일한 원의 동자석인
문석인	2	224×60×60	화강암	1613	양관조복

1) 묘제 석물

인빈 김씨의 초장 시에 배설한 묘제 석물은 신도비 외에 원상의 표석, 혼유석, 상석, 고석, 향로석, 망주석, 장명등, 동자석인, 문석인 등이다. 우선, 봉분 앞의 표석은 "유명조선국인빈김씨지묘有名朝鮮國仁嬪金氏之墓"라는 글씨로 보아 처음 장례 때 설치한 석물을 봉원하면서도 그대로 두었음을 알 수 있다.(도 55) 반면 폭 107cm의 가첨석은 『봉원도감의궤』'대부석질'을 참고해 볼 때 봉원 시에 추가했음을 알 수 있다. 비신의 높이는 142cm이고, 폭은 상단이 69cm, 하단이 63cm로 반듯하지 않다.

망주석과 동자석인은 대리석으로 조성되어 있는데, 이처럼 왕릉 석물에는 거의 쓰이지 않은 대리석을 광해군묘와 같이 일부 묘에서 사용한 경우도 있다. 탄산칼슘이 주성분인 대리석은 석영·장석·운모로 구성된 화강암에

55. 순강원 묘제 석물

비해 재질이 연해서 조각하기 쉬우며 입자가 곱고 희어서 명암이 뚜렷하게 구별되기 때문에 정교한 표현을 하기에 좋은 재료지만, 그만큼 쉽게 풍화되는 단점이 있다. 조각하기 쉽고 보기에 좋은 재료임에도 불구하고 조선왕릉의 석물에 대리석을 사용하지 않은 것은 빗물에 녹아내리기 쉽기 때문이다.

혼유석은 앞쪽으로는 2개의 고석^(도 56)으로, 뒤쪽으로는 걸방석으로 받쳐 놓았다. 고석에서 나어두는 부조 두께가 두껍지 않지만 정교하게 조각되어 입체감이 난다. 나어두의 뿔과 이목구비의 형태가 뚜렷하고 입에 문 고리도 자연스러워서 석공의 뛰어난 기량을 엿볼 수 있다.

56. 순강원 고석

또 육각형의 향로석이 있는데, 조선왕실의 원 중에서는 순강원, 소령원, 수경원에 향로석이 배설되어 있다. 평평한 첨판과 잘록한 허리 그리고 기다란 운족雲足 모양에다, 허리 부분에는 안상문을 넣고, 운족의 위쪽과 가장자리를 따라서 세밀한 선각 장식을 하였다. 단, 대리석으로 조성되어 있어 표면의 변색이 심하다.

동자석인^(도 57)은 향로석 좌우에 서로 마주 보고 서 있는데,

57. 순강원 동자석인

전체적으로 동글동글하게 입체감이 나며 생동감이 있다.[22] 향을 바치기 위해 공손히 읍을 한 자세는 기본적으로 문석인의 축소판이라고 할 수 있다. 쌍계雙紒를 갖추고 미소를 띤 밝은 표정이며 대리석의 특성상 표면 변색이 있음에도 불구하고 조각이 유려하게 살아 있다. 빗물에 의한 부식이 많이 진행되었기 때문에, 같은 곳에 위치한 아들 의창군(1589-1645) 묘의 동자석인을 참고해서 연화 대좌 등의 세부조각을 짐작할 수 있다. 동자석인은 현존하지 않지만, 인조의 생모 계운궁 육경원에 석인 2쌍은 중첩된 것 같으니 1쌍은 동자석인童子石人으로 만드는 것이 마땅하다고 하여 동자석인을 세운 기록이 있다.[23] 이를 통해 동자석인을 세운 것은 무석인을 세운 무덤보다 격을 낮춘 것임을 알 수 있다.

망주석(도 58)은 팔각형의 낮은 대석 위에 주신을 꽂은 형식으로 되어 있는데, 이러한 형식은 주로 왕릉 석물에서 볼 수 있다. 묘제 석물의 망주석은

58. 순강원 망주석

59. 순강원 망주석 세호

주신과 대석을 한 덩어리로 제작하는 것이 일반적이다. 운각에는 여의두문을 음각했다. 염의 상단부에는 두 줄 띠를 두르고 그 사이에 연주를 새겼으며, 염의의 각 면을 당초문으로 장식했다. 염의에는 드리워진 발을 표현하는 것이 일반적인데, 이와 같이 초형을 새긴 예는 16세기 묘제에 등장하며 정빈 민씨(1616년 졸, 의정부)묘와 신흠(1628년 졸, 경기도 광주)묘 등, 17세기 묘제 석물에서도 종종 나타난다. 세호(도 59) 형태는 아직 동물의 형상이 나타나기 이전 단계로, 돌출한 귀모양이며 염의의 초형과 운두의 나선형이 결합된 형상이 선각으로 장식되어 있는데, 이러한 유형의 세호는 16세기의 백인걸(1579년 졸, 양주)묘에서도 찾아볼 수 있다. 석재가 대리석인데, 인평대군(1622~1658, 포천)묘에서도 대리석을 사용했다.

장명등(도 60)은 사각이며 높이는 약 205cm이다. 당시에 왕릉은 물론, 앞서 언급했듯이 세자묘에도 팔각장명등이 세워졌는데, 후궁의 묘에는 사각장명등이 세워졌다. 순강원 장명등은 옥개석과 체석을 분리해서 제작했으며, 옥개석은 연엽과 연봉을 얹은 사모합각지붕형식이다. 내림마루의 조각은 단순한 선으로 표현했고 지붕의 네 모서리는 들려 올라갔다. 화창은 네모에 창살 고정턱이 있고, 상대에는 가운데 안

60. 순강원 장명등

상문을 새기고 하단에 앙련을 둘렀다. 하대는 운족이 나타나기 전 단계인 조선전기 묘제 석물에서처럼 사각 덩어리 형식으로 조성되어 있다. 전체적으로 왕실무덤 조각의 수준에 못 미치고 다른 석물에 비해 거칠어서 조화가 안 된다. 그리고 『장조영우원 묘소도감의궤莊祖永祐園墓所都監儀軌』(1762)의 〈계사啓辭〉에서 의릉懿陵 봉릉 시 사용하고 남은 석물 중에서 순강원에서 옮겨 쓴 석물이 있다고 했지만, 이 장명등은 의릉의 양식과도 완전히 달라서 추가 검토가 필요하다.

문석인(도 61)은 동시대 사대부 묘제 석인과 동일한 양관조복 형식으로 조성되어 있으며 크기는 약 220cm이다. 묘제 석물임에도 불구하고 비교적

61. 순강원 문석인

장대한 것은 시기적으로 석물이 거대했던 17세기 초에 조성되었기 때문인데, 간소화의 시기인 18세기 왕릉 석물보다도 크게 조성되어 있다. 전체적으로 사각주형의 덩어리 느낌이 강하고 양관을 측면의 목잠木簪까지 정교하게 묘사했다. 옷자락은 기하학적으로 단순화되어 있으나 이목구비는 입체적으로 표현되어 있으며, 큰 입을 굳게 다문 채 홀을 턱에 괴고 있어 엄숙한 분위기가 난다. 앞면 폐슬蔽膝과 뒷면 후수後綬를 간략하게 양각하여 장식한 것은 왕릉의 석인상에는 나타나지 않는 특징이다.

2) 원제 석물

1755년(영조 31)에 봉원하면서 석양, 석호, 석마, 그리고 비석을 추가로 배설하였는데, 의궤 기록을 통해 그 과정과 내막을 확인할 수 있다.[24] 우선, 석수와 비석의 가첨석 화강암은 양주 불암산에서 채석했으며, 비석은 남포藍浦 오석을 사용했는데, 정동의 한정주韓定州 집안 것을 사서 만들었다고 기록되어 있다.[25] 정자각 동남쪽으로 4보 떨어진 비각 안에 있는 순강원비의 '유명조선국경혜인빈순강원有名朝鮮國敬惠仁嬪順康園'이라는 비명과 비음은 모두 영조의 어제어필이다.[26] 석물 제작은 대부석소에서 맡았는데, 석수 편수 김천석金天碩과 화장 편수 이대춘李帶春을 비롯하여 석수 총 26명, 화장 8명이 40여일에 걸쳐서 완성했다. 1755년 6월 7일에 비석 가공을 시작하여 7월 17일에는 원상 석물을, 7월 18일에는 비석을 설치하였으며, 7월 24일에 곡장 건립을 끝으로 봉원 공사를 마무리했다. 봉원하면서 추가한 석수들은 묘제 석물에 비해 사실적이며 입체감이 잘 표현되어 있다.

석양(도 62)은 몸에 비하여 머리가 작은 편이며, 양의 해부학적 구조가 비교적 잘 표현되어 있다. 다리 사이의 초형 장식은 생략되어 있다. 같은 시기에

62. 순강원 석양

63. 순강원 석호

64. 순강원 석마

조성된 명릉(1757)의 석양처럼 왕릉의 석수 다리 사이에는 원추리나 수선화 같은 식물 문양이 조각되어 있으나, 묘제와 원제 석물에서는 이러한 표현을 생략한 경우가 많다.

석호(도 63)는 33도 정도 상체를 일으킨 모습이다. 왕릉의 석호는 14세기에는 앞다리가 길어 상체가 들린 상태였다가 16세기에는 살짝 엎드린 형상으로 변화했고, 17세기 후반부터는 다시 상체를 든 모습으로 표현되었다. 18세기 초부터는 꼬리가 등줄기 쪽을 타고 올라가는 형상으로 표현되었으며, 18세기 말엽부터는 머리 부분이 점점 낮아지는 경향을 보인다. 편수 김천석의 지휘 하에 조각된 순강원과 수은묘(현재 휘경원에 설치)의 석호는 17세기의 둔중한 양식이 끝나는 시기의 왕릉 석호 조각의 특징을 보인다. 석호의 머리는 호랑이라기보다는 강아지처럼 귀여운 인상이다.

석마는 형태가 단순하기 때문에 조각의 수준이 잘 드러나지 않는 경향이 있는데, 순강원의 석마(도 64)는 고개를 살짝 들면서 나타나는 등뼈의 유기적인 굴곡, 머리와 몸의 알맞은 비례, 발굽의 묘사 등에서 높은 조각 수준을 보여준다. 순강원의 원제 석물인 석수들은 봉원된 시기의 시대양식을 보이는데, 대체로 영조대 석물조각의 높은 수준을 반영하고 있다.

3. 소경원 昭慶園

소경원은 조선 제16대 왕 인조와 인열왕후仁烈王后의 장남이자 효종의 형인 소현세자昭顯世子(1612~1645)의 무덤으로 조성 당시에는 소현묘였다. 소현세자 이왕李旺은 1612년(광해군 4)에 태어나 1625년(인조 3)에 세자로 책봉된다. 광해군의 세자였던 이지李祬가 1623년 인조반정 석 달 후에 폐세자로 죽은

지 2년 후의 일이다. 소현세자의 애책문, 책문, 지문이 『인조실록』에 모두 실려 있어서 그의 행적을 소상히 알 수 있다. 병자호란으로 1637년(인조 15) 2월 청나라에 아우 봉림대군과 함께 인질로 끌려갔다가 1645년 2월에 영구 귀국했으나 2개월 만에 병을 얻어 34세의 젊은 나이로 창경궁의 환경전歡慶殿에서 훙서했다. 세자빈 민회빈 강씨(1611-1646) 역시 죽임을 당하였고, 무덤은 영회원이다. 세 아들은 제주도로 유배되었는데 그 중 두 아들이 유배 중에 사망했다.

1645년(인조 23) 4월 26일 소현세자가 사망하자, 빈궁殯宮·예장禮葬·묘소墓所의 세 도감都監을 설치하여 장례를 치렀다.[27] 의경세자와 순회세자의 장례에서는 국장도감을 설치했으나 소현세자 장례에서는 세자 장례로서는 처음으로 예장도감禮葬都監을 설치한 것이다.[28] 5월 16일, "덕을 밝혀 공로가 있음을 '소昭'라 하고, 행실이 중외에 드러난 것을 '현顯'이라는 뜻에서 소현"으로 시호를 정했다. 6월 15일에 재궁梓宮을 발인하고, 19일에는 효릉孝陵 우동右洞의 을좌신향乙坐辛向의 언덕에 장례지내기로 하고 이식李植에게 지문을 짓도록 명하였다.

소현묘는 조성 후 225년이 지난 1870년(고종 7)에 "오묘오원五廟五園의 존숭"에 의해 소경원으로 격상되었는데, 처음에는 소현원이라 부르다가 소경원으로 개호했다.[29] 신주는 1778년(정조 2) 4월 22일 민회빈의 신주와 함께 세자의 묘 밑에 매안했다.

소경원의 구성 및 상설

소경원은 서삼릉西三陵 내에 있다. 근래에 서삼릉으로 이장한 의령원, 효창원과 달리, 처음에 묘로 조성했던 원래 자리이다. 건축물은 사라졌지만 주초석과 석물은 장례 시 조성했던 그대로 보존되어 있다. 현재는 서삼릉의 능역에 다른 기관들이 들어서면서 소경원의 출입이 쉽지 않다. 처음 묘를 조성할 때는 순회세자묘의 묘소 제도에 따라 조성하기로 하고, 묘 조성에 부역할 승군 1천4백20명과 연호군煙戶軍 9백 명을 팔도에 나누어 배정했다.[30]

정축丁丑(1637, 인조 15)년 난리로 인해 산릉등록이 사라진 탓에 묘의 조성은 80여 년 전에 조성한 순회세자묘의 제도와 석물 척수를 따르기로 했다. 묘소도감에서 순회세자묘를 간심하고, 양마호석은 산릉제도에서 각각 1쌍씩 감하였으며, 병풍석, 난간석, 사대석, 무석, 망주석은 갖추어지지 않았다고 보고했다.[31] 따라서 소현세자묘에는 무석인, 망주석을 제외한 석호, 석양, 석마, 장명등, 혼유석, 문석인을 설치했다. 대부석소에서 만든 석물의 종류와 크기는 아래 표와 같다.(표 14)

석물 제작을 담당한 대부석소는 좌우부석소로 나누어 같은 종류의 석물을 분담해서 제작했다. 『소현세자묘소도감의궤』 대부석 원역조에는 좌변 석수 편수 조말룡曺末龍, 우변 석수 편수 강복姜福, 좌변 조각장 김억환

표14 『소현세자묘소도감의궤』의 대부석소 석물기록

종류	수량	크기
혼유석	1	長九尺廣六尺厚一尺八寸
문석인	2	臺上 長八尺廣二尺七寸厚二尺五分
고석	4	各 高一尺八寸廣二尺
석양	2	臺上 長三尺厚二尺
하전석	2	長五尺廣六尺五寸
석호	2	臺上 長三尺二寸厚二尺
석마	2	臺上 長三尺三寸厚二尺
장명등 개석		高廣四尺五寸
장명등 체석		臺上 長五尺五寸厚二尺八寸

金億還, 우변 조각장 안인남安仁男 같은 장인 명단이 실려 있다. 조말룡은 순혜왕후 공릉의 문무석인 개수(1648)에 공이 있다는 이유로 장인으로서는 매우 이례적 직책인 명예직 영직影職과 정3품에 해당하는 통정通政 품계를 받았다.[32] 이렇게 대부석소를 좌우로 나누고 화장을 조각장으로 부르는 경우는 10여 년 후에 편찬된 『효종영릉산릉도감의궤』(1659)의 기록 이후에는 찾아보기 어렵다.

현재 소경원에 들어서면, 모든 건축물이 사라졌고 강이 내려앉았기 때문에 홍살문에서 원침공간이 한눈에 들어온다.(도 65) 향로를 중심축에 배치한

65. 소경원 전경

66. 소경원 정자각 주초

향어로가 있고, 정자각의 주초와 월대 석축이 그대로 남아 있어 그 규모를 짐작할 수 있다.(도 66) 원래 정자각은 정전 3칸과 배위청 2칸으로 구성하고, 수라간과 수복방은 각 3칸을 초장 시에 건립했는데, 묘소도감의궤에 의하면 수복방 1칸에는 온돌을 설치했다. 이후 승원 직전인 1870년 4월에 어영대장 이원희李元熙가 영건도감 당상으로서 구舊 정자각을 철거하고 중건했지만[33] 6·25전쟁 때 소실되었고 아직 복원되지 못한 상태. 정자각 뒤의 신교를 중심으로 동편에 산신석, 서편에 예감이 있는 언덕을 오르면 봉분과 석물이 배설된 3단의 사초지가 계체석으로 분리되어 있다.(도 67) 소경원의 상설 종류와 크기를 정리하면 〈표 15〉와 같다.

상계에는 호석이 없는 봉분을 중심으로 석양과 석호가 각 1쌍씩 봉분을 수호하는 형국으로 배설되어 있고, 그 바깥은 초장 시에 조성했던 대로 곡장이 둘러져 있다. 곡장은 소부석소에서 만든 130개의 대석 위에 든든하게 건축되었다.

67. 소경원 원상

표15 소경원 상설

명칭	수량	크기(cm)	재료	제작년도	특징
비석	0				파괴
혼유석	1	51×287×186	화강암	1645	연마5면, 하박석 2
고석	4	55	화강암	1645	
장명등	1	322×82×82	화강암	1645	8각형
석양	2	86×157×65	화강암	1645	다리 사이 투각
석호	2	93×180×60	화강암	1645	
석마	2	113×189×60	화강암	1645	
문석인	2	252×80×70	화강암	1645	복두공복
산신석	1				

　　봉분의 정면에는 혼유석이 있는데, 5면을 연마했다.(도 68) 특이하게도 상계와 중계 사이의 계체석에 걸쳐 있으며, 2장의 하박석 위에 4개의 고석이 받치고 있다. 고석(도 69)은 아래위의 연주장식을 끝 부분으로 몰고 좁게 만들어서 전체가 동그란 모양이고, 4면에 새긴 나어두는 눈과 코가 크고 입체적이

68. 소경원 혼유석
69. 소경원 고석

어서 뚜렷이 드러나며 입에 물고 있는 고리는 아래턱에 바짝 달라붙어 있다.

장명등(도 70)은 순회세자묘에서처럼 팔각장명등을 설치했다. 원에 팔각장명등이 배설된 경우는 순창원과 더불어 2기뿐이고, 이후 현륭원을 제외하고는 모두 사각장명등이다. 장명등의 상대가 커져서 하대와 같은 크기인데, 전체적으로 체석이 날씬하고 개석이 넓어서 날렵한 느낌을 주며 개석과 체석을 분리해서 제작했다. 개석의 연엽 위 정자석의 원수는 2단이다. 추녀마루의 물매는 완만하여 이후 사각장명등의 개석과 비슷해졌고, 추녀마루 끝에는 귀꽃 장식이 있다. 화창은 화사석 아래쪽으로 약간 처져 있는데, 기록에 따르면 창틀을 달았다고 한다. 이 창틀은 '가창기假窓機'로서,[34] 4개의 가창기는 조성소에서 만들고 거기에 붙일 종이는 장흥고에서 마련했다고 기록되어 있다.[35] 아마도 상중의 초하루 보름에 지내는 삭망제에서 불을 밝힌 것으로 보인다.[36] 상대의 각 면에는 선조 목릉(1608) 병풍석의 인석 장식과 비슷한 좌우대칭의 연꽃을 새기고, 상단에는 복련을, 하단에는 앙련을 둘렀다. 상단에 복련을 두른 것은 이때까지 왕릉에도 없던 새로운 장식이다. 중대에 새긴 화문은 영지를 닮았는데, 이는 의인왕후 목릉(1600) 장명등의

70. 소경원 장명등

하대석 장식과 같은 계열이다. 사각장명등이든 팔각장명등이든 중대의 공간이 넓지 않아 간략한 안상을 새기는 것이 일반적이기 때문에, 이와 같이 화문을 장식한 것은 흔하지 않다. 하대에는 상단에 복련을 두르고 운족을 화려하게 장식하여 순창원 장명등보다 화려해 보인다. 이렇듯 소경원 장명등은 17세기 초의 왕릉 장명등 양식을 따랐으며, 그 크기도 약 322cm에 달하는, 장대한 왕릉 석물의 규모다.

소경원 석양(도 71)의 가장 큰 특징은 석마와 더불어 다리 사이가 뚫린 점이다. 중국의 석물에서는 석양이 무릎을 꿇고 앉아 있지만 조선의 석양은 서 있는 모습인데, 이러한 특징은 고려시대 석양에서 이미 나타나는 것으로 중국과의 두드러진 차이이다. 조선왕릉의 석양은 조선 초기의 건원릉과 헌릉 다음부터 모두 다리 사이가 막혀 있는데, 공혜왕후 순릉(1474)의 석양과 1630년대에 조성된 인목왕후 목릉, 원종 장릉, 인조 장릉의 석수에서만 뚫려 있다. 소경원 석양은 특히 인목왕후 목릉의 석양처럼 네 다리가 모두 분리되어 있는데, 이는 왕릉과 원의 석물 사이의 상호 연관성을 보여주는 실증적 사례이다. 이렇듯 소경원 석물이 동시기의 왕릉 석물 양식과 일치하는 것은 동일한 장인들이 참여한 결과로 보인다. 즉 소현세자 묘소도감의 우부 석소 편수 강복姜福을 비롯하여 석물 제작에 중복적으로 참여한 석수들이 만든 것이다. 예컨대, 서울 거주 석수인 강복은 목릉에서는 일반 석수로 참여하기도 했다.

석호(도 72)는 측면에서 보면 등허리가 솟아올라 구부정하게 숙인 것처럼 보여서 위엄이 없다. 이러한 분위기는 선조 목릉(1608)과 인조 장릉(1636) 사이에 제작된 석호에서 공통적으로 나타난다. 화강암이라는 재질과 크기로 인해 실물은 듬직하지만 엉덩이 부분과 뒷다리의 처리가 미숙하며, 전체적으로 목을 낮게 빼고 앉은 카멜레온을 연상시키기도 한다. 다리와 발톱,

71. 소경원 석양

72. 소경원 석호

73. 소경원 석마

수염과 얼굴의 묘사에서는 정교하게 조각하려 애쓴 흔적이 보이며, 꼬리는 구불구불하게 바닥을 흐르다가 끝부분이 배 아래에서 둥글게 말려 있어 장식적인 느낌을 준다.

석마(도 73)는 17세기 중반 이후 등이 수평에 가깝게 처리된 석마와 달리 머리가 엉덩이보다 살짝 올라간 인목왕후 목릉의 석마와 유사한 양식이다. 이러한 표현은 건원릉의 석마와 궤를 같이 하지만, 다리 사이가 좌우로 뚫려 있는 것은 석양과 마찬가지로 17세기 초반의 특징이다. 분리된 다리로 체

74. 소경원 문석인

중을 지탱해야 하기 때문인지 다리가 굵으며, 관절의 표현은 다소 미흡하지만 몸의 비례는 자연스러운 편이다.

문석인(도 74)은 복두공복에 홀을 들고 있으며, 키는 약 252cm로서 당시 왕릉 석물의 규모로 크게 제작되어 있다. 둥근 얼굴과 입 꼬리를 올려 웃는 표정 등으로 장엄하다기보다는 편안한 느낌이 든다. 복두의 끈, 눈썹, 눈, 콧수염, 턱수염 등의 세밀한 표현에서 공을 들인 흔적이 역력하다. 공복의 표현에서는 정면에서 옆으로 돌아가며 유연한 곡선을 이루는 소매와 포의 주름이 일정한 리듬을 이루며 양식화되어 있어서 단정한 느낌을 준다. 문석인은 순회세자묘를 기준으로 했지만, 조성 당시 왕릉 문석인의 양식이 반영되어 있다.

4. 영회원 永懷園

경기도 광명에 있는 영회원은 소현세자빈昭顯世子嬪 강씨(1611-1646)의 무덤이다.(도 75) 실록에는 "소현세자빈 강씨를 폐출하여 옛날의 집에서 사사하고 교명 죽책教命竹册, 인印, 장복章服 등을 거두어 불태웠다."라고 기록되어 있다.37 소현세자빈은 폐출되어 '서인 강씨姜氏'의 신분으로 죽었기 때문에 일반 묘로 조성되었다가 1718년(숙종 44)에 복위되어 소현세자빈 민회빈愍懷嬪 강씨의 민회묘愍懷墓로 봉묘되고 이때 석물이 조성되었으며, 1870년(고종 7)에 영회원으로 봉원封園된 무덤이다.

영회원은 색다른 점이 있다. 우선, 조선왕실의 원 중에서 유일하게 한강 이남에 위치해 있으며, 부부의 무덤이 각각 분리되어 있는 유일한 원이다. 조선왕실 원제의 대상이 사친과 세자, 세손이기 때문에 부부가 모두 원

75. 영회원 전경

의 범위에 들기는 어렵다. 부부의 무덤이 모두 원의 형식으로 조성되려면 왕의 대가 끊겨서 방계에서 왕권을 승계하든가, 왕에 오르지 못한 세자나 세손이 결혼한 후에 사망했어야 하는데, 이 책에서 살펴보는 13기의 원 중에서 세자빈의 무덤으로는 영회원이 유일하다.

민회빈은 본관이 금천衿川이고 문정공文貞公 강석기姜碩基의 딸이다. 1627년(인조 5) 9월에 세자빈으로 간택되어 12월에 가례를 올렸다. 1636년(인조 14)에 원손인 이석철을 낳고 이어서 이석린과 이석견 등 3남 3녀를 낳았다. 병자호란 발발 후 1637년(인조 15) 2월에 소현세자와 함께 청나라 심양瀋陽에 볼모로 잡혀갔다가 1645년(인조 23)에 귀국했다. 그러나 소현세자가 두 달 만에 갑자기 세상을 뜨자, 그 이듬해에 세자빈은 소용昭容 조씨趙氏의 무고로 인해 조씨에 대한 저주 사건의 배후자로, 그리고 어선御膳에 독약을 넣은 장본인으로 지목되었다. 이에 인조는 1646년(인조 24) 3월 15일에 소현세자빈을 폐출하고 그날로 사사하였는데, 이것이 이른바 '강빈옥사姜嬪獄事'다. 실록에는 "의금부 도사 오이규吳以奎가 덮개가 있는 검은 가마로 강씨를 싣고 선인문宣仁門을 통해 나가니, 길 곁에서 바라보는 이들이 담장처럼 둘러섰고 남녀노소가 분주히 오가며 한탄했다. 강씨는 성격이 거셌는데, 끝내 불순한 행실로 상의 뜻을 거슬러 오다가 드디어 사사되기에 이르렀다. 그러나 그 죄악이 아직 밝게 드러나지 않았는데 단지 추측만을 가지고서 법을 집행했기 때문에 안팎의 민심이 수긍하지 않고 모두 조숙의趙淑儀에게 죄를 돌렸다."라고 당시 상황이 기록되어 있다. 비록 인조가 소현세자빈을 사사하긴 했지만, 정원에게 비망기를 내려 죄는 무겁지만 은례恩禮를 완전히 폐지할 수는 없다고 하며 해조로 하여금 2등장으로 장사지내게 하고 3년 동안의 제물도 지급하도록 하였다. 강씨의 어린 세 아들은 제주로 귀양을 갔고, 강씨의 노모와 4형제는 모두 처형되거나 장살杖殺되었으며, 이 외에도 많은 사람들이 처벌되었다. 신주는 1778년(정조 2) 4월 22일에 소현세자의 신주와 함께 세자의 묘 밑에 매안했다.

영회원의 조성

세자빈을 세자와 합장하지 않고 한강 이남에 무덤을 조성한 것은 이례적인 일이다. 당시 실록의 기록을 보면, 사약을 내려 죽게 한 이틀 후에 장지를 결정하면서 예조에서 "강씨가 이미 죄로써 폐출 사사되었으니 소현의 묘소 곁에 묻는 데에 대해서는 감히 의논할 수 없습니다. 마땅히 강씨의 집안 산에 장사지내야 될 듯합니다."[38]라고 하여 현재 위치에 장사를 지낸 것이다. 이곳은 금천 강씨의 세장지로 주변에 강씨 집안의 묘가 많이 있었지만,

이때 만든 묘는 초라했다. 상설이 갖춰진 것은 복위된 이후로, 복위과정에 대한 실록의 기록을 간추리면 다음과 같다.

숙종은 1718년(숙종 44) 4월 8일에 소현세자빈의 억울함을 씻어주기 위해 그의 위패와 시호를 회복시킨다. 시호는 백성을 슬프고 애통하게 한다는 뜻의 '민愍'과 지위를 잃고 죽었다는 의미의 '회懷'로 올렸다. 그리고 신원伸寃하는 절차를 진행하면서 초상 때와는 다르므로 묘소도감을 봉묘도감封墓都監이라 고치고, 예장도감을 '복위선시도감復位宣諡都監'이라 부르게 하였다.³⁹ 그리고 이틀 후에 김창집金昌集을 복위선시도감 도제조로, 권상유權尙遊와 김흥경金興慶을 제조로, 민진원閔鎭遠과 유명웅兪命雄을 봉묘도감 제조로 삼았다. 4월 23일에 도제조의 건의로 소현묘에 천장하여 쌍분으로 합장하는 문제를 논의한 끝에 5월 21일에 봉묘도감을 천묘도감遷墓都監으로 바꾸었다. 그러나 8월 28일에는 부장도감祔葬都監과 천묘도감을 혁파했다.⁴⁰ 이미 복위하고 합봉하는 일을 했는데, "80년 가깝도록 안봉安奉한 묘墓를 특별한 환난이나 연고 없이 단지 신의 도리와 사람의 마음에 유감이 없도록 하기 위하여 경솔하게 천동遷動하는 것은 마땅하지 못하다."고 숙종은 판단하고 다시 봉묘도감으로 되돌린 것이다. 천묘도감에서는 실행 기구가 1, 2, 3방房의 체제였으나, 봉묘도감에서는 삼물소, 조성소, 대부석소를 두었고 원래 자리에 무덤을 새로 조성하는 기구로 변경했다.

대부석소에서 상설 제작을 위한 기화는 화원 최수억崔壽億이 참여했으며, 석수 편수는 정몽남鄭夢男과 이천량李天良이었다. 또 석물 체제와 수량은 단의빈묘(1718, 1722년에 혜릉으로 추봉)에 의거해서 시행했다. 의궤에는 각종 석물의 종류와 크기 외에도 설치하기 위한 기초의 내용, 각종 석물을 운반하는 데 참여한 인원수와 기간이 명시되어 있으며, 돌은 금천 향교동에서 채석했다고 밝히고 있다.

영회원의 구성 및 상설

앞서 언급했듯이, 1718년에 봉묘하면서 무덤을 세자빈 묘에 걸맞게 새롭게 조성했으나 현재 영회원은 원래 영역이 크게 훼손되었다. 봉묘도감에서 조성했던 곡장, 홍살문, 정자각, 향어로, 수라간, 수복방,[41] 비각 등의 건축물은 물론, 비석, 예감과 산신제 상석 등의 석물도 없다. 영회원의 건축물들에 대한 기록을 간추려보면, 1718년에 조성했으며, 1787년에 수복방의 기둥이 썩어서 손상된 곳이 있었다.[42] 다음 해 정자각 북쪽 들보 위에 회를 바른 것이 벗겨져 떨어져 나갔고 월랑의 단청은 흐릿해졌으며 방전이 부서져 상했다고 왕에게 보고한 내용 등이 있다.[43] 아쉽게도 홍살문과 정자각은 1970년대에 주변의 땅을 개발하면서 소실되었다.[44]

현재는 사초지만 낮은 언덕으로 길게 펼쳐져 있으며, 그 위에 봉분이 조성되고 봉분 주변에 상설이 배설되어 있다.(도 76) 봉분에 사대석이 설치되지 않고 곡장도 없어져서 일반 사대부 묘와 크게 구별되지 않는다. 다만 상설

76. 영회원 원상

표16 영회원 상설

명칭	수량	크기(cm)	재료	제작연도	특징
혼유석	1	50×264×176	화강암	1718	연마 5면
고석	4	40	화강암	1718	하박석 2
장명등	1	224×93×93	화강암	1718	4각형, 격석 폭 58, 화사석 폭 43cm
석양	2	66×115×41	화강암	1718	
석호	2	87×127×44	화강암	1718	
석마	2	96×151×54	화강암	1718	
문석인	2	171×65×54	화강암	1718	복두공복

에서 상계에는 석호, 석양, 혼유석, 고석이 배설되어 있고, 하계에는 문석인과 석마 이외에 중앙에 장명등이 있어 왕실 무덤임을 짐작할 수 있다.(표 16)

혼유석(도 77)은 5면에 광택을 냈고, 두 개의 하박석과 나어두를 새긴 4개의 고석 위에 올려져 있는데, 앞부분은 계체석과 중첩되어 있다. 고석(도 78)에서

77. 영회원 혼유석

78. 영회원 고석

나어두의 부조가 얕지만 입에 물고 있는 고리가 턱에 바로 붙어 있는 형상은 소경원의 것과 유사하며, 고석의 상하에는 연주를 둘렀다. 망주석은 배설하지 않았는데, 민회묘를 조성할 때 전례로 삼았던 단의빈묘에 망주석이 없었기 때문이라고 판단된다. 현재 혜릉의 망주석은 1722년에 단의빈묘를 능으로 봉하면서 추가로 배설한 석물이다.[45]

장명등(도 79)은 사각장명등이 배설되어 있다. 1699년에 단종 장릉과 정순왕후 사릉의 봉릉 이후 왕릉에서도 사각장명등이 배설되었던 흐름과 같이하여 원에서도 이후에는 모두 사각장명등을 배설했다.[46] 개석은 사모합각 지붕에 연엽과 하나의 원수를 얹었다. 연엽은 엎어 놓은 종 모양으로 소경원의 팔각지붕 형식을 그대로 따랐다. 화사석의 화창은 아래로 몰렸으며, 상대의 문양은 상하단에 연판을 새기고 네 면에 동일한 대칭형의 모란문을 새겼다. 모란문양은 소경원의 연화문과 전체 구도가 비슷하며 연화문이 점차 모란문양으로 변화해 가는 중간 단계의 양식이다. 중대에는 풍혈형 안상을 새겼고, 하대 상단에는 복련과 그 아래 소용돌이선이 있는 운족을 새겼는데,

79. 영회원 장명등

전체적으로 문양을 아주 얕게 조각하여 잘 드러나지 않으나, 도상은 팔각장명등의 문양을 모사하여 참고한 것으로 보인다.

석양(도 80)은 채석장에서 가져온 원석의 사각 덩어리 형태를 그대로 유지하고 있다. 수직선의 머리와 뒷다리가 수평을 이루는 등의 선과 함께 사각 덩어리 안에 머물고 있고, 몸통의 옆면도 입체감이 없이 평평하며 다리 역시 둔중하다. 귀는 뿔의 소용돌이 사이에 끼워져 있어 태극문양처럼 보이며, 다리 사이에 초형 장식이 있으나 선각으로 새겨져 있어 형상을 알아보기는 힘들다.

석호(도 81) 역시 동물의 해부학적 구조나 입체감 표현이 부족하다. 얼굴은 정면에서 보면 이빨, 수염, 큰 눈, 인상 쓴 주름선 등 호랑이의 도상이지만,(도 82) 측면에서 보면 높낮이가 거의 없이 평평하다. 배 아래에서 멈춘 꼬리는 끝을 동그랗게 말았고, 발톱을 표현했지만 흡사 솔방울 같은 모습이다.

82. 영회원 석호 정면

석마(도 83)는 동일한 시기에 조성된 혜릉의 석마보다는 남편의 무덤인 소경원의 석마와 더 유사하다. 무릎을 앞으로 꺾어 발을 내딛으려는 자세나 다리 사이가 막혀 있음에도 다리가 굵고 둔중하게 표현된 점 등은 소경원의 석마에서도 간취되는 특징이다. 그럼에도 불구하고 목 아래에 굵은 수평선으로 강조한 근육과 다리 사이에 표현된 붓꽃 같이 생긴 백합류의 초형 장식은 시대 양식이라고 볼 수 있다. 발목 뒤의 며느리발톱을 꽁지머리 모양으로 강조한 표현이 흥미롭다.

80. 영회원 석양

81. 영회원 석호

83. 영회원 석마

영회원 문석인(도 84)이 제작된 18세기 초는 석물의 간소화 시기라고 할 수 있는데, 이 시기에 많은 능묘가 조성되었다. 민회묘의 봉묘가 이루어진 1718년에도 단의빈묘와 소령묘가 조성되었다. 문석인의 크기는 171cm정도로 석물 간소화 시기의 일반적인 크기이며, 전체적으로도 18세기 초의 전형적인 특징을 지니고 있다. 즉 짧은 하체로 인해 상대적으로 커보이는 머리 표현, 정면에서 볼 때 약간의 미소를 머금고 있어 귀여운 아이 같은 표정, 신체의 3분의 1 정도 크기의 홀, 턱을 치받듯 홀을 들고 있는 모습, 홀의 가운데 부분을 잡고 있는 손, 고리 모양 저고리 소매, 정면에서는 'ㅅ'자를 이루지만

84. 영회원 문석인

측면에서 볼 때는 'S'자를 그리며 유려하게 휘날리는 소매 주름, 포 하단의 'U'자형 주름선, 크게 벌린 두 다리 등은 이 시기 문석인의 조형적 특징이다. 옷 주름은 세부 표현을 과감하게 생략하여 간략하게 표현했으며, 배면의 각 부분의 묘사도 질서 정연하고 깔끔하게 선각으로 정돈하였다. 그러면서도 왕릉의 복두공복을 따랐는데, 이는 기준으로 삼은 단의빈묘뿐 아니라 소현세자묘와도 관련이 있는 것으로 여겨진다.(도 85) 민회빈이 복위되기 두 달 전인 2월 7일에 세자빈으로 사망한 단의빈묘를 조성할 때 소현세자묘의 체제를 기본으로 삼았고 크기만 명릉의 크기로 줄이도록 했다는 기록이 이를 뒷받침한다.47

85. 단의왕후 혜릉 문석인

86. 소령원 전경

5. 소령원 昭寧園

　　소령원은 조선 제21대 영조(1694~1776)의 생모 숙빈 최씨淑嬪崔氏(1670~1718)의 무덤으로 경기도 파주에 있다.(도 86) 숙빈 최씨는 1670년(현종 11) 11월 6일에 최효원崔孝元의 딸로 태어나 7세인 1676년에 입궁入宮했다. 1693년에 숙원淑媛에 봉해졌고, 1694년에 숙의淑儀, 1695년에 귀인貴人을 거쳐 1699년 10월 23일에 숙빈으로 승급되었는데, 이 승급은 단종을 복위시킨 경사를 축하하기 위해 이루어진 것이다.[48] 숙빈 최씨는 숙의가 된 지 석 달 후에 영조를 낳고, 1718년(숙종 44) 3월 9일에 49세로 세상을 떠났으며, 5월 12일에 양주 고령동 옹장리에 예장되었다. 이 당시 영조는 아직 후궁의 아들 신분(연잉군)으로 어머니의 장례를 치르고 묘제로 무덤을 조성했다.

　　영조는 즉위 20년인 1744년 3월 7일에서야 어머니 숙빈 최씨의 묘에 소령昭寧이라는 묘호墓號를 올린다. 묘호廟號는 처음에 육경毓慶이라고 했다가 원종 장릉章陵의 옛날 원호園號와 음이 같다는 이유로 육상毓祥으로 정하였다.[49] 1753년 6월 25일에 소령묘를 소령원으로 봉원하고 사당인 육상묘毓祥廟를 육상궁毓祥宮으로 승격했다. 이로써 조선의 능묘제도에서 묘제의 묘묘廟墓와 능제의 묘능廟陵 사이에 해당하는 궁원宮園제가 확립되었다.[50] 그리고 사흘 후 새로 만든 궁원宮園에 관한 식례式例를 쓰라고 명하였다. 이때 만든 궁원제에 따라 고종 이전에 원으로 승격된 무덤은 모두 사친에 한하였다.

영조의 생모에 대한 효심을 읽은 유생들은 소령원을 능으로 추봉하라는 상소를 줄기차게 올렸는데, 영조도 처음에는 이들의 상소에 내심 흡족해했으나 끝내 받아들이지는 않았다.[51] 그러나 다른 원과 달리 소령원은 원찰(보광사)을 두었으며 현재도 보광사에는 위패를 봉안하고 있는 어실각이 있다.(도 87)

87. 보광사 어실각, 파주

소령원의 구성 및 상설

소령원은 현존하는 원 중에서 가장 먼저 원으로 승격된 무덤으로, 소령원의 새로운 형식은 그 이후 묘제에서 원제로 승격하는 무덤형식의 전범典範이 되었다. 묘제에서 원제로 변경하는 과정은 현존하는 기록들을 통해 확인할 수 있다.

현재 소령원에는 재실과 전사청은 남아 있지 않지만 그 외의 건축물은 물론 석의물들이 잘 보존되어 있다. 우선 소령원 입구에는 신도비가 비각 속에 세워져 있는데, 원제로 조성된 무덤에서는 찾아보기 어려울 정도로 웅장하며 특히 귀부의 조각 솜씨가 돋보인다.[52](도 88, 89) 원소園所에는 입구에 홍살문이 있고 향어로의 동편 가까이에는 수복방이 있으며, 한 단 높은 정면의 정자각과 그 사이 소령원비의 비각이 짜임새 있는 공간을 이루고 있다. 정전 3칸과 배위청 2칸으로 이루어진 5칸 정자각과 3칸의 수복방은 원의 기본 제도와 같지만, 봉원 이전 묘제에서는 정자각을 세우지 않고 제청祭廳에서 제사를 지냈다. 정자각 뒤에는 신교가 있으며, 신교 서편 예감 자리에는 통석이 놓여 있다. 동쪽으로 사초지를 오르면 원상에 이르기 전 중간 부분에 소령묘비 비각이 있다.

원상에는 사대석이 없이 용미龍尾를 지닌 봉분이 있고, 봉분 앞에는 표석, 혼유석, 상석, 향로석이 묘제석물로서 일식을 이루고 있다.(도 90) 봉분 주변에는 석양과 석호가 1쌍씩 바깥을 향해 있어 봉분을 수호하는 형국이고, 그 밖으로는 곡장이 둘러져 있다. 봉분 앞 사초지는 계체석으로 구분하여 한 단 아래의 중앙에는 장명등을, 좌우로는 망주석, 문석인, 석마 각 1쌍을 차례로 배설했다. 현재의 모습을 바탕으로, 원래 묘제의 의물과 원으로 추봉하면서 추가된 의물을 구분할 수 있다. (표 17)

88.
소령원 신도비 귀부

89.
소령원 신도비 귀부
'王'자 조각

90. 소령원 원상

표17 소령원 상설

명칭	수량	크기(cm)	재료	제작연도	특징
비석	4	표석 230×115×80	화강암	1718	비신 : 133×59×26
		묘비 290×124×100	오석+화강암	1744	비신 : 158×58×46
		원비 275×139×100	오석+화강암	1753	비신 : 182×75×37
		신도비 귀부 121×313×457	오석+화강암	1725	비신 : 245×99×44
구혼유석	1	15×105×44	화강암	1718	
혼유석	1	35×159×97	화강암	1718	5면 연마. 묘제 시의 상석
고석	2	28×⌀39	화강암	1718	
향로석	1	47×43×42	화강암	1718	4각형
망주석	2	주신 164	화강암	1718	좌승우강 세호
장명등	1	217×93×93	화강암	1718	4각형
석양	2	69×122×39	화강암	1753	
석호	2	60×92×43	화강암	1753	
석마	2	81×145×42	화강암	1753	
문석인	2	175×67×55	화강암	1718	양관조복

중배설석(35×164×98cm), 제주병석

비석

소령원의 특별함은 우선 비석에서 잘 드러난다. 현재 소령원에는 입구의 신도비를 비롯하여 봉분 앞의 구舊 묘표, 사초지의 묘갈(1744), 정자각 서편 뒤에 봉원封園을 기록한 신新 표석이 현존하고 있는데 이 비석들은 소령원의 역사를 설명해 준다.

우선 신도비가 눈길을 끈다. 조선 초기 이후 왕릉에서는 신도비가 사라졌지만 사대부묘에서는 건립되었는데, 묘제로 조성되었다가 원제로 추봉된 무덤 중에서 순강원과 소령원에 신도비가 있다. 소령원의 신도비는 영조가 즉위한 이듬해인 1725년에 건립되었는데, 규모와 조각에서 매우 공을 들였음을 알 수 있다. 『승정원일기』에는 비문 제술관碑文製述官 박필성朴弼成, 서사관書寫官 이방李枋, 전자 서사관篆字書寫官 이요李橈, 감역관監役官 심사성沈師聖을 비롯하여 상지관相地官, 사자관寫字官, 산원算員, 화원 등이 참여했다고 밝히고 있다.[53]

신도비를 세우는 과정에 대한 기록을 보면, 영조가 왕으로 즉위하고 생모의 존봉에 관한 예를 논하면서 이광좌가 또다시 상석象石을 증설할 것을 청하니, 임금이 "상석은 굳이 증설할 필요가 없다. 듣건대, 선조宣祖 때에 인흥군仁興君의 어머니인 정빈靜嬪의 묘에 신도비가 있다고 하니, 나 또한 사친의 묘에 신도비를 세우고자 한다. 그러나 돌을 채취하려면 아마도 백성을 괴롭힐 것 같으니 유사有司로 하여금 그 값을 후하게 치르고 매수하게 하는 것이 좋겠다."라고 했다는 내용이 있다.[54] 이렇게 세운 신도비는 매우 웅장할 뿐더러 특히 귀부의 조각이 뛰어난데, 후일 이 신도비를 본 정조는 "본 원의 상설은 제도가 매우 기이하고 웅장하다. 이는 또한 근고近古의 일인데, 지금의 재정과 물력으로는 실로 이와 같이 만들 가망이 없다. 이로 인해 삼가 생각건대, 선조先朝의 성효誠孝가 이루어 낸 이러한 결과는 아마 사람의 힘으로 이룰 수 있는 것이 아닌 듯하다."[55]라며 체념 섞인 감탄을 하기도 했다. 일제강점기에 일본인이 일본으로 반출하려 하기도 했는데, 대규모였기 때문에 땅속에 박혀 있는 자연석에다 그대로 조각했다는 풍문이 있을 정도였다. 그러나 『영조실록』(1725년 3월 18일)에 이 돌은 운반하는 데 1만 명도 모자라서 더 추가했다는 기록이 있는 것으로 보아 그 자리에 있던 자연석을 사용한 것은 아님을 알 수 있다. 신도비각은 1753년 봉원도감에서 정자각과 함께 건립했다.

봉분 앞의 구舊 표석에는 정교하게 조각된 개석이 얹어져 있다.(도 91) 이는 영조의 정성이 더해진 것으로, 표석에 개석을 얹는 것은 내수사에 일찍이

91. 소령원 표석 개석

전례가 없어서 궁에서 별도로 마지막에 조성한 석물이다. 개석의 형태와 세부 조각이 매우 우수한데, 석수 우흥민禹興民과 강차극姜次極이 조각했다는 기록이 있다.56 조선시대 특정 석물에서 제작자의 이름이 구체적으로 밝혀진 경우는 거의 없는데, 이와 같이 석수의 이름을 밝힌 것은 매우 이례적이다. 용마루와 추녀마루의 용두조각, 기왓골과 기왓골 끝의 막새기와, 합각의 박공널과 수직 졸대, 개석 하단의 서까래와 목조 건축부재 등의 묘사는 실제 건축물을 이해하고 논리적으로 표현한 것이며, 추녀의 곡선미도 유려하다. 『춘관통고』(21권, 길례, 소령원)에 의하면, 비석의 글씨는 신도비를 제외하고는 모두 영조의 어제御製이다.(표 18)

봉분 앞과 사초지 비각 안에 있는 비석들의 비명碑銘 내용이 서로 다르다. 소령묘비에는 '숙빈해주최씨소령묘淑嬪海州崔氏昭寧墓'인 데 비해 봉분 앞의 묘표에는 '유명조선국숙빈수양최씨지묘有明朝鮮國淑嬪首陽崔氏之墓'로, 숙빈의 본관이 해주와 수양으로 서로 다르게 표기되어 있다. 그러나 1744년에 영조가 지은 장서각 소장 '숙빈해주최씨소령묘淑嬪海州崔氏昭寧墓' 비문의 내용이 '사친본수양私親本首陽'으로 시작하고 있어, 본관인 수양首陽은 해주에 있는 수양임을 알 수 있다.57

표18 소령원 비석

비석명	연도	비명	위치	비각	형태
표석	1718년(숙종 44)	有明朝鮮國淑嬪首陽崔氏之墓	봉분 앞	×	첨개형
신도비	1725(영조 1)	淑嬪崔氏	원소 입구	1753년	귀부이수형 (남포 오석)
묘비	1744년(영조 20)	淑嬪海州崔氏昭寧墓	사초지	1744년	첨개형
원비	1753년(영조 29)	朝鮮國 和敬淑嬪昭寧園	정자각 좌방	1753년	첨개형

1) 묘제 석물

소령원은 묘제에서 원제로 체제가 바뀌는 과정과 초기 원제 석물 제도를 비교적 자세하게 살펴볼 수 있는 원이다. 숙빈이 사망하고 묘의 석물을 조성하는 과정을 기록한 『제청급석물조성시등록祭廳及石物造成時謄錄』과 묘를 원으로 봉원하며 원제 석물을 추가한 기록인 『숙빈상시봉원도감의궤淑嬪上諡封園都監儀軌』가 남아 있기 때문이다. 이들 기록에 의해 석물조성 시기를 다음 표와 같이 정리할 수 있다.(표 19)

1718년에 숙빈 최씨가 세상을 뜨자 연잉군은 자신의 어머니를 위하여 제반 절차를 주관했고, 장례 후에는 그 내용을 등록으로 남겨 놓았다. 초장시의 석물은 숙빈묘의 조성에 관한 기록인 『제청급석물조성시등록』을 통해 파악할 수 있는데, 이 등록에는 석물의 종류, 수량, 크기, 제작 일정이 자세히 기록되어 있을 뿐만 아니라,[58] 〈묘소석물배열도墓所石物排列圖〉(도 92)가 포함되어 있어서 석물의 위치, 망주석의 세호, 고석의 나어두, 장명등의 격석 문양 등 세부 장식까지 자세히 알 수 있다. 이러한 자료를 토대로 묘제 석물을 정리하면, 표석, 상석, 고석, 혼유석, 향로석, 문석인, 망주석, 장명등, 제주병석, 중배설석이 있는데 모두 현재 석물과 일치한다. 석수 편수는 오사준吳士俊이었으며, 석물 중 표석의 글씨는 사자관寫字官, 화원 장득만張得萬이 준비하고

표19 소령원 석물 및 건축물 조성시기

구분	묘제 조성	원제 추가 조성
연도	1718년(숙종 44)	1753년(영조 29)
종류	표석, 상석, 고석(2개), 혼유석, 향로석, 문석인, 망주석, 장명등, 제주병석, 중배설석, 비각	석양, 석마, 석호, 신 표석, 망료석, 정자각, 비각, 신도비각
출처	『제청급석물조성시등록』	『숙빈상시봉원도감의궤』

3명의 조각장이 새겼다. 개석은 석수 우흥민禹興民과 강차극姜次極이 제작했다.

소령원에는 다른 원에서 볼 수 없는 석물들이 있는데, 혼유석 동편의 제주병석祭酒瓶石과 계체 밖 동편의 중배설석中排設石, 그리고 곡장 후면 동편의 산신상석山神床石이 그것이다. 이 석물들은 모두 사방석四方石

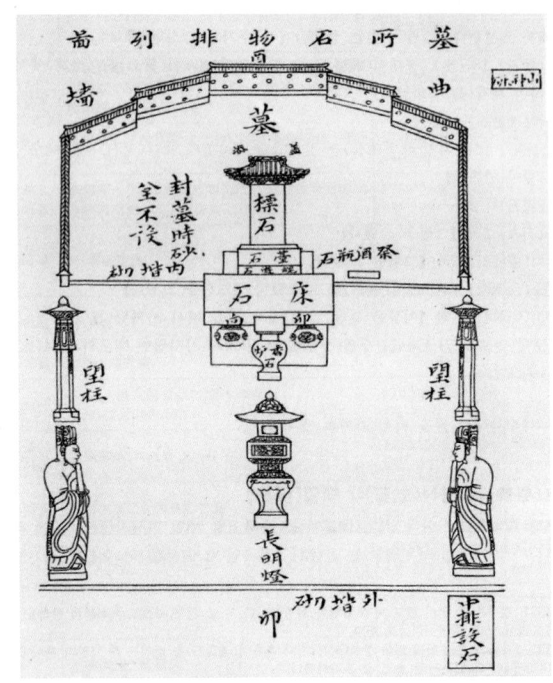

92. 소령원 〈묘소석물배열도〉, 장서각

모양으로 특별한 장식이 없이 제작되어 있다. 제주병석은 제례 시 술병을 올려놓기 위한 것이고, 중배설석은 상석에 진설하기 위한 제례음식을 준비하기 위한 석물로 여겨진다. 산신상석은 사초지 언덕 아래에 있는 것이 일반적인데, 소령원에는 곡장 후면에 배설되어 있다.

표면을 연마한 혼유석은 표석의 농대석과 같은 폭으로 낮게 만들어서 표석과 상석 사이에 끼워 놓았는데, 봉원하면서 정자각에서 의례를 행했기 때문에 그 기능은 사라졌지만 원형대로 보존되어 있다.(도 93) 그리고 상석을 혼유석으로 사용한다고 밝히고 전면에 '묘향卯向'이라는 무덤의 좌향을 새겨 넣었다. 상석 하단의 앞면은 2개의 고석이, 뒷면은 계체석이 받치고 있으며, 고석의 상하단에 원주를 두르고 나어두를 4면에 새겼다.(도 94)

93. 소령원 봉분 앞 석물

　향로석은 사각형식으로 운족이나 화려한 장식 없이 항아리 같은 곡선을 지닌 받침 위에 첨판을 얹었다. 〈묘소석물배열도〉에는 그 자체로 둥근 향로의 형상을 본뜬 것으로 일반적인 육각형 향상香床의 형상과는 다르게 묘사되어 있다. 표면을 곱게 갈아서 상석 앞에 잇대어 놓아, 향로석, 상석, 혼유석, 표석이 매끄러운 질감의 통일성을 이루고 있다.

94. 소령원 고석

95. 소령원 망주석   96. 소령원 망주석 세호

　망주석(도 95)은 대석과 일체형으로, 첨형의 원수, 원수 아래 띠, 운두, 주렴식 염의는 수길원의 도상과 같으나 세호의 위치와 형태가 다르다. 세호(도 96)는 염의 아래 주신에 좌승우강의 방향성을 지니고 있는데, 세호에서 귀면 형상의 머리, 나선과 직모의 꼬리, 좌우대칭의 네 다리 등의 표현은 18세기 초에 전형적으로 나타나는 동물형 세호이다.

　장명등(도 97)은 사각장명등으로 개석과 체석을 분리하여 제작했다. 전체 비례는 하대 운족의 하단이 좁게 되어 있어 약간 불안해 보이지만 개석 처마의 곡선 처리가 우아하고 전체적으로 연꽃과 모란으로 표면을 장식했다. 개석은 단일 원수에 연엽이 매우 크고 입체적으로 조각되어 있으며, 화창은

97. 소령원 장명등

98. 소령원 장명등 상대 문양

화사석의 조금 아래에 있다. 대석은 세 부분으로 구성되어 있는데, 상대의 윗면에는 복련을, 아래에는 앙련을 두르고, 전후면에는 쌍연꽃을, 좌우면에는 모란 한 송이를 새겨놓았다.(도 98) 중대에는 운문을 새기고 하대에는 윗면에 복련을 둘렀으며, 수평 띠 아래 역시 수평 운각을 2중으로 새겼다. 네 모서리에는 운족을 두껍게 만들어서 전체를 받치는 형상을 하고 있다.

 석인상은 문석인(도 99) 1쌍만 세웠다. 키는 등신대보다 약간 큰 편이고, 3량 관을 쓰고 있는 양관조복형으로, 전체적으로 젊고 단아한 인상이다. 우선 표정이 밝고 온화하며 목뒤 근육 사이 목우물까지도 표현했다. 관은 관

99. 소령원 문석인

무와 뒷면을 구름문양으로 장식하고, 측면으로 우측은 꽃문양을, 좌측에는 둥근 문양을 두어 비녀를 묘사했다.^(도 100) 코와 입을 비교적 사실적으로 조각하였고, 턱수염은 없으며 관의 끈을 묶은 고리까지 표현했다. 홀을 턱에 받치고 있고 홀 아래 포의 주름은 '之'자를 그리며 내려오다가 아래에서 'U'자 주름을 만들었는데, 이는 같은 해에 조성된 혜릉 문석인과 동일하다. 또 포의 소매는 '八'자를 그리며 옆

100. 소령원 문석인 세부

으로 휘날려 속이 드러나 보이는데 이는 조선 중기의 문석인 양식이다. 보통 앞면에 폐슬이 없으면 뒤에도 후수가 없는데, 소령원 문석인은 뒷면에만 화려한 후수가 조각되어 있다. 흉배는 없지만 후수에 구름문양을 화려하게 조각했고 단을 분리하여 단에도 운문을 새겼다. 전체적으로 매우 공을 들여 조각했음을 알 수 있다.

2) 원제 석물

1753년에 소령묘를 소령원으로 봉원하면서 무덤의 체제를 변경했다. 그 주요 공사는 제청 대신에 정자각을 짓고 원상에 석물을 추가로 배설하는 것이었다. 이때 실행한 내용이 『숙빈상시봉원도감의궤淑嬪上諡封園都監儀軌』에 기록되어 있으며, 궁원제의 의절을 위하여 편찬한 『궁원식례보편』의 끝부분

에도 소령원의 내용이 실려 있다. 의궤의 대부석소질에 의하면, 소령원의 석물체제와 양식은 의소묘에 따라 거행했기 때문에 원의 상설제도는 세자묘의 형식에 맞춘 셈이다.59 기록을 정리해보면, 조성소에서는 신도비각, 정자각, 수복방 및 수라간 등을 새로 조성했고, 대부석소에서는 석양, 석호, 석마, 그리고 신 표석, 망료석을 추가로 조성했음을 알 수 있다. 석재는 개인 소유를 가져다 썼으며, 석재 가공을 위하여 석양과 석마 각 4칸, 농대 3칸, 가첨석 2칸의 가건물을 지었는데, 여기 참여한 장인은 화원 박수인朴壽仁을 비롯하여 석수 편수 김천석金天碩, 화장 편수 이대춘李帶春 등 총 27명이었다. 1753년 7월 6일 작업을 시작하여 8월 10일에 운반을 시작하고 28일에 설치를 완료했다. 도제조는 우의정 김상로金尙魯였으며, 원소의 간역은 최천약崔天若이었다. 최천약은 의소묘(1752)의 석물을 감독하기도 했는데, 1789년 현륭원을 조성할 때 신하들이 정조에게 병풍석의 화려함에 대해 말하면서 "석물에 그림을 그리는 수법이 극히 정교하고 세밀하니, 최천약을 시켜서 하더라도 더 잘할 수는 없을 듯합니다."라고 비교대상으로 삼았을 정도로 당대 최고의 인물이었다.60

석양(도 101)은 통통한 배, 날씬한 다리, 작은 머리가 어우러져 사실적이고도 단아한 분위기를 준다. 귀는 눈과 뿔 사이 아래를 향하고 있고, 다리 사이에 초형 조각은 새기지 않았다. 발굽과 관절 같은 세부에서 실제 양의 특징을 구체적으로 파악하여 조각하는 등 전체적으로 공들인 흔적이 보인다.

석호(도 102)는 원래 계획에 없다가 나중에 추가로 설치한 석물이다.61 고개를 들고 앉아 있는 동물의 신체적 특징을 아주 자연스럽게 표현하여 흡사 살아 있는 동물을 보고 묘사한 듯하다. 입체적인 얼굴, 몸의 흐름을 따라 대각선으로 조각한 꼬리, 사지 관절의 표현 등에서 다른 능묘조각에서 찾아보기 어려울 정도로 뛰어난 조각 솜씨가 발휘되었다. 이는 한 해 전에 조

101. 소령원 석양

102. 소령원 석호

103. 소령원 석마

성된 의령원(1752)의 석호와 양식상 완전히 일치하는 것으로 보아 같은 장인이 제작했을 것이다.

석마(도 103)는 의령원 석마와 매우 닮았지만, 의령원의 경우와 달리 다리 사이의 초형 조각이 생략되어 있다. 말의 등은 수평을 이루면서 말의 해부학적 골격에 따른 미묘한 변화가 표현되어 있다. 다리의 관절과 발굽은 사실적으로 표현되었으며, 뒷다리 근육이나 굴곡이 아주 자연스럽게 조각되었다. 조선시대 능묘조각의 석마로서는 상당히 높은 수준이다. 소령원의 석마, 석양, 석호의 조각이 1752년에 조성된 의소묘 석수들과 양식상으로 일치하는 것은 이 석수들이 봉원 시에 제작된 석물들임을 방증하는 것이다.

소령원의 원제 석물은 이후에 봉원하는 무덤 석물의 전범典範이 되었다. 1755년에 추봉된 순강원도 1613년(광해군 5)에 묘제로 조성된 무덤에 3종류의 석수를 1쌍씩 추가하여 원제 무덤 형식을 갖추었다.

6. 수길원 綏吉園

영조의 후궁인 정빈 이씨靖嬪李氏(1693~1721)의 무덤인 수길원은 경기도 파주의 소령원 건너편 언덕에 조성되어 있다.(도 104) 정빈 이씨는 숙빈 최씨의 며느리로, 본관은 함양이고 부친은 이준철李竣哲이다. 1701년에 궁에 들어와 1719년(숙종 45)에 장자인 효장세자孝章世子(진종, 1719~1728)를 낳았고 1721년(경종 1) 11월 16일에 28세로 사망하였다. 경종에 이어 1724년에 영조가 즉위하자 왕자를 낳은 이씨를 소훈昭訓에서 소원昭媛으로 추증한다.[62] 그리고 다음 해 2월 25일에 효장세자를 왕세자로 책봉하고 소원 이씨를 정빈으로 다시 추증한다.[63] 그러나 1728년에 효장세자가 10살의 나이로 요절하고, 다른 후

104. 수길원 전경

궁(영빈 이씨)이 1735년에 사도세자를 낳음으로써 정빈 이씨의 존재는 사라지는 듯했지만, 1762년에 사도세자마저 죽고 나자 영조는 1764년 2월에 사도세자의 아들(정조)을 효장세자의 후사로 삼아 종통을 잇게 한다. 이로써 효장세자의 생모인 정빈 이씨가 다시 조선왕실의 역사 속에 등장하게 된다. 이는 정조의 장자인 문효세자의 어머니 의빈 성씨宜嬪成氏(1753~1786)와 대비되는 경우로, 문효세자가 왕위에 오르지 못한 탓에 의빈 성씨의 묘는 현재 서삼릉 내의 후궁묘역에 들어 있다.

정조는 왕위에 오르자 양부 효장세자를 진종으로 추존하고, 궁원제에

105. 수길원 정자각 터

따라 진종의 생모인 정빈 이씨의 묘를 57년 만에 원으로 승격시켰다. 1778년(정조 2) 3월 18일에 궁호를 끌 '연延'과 복 '호祜'자를 써서 연호궁으로 하고, 원호는 편안할 '수綏'와 길할 '길吉'자를 써서 수길원으로, 시호는 '온희溫僖'로 올렸다.

수길원의 구성 및 상설

수길원의 금천교를 건너 홍살문을 지나면 구릉이 왼편으로 꺾어지며 향어로가 보인다. 그리고 사초지 아래 부분에는 사라진 건축물의 기단 및 초석들이 제자리에 이지러져 있다.(도 105) 제향공간은 2단으로 향어로가 꺾이는 부분에서 한 단 올라간다. 정자각은 5칸, 수복방은 3칸 체제로 조성되어 있었는데, 기록에 의하면 1778년(정조 2)에 봉원하면서 상시봉원도감에서

106. 수길원 원상

표20 수길원 상설

명칭	수량	크기(cm)	재료	제작연도	특징
비석	1	230×97×65 (비신 137×52×23)	오석	1909	비문은 영조의 어제 어필 (『춘관통고』 권21)
구 혼유석	1	15×96×37	화강암	1721	
혼유석	1	39×140×87	화강암	1725	구 상석, 연마5면
고석	2	29×∅38	화강암	1725	귀면이 고리 물지 않음
망주석	2	주신 144	화강암	1725	세호 좌승우강
장명등	1	209×91×91	화강암	1725	4각형, 격석 폭 55cm, 화사석 폭 37cm
문석인	2	159×54×43	화강암	1725	양관조복

비문 음기에 상설 설치 연도 명기

4월 25일에 완성했다.[64]

    수길원은 봉원되기 이전, 즉 묘제로 조성되었을 당시 사대부 묘제를 따른 원형이 그대로 남아 있는 원 중 하나이다.(도 106)(표 20) 원침공간은 2단으로

107. 수길원 묘표와 혼유석

108. 수길원 묘표 개석

구분되어 있는데, 상계에는 봉분을 중심으로 전면에 표석과 혼유석이 있고, 석양과 석호는 없다. 봉분은 유돌형乳突形 분으로 처음의 용미龍尾가 남아 있으며, 호석은 두르지 않았고 곡장이 전체를 감싸고 있다. 하계에는 가운데 상석 및 고석이, 좌우에는 망주석이 있고, 앞쪽으로 장명등이 있으며, 그 좌우로 석마 없이 문석인이 서 있다.

의궤를 볼 수 없어서 자세한 내용은 알 수 없지만 석물의 양식과 기법상 전통적 관습에 얽매이지 않고 석공이 자유롭게 실력을 발휘한 것으로 보인다. 주요 특징이나 크기가 모두 원제보다는 묘제 석물에 가깝다. 특히 석양, 석호, 석마의 석수는 『춘관통고』(1788)의 기록에도 언급되어 있지 않은 것으로 보아 봉원하면서도 추가로 설치하지 않은 것으로 판단된다. 결국 조선왕실의 원 중에서 석수가 배설되지 않은 유일한 경우이다.

묘표(도 107)는 방부옥개형으로 비명은 전서로 '대한온희정빈수길원大韓溫僖靖嬪綏吉園'이라고 씌어 있는데, 1909년(순종 3)에 제작한 것이다. 개석에는 용마루와 기왓골을 정교하게 조각해 넣었다.(도 108) 현재 사초지 구릉에 농대석만 남아 있는, 봉원 이전의 표석에는 장서각 소장 묘지墓誌(1725)에 있는 대로 '유명조선국정빈함성이씨지묘有名朝鮮國靖嬪含城李氏之墓'라고 새겨졌었다. 지문의 비문은 현재 비문에 다시 들어있고 이는 영조의 어필이다. 소령원과 마찬가지로 비석 앞에는 묘제의 혼유석을 그대로 남겨두었다.

원래의 상석 뒷면은 계체석에 맞추어 걸방석으로 고이고, 앞면은 2개의 고석으로 받치고 있다. 고석(도 109)은 나어두를 둥글게 원형으로 조각하여 상징성

109. 수길원 고석

보다는 장식성이 강하다. 상석 앞에는 소령원에서처럼 향로석이 배설되어 있어야 하겠지만 현재는 없다. 상석, 표석, 농대석의 화강암 재질이 같은 것으로 보아 모두 표석을 세울 때 개수한 것으로 추측된다.

망주석은 크기가 작은 편이며 대석과 일체형이다.(도 110) 원수는 뾰족하며 그 아래에 연주 대신 한 줄 띠를 둘렀다. 운각은 여의두문을 겹치게 배열하고 염의에는 간략한 선각을

110. 수길원 망주석

111. 수길원 망주석 세호

하였다. 세호(도 111)는 작지만 우락부락한 모습으로 주신과 염의에 걸쳐진 상태로 조각되어 있다. 좌승우강의 원칙대로 표현되었는데 동측은 불로초를, 서측은 새를 물고 있는 특이한 도상으로 표현되었다.

장명등(도 112)은 사각장명등이다. 사모합각형 개석이 얹어 있으며 원수는 망주석처럼 뾰족하고 입체적으로 표현된 연엽이 합각을 덮고 있다. 기본적으로 소령원의 장명등과 같은 형식인데, 개석에 비해 하대가 작아서 다소 불안정한 느낌이다. 추녀마루는 2중의 기와 형상이며, 화창은 약간 아래쪽

112. 수길원 장명등

으로 쏠려서 실제 등잔을 넣고 뺄 수 있는 기능을 고려한 구조라고 판단된다. 상대에는 상하단에 복련과 앙련을 두르고, 앞뒷면에는 연잎을, 좌우에는 연꽃을 새겼다. 중대에는 안상을 새기고 하대에는 둥근 어깨에 복련을 둘렀다. 운족에는 윗부분에 여의두문을, 다리 사이에는 운각을 2중으로 새겼다. 다른 석물에 비하여 규모가 크지만, 개석이 넓고 하대가 작아서 안정감이 부족하다. 이러한 요소는 단종 장릉이나 소령원의 장명등에서도 나타나는 특징이다.

113. 수길원 문석인(동)

문석인(도 113)은 양관조복형이다. 높이가 약 159cm로 성인의 키에도 채 못 미치는 크기인데, 세부조각은 매우 구체적이다. 양관의 3량 모양, 관무와 뒷부분의 운문장식, 턱 아래 묶은 끈 등을 섬세하게 조각했다. 관의 우측은 음각, 좌측은 양각의 둥근 문양으로 비녀를 표현 하기도 했다. 포와 홀의 형태, 이마에 새겨진 백호는 특이하지만, 양관의 형태, 얼굴의 표정, 홀은 든 모습은 소령원 문석인과 같은 유형이다. 또 저고리의 소매가 표현되지 않은 형식은 순창원(1563)을 비롯한 묘제 석물에서는 흔히 볼 수 있으나 왕릉 석인에서는 찾아보기 어렵다. 수길원 문석인 조복의 긴 사다리꼴 폐슬에는 운문을 양각했는데, 뒷면은 좌우 석인의 양관의 문양, 옷깃의 높이, 흉배 문양 등이 서로 다르게 조각되었다. 동측 문석인의 흉배는 해와 구름을 혁대 아래까지 유려하게 조각했으며, 서측 문석인 흉배에는 날개를 펼친 단학을 장식했다.(도 114) 이러한 문양은 같은 연간에 조성된 김주신(1661~1721)묘와 이만성(1659~1722)묘의 문석인에서도 볼 수 있다.[65] 후수는 가장자리에 선만 둘렀고, 단 부분은 구름문양으로 장식했다. 또 후수 양 옆의 패옥은 야자대의 끈과 후수의 고리에 연결했고, 흐르는 연주

114. 수길원 문석인(서) 뒷면

문으로 화려함을 더했다. 왕릉은 물론 원의 문석인에서도 이렇게 화려한 폐슬과 흉배 장식을 한 경우는 찾아보기 어렵다.

조각의 수준으로 보아, 수길원의 석물은 정빈 이씨가 궁녀인 종5품 소훈의 지위로 장사지냈을 때(1721) 제작한 것이 아니라 1724년에 영조가 즉위하고 나서 세자를 낳은 후궁인 정4품 소원으로 추증하고 비석을 세웠던 1725년에 조성한 것으로 판단된다. 이때 초장 시에 만든 용미가 있는 봉분은 그냥 두고 곡장만 둘렀을 것이다. 새를 입에 문 세호의 표현이나 좌우 문석인들이 서로 다른 흉배로 표현된 사례는 조선의 능묘조각 전체에서 찾아보기 어려운 것으로, 석공의 자유로운 발상이 반영된 것으로 여겨진다.

7. 의령원 懿寧園

의령원은 의소세손懿昭世孫(1750~1752) 이정李琔의 무덤으로 현재 서삼릉에 위치해 있다.(도 115) 제22대 정조의 친형이기도 한 의소세손은 영조의 둘째 아들인 사도세자(훗날의 장조)와 세자빈 혜경궁 홍씨(훗날의 헌경왕후) 사이에서 1750년(영조 26) 8월에 태어났다. 이듬해 5월에 할아버지 영조에 의해 세손에 책봉되었으나 1752년(영조 28) 3월 4일에 세 살의 어린 나이로 창경궁 통명전通明殿에서 죽었다.[66] 4월 12일에 시호가 의소懿昭로 정해지고[67] 5월 12일에 양주 안현鞍峴(현재 북아현동)에 묻혔다.

의소세손에 대한 내용과 장례 절차는 실록을 통하여 자세히 알 수 있다. 영조는 손자를 잃은 슬픔에 친히 지문을 지었으며 관의 '上'자와 묘표의 앞뒷면 글씨를 모두 직접 썼고, 격식에 대한 논란이 있었음에도 불구하고 직접 묘지에 갔을 정도로 애틋해했다. 장례 절차도 당시 새롭게 정리하던

115. 의령원 전경

〈상례보편喪禮補編〉을 따르되, 의소세손의 장례를 치르면서 수정한 내용도 보충하여 『국조상례보편』을 완성했기 때문에 의령원은 조선왕실의 상례 정비와 관련해서도 매우 중요한 무덤이다. 영조의 잠저潛邸였던 창의궁彰義宮에 사우祠宇를 건립하고 의소묘懿昭廟라 칭하였다.[68]

118년이 지난 1870년에 고종이 '오묘오원五廟五園'을 추봉할 때 원으로 승격되었는데, 이는 조선 최초로 세손의 무덤이 원이 된 경우이다. 이때 의소묘懿昭墓는 의령원懿寧園으로 봉원되었고, 사당인 의소묘懿昭廟는 영소묘永昭廟로 개칭되었다. 고종이 세손의 무덤을 원으로 올려놓고 호칭에 대하여 고민하였는데, 1899년에 고종이 의소세손에 대하여 "추숭한 후에도 그대로 세손世孫이라고 부르는 것이 옳은지 모르겠다."라고 하자, 윤용선이 아뢰기를 "세손이라고 부른 것은 영조 때에 있었던 일이므로 지금 세자로 추봉追封하려고 하는 것이 끌어댈 만한 전례가 있는 것인지 알지 못하여 감히 대답하지 못하겠습니다."라고 대답했다는 기록이 있다.[69] 그 후 이 문제에 대해 더 이상 논의한 기록은 없고, 그대로 의소세손이라 불렀다. 이로써 세손의 무덤이 원제의 대상 안에 들어왔으며, 이후 고종의 원손 이진의 무덤이 원제로 조성되는 전례가 마련되었던 셈이다.

의소묘와 의령원의 조성

1752년에 의소세손이 죽자 세 도감을 설치해서 장례를 진행했다. 도제조는 판중추부사 김약로金若魯가, 묘소도감 제조는 원경하元景夏와 박문수朴文秀가, 빈궁·혼궁의 양 도감 제조는 이익정李益炡과 홍봉한洪鳳漢이, 예장도감禮葬都監 제조는 김상성金尙星 등이 맡았다.70 대부석소 장인 82명이 5월 12일에 외재실을 내릴 때까지 약 2개월에 걸쳐서 묘를 조성했다. 석수 편수 김천석과 화장 편수 이대춘은 순강원(1755)과 효장세자의 빈인 효순현빈(1715~1751, 훗날의 효순왕후)의 묘소도감에서도 편수를 맡았다는 기록이 있다.

의소묘를 조성하는 과정에서 영조 자신이 실질적인 절차를 맡아 결정하다시피 했는데, 이는 세손의 장례 전례가 없었기 때문이기도 하다. 묘의 조성과정에서 '무술등록(1718년 단의빈)'과 '무신등록(1728년 효장세자)'을 참고했지만, 영조는 먼저 세손묘의 석물 체제를 정했다. 이 과정을 짐작할 수 있는 기록들이 남아 있다. 우선, 도제조 김약로는 세자묘에는 석양, 석마, 문석인이 있다고 하고, 제조 이익정은 왕릉에는 석양, 석호, 석마가 각 둘이라고 했다.71 영조는 이들의 의견을 종합하여 "이번에는 묘소에 차등을 두라고 이미 하교하였으니, 문석, 망주, 장명등 외에는 단지 호석虎石과 마석馬石을 각각 한 쌍씩만 설치하되 종전의 제도에 비하여 모두 4분의 1을 감하고 혼유석과 표석도 두 자[尺]를 감하며 정자각의 길이와 넓이도 4분의 1을 감하도록 하라."라고 명한다.72 그 결과 처음에는 석양을 설치하지 않았다. 실제로

『의소세손묘소도감의궤』의 대부석소 석물척양과 배치척수에도 석양에 대한 언급은 없다. 이 석물들은 장례 절차와 동시에 진행하여, 하관하고 이틀 후에 석물 설치를 완료했다.[73] 이후 고종 때 의소묘를 의령원으로 추봉했으며, 석물을 추가 배치하지 않고 단지 표석에 의령원이라는 글자만 추가했다.

의령원은 1949년 6월 7일에 서삼릉으로 이장되었는데, 『경향신문』에 이와 관련한 기사가 다음과 같이 실렸다.

> 구 왕궁에서는 능묘의 존엄을 유지할 생각에서 금년 봄부터 서울근교에 있는 능묘를 발봉하여 고양군 원당면 온당리에 있는 서삼릉으로 천봉하여 오던 중 지난 6월 5일에는 시내 북아현동에 있는 의녕원(속칭 애기능)의 의소세손의 봉분을 발봉했던 바, 지하에 묻힌 시체는 부패하는 것이 원칙인데 의외에도 일백구십팔년 전에 입봉한 그대로 있어 시봉자들을 놀라게 하였다고 한다.[74]

이때 수습된 명기는 국립중앙박물관에 소장되어 있다.(도 116) 이장하고 난 자리는 이듬해인 1950년에 추계학원에서 의령원터 일만 팔천여 평을 구입하여 학교를 지었다.[75]

116. 의소묘 명기, 국립중앙박물관

의령원의 구성 및 상설

의령원은 서삼릉 경내 효창원 뒤편으로 원역의 경계도 없이 이장되면서 본래의 모습이 완전히 사라졌다. 사초지나 곡장은 없고 낮은 사성莎城이 봉분의 뒤를 감싸고 있으며, 봉분 주변에는 석양과 석호가 1쌍씩 배치되어 있다. 봉분 전면 좌우에는 망주석 1쌍이 세워져 있고, 동편 망주석 안쪽에 표석이 놓여 있다. 계체석으로 한 단 낮추어서 봉분 정면에는 네 개의 고석이 받친 혼유석을, 그 앞에는 장명등 1기를 놓았으며, 좌우로 문석인과 석마 1쌍이 마주보도록 했다. 이 석물들은 원래 자리에 있던 것을 옮겨 설치한 것이다.

의령원이 이장되면서 원의 원형을 잃었을 뿐 아니라 주요 석물 이외의 모든 의물儀物들도 사라졌다. 『의소세손묘소도감의궤』의 기록을 보면, 세손묘로 조성했을 때는 효장세자묘를 전례로 삼아 5칸짜리 정자각과 수복방, 수라간, 산신석, 예감, 비각, 곡장을 갖춘 원에 해당하는 체제였다. 봉분도 원래 사대석은 없었지만, "봉묘封墓의 제도는 전면의 높이가 6척 3촌 3푼이고, 후면의 높이가 5척 7촌 3푼이며, 좌우의 높이가 6척 2푼이고, 직경이 19척, 둘레가 57척"이라는 기록에서 알 수 있듯이,[76] 뒤가 약간 낮은 유돌분 성격의 원형분이었다.

석물은 모두 봉원 이전의 묘제 석물인데, 최천약이 만년에 별간역을 맡아 조성한 것이다. 최천약은 1731년 인조 장릉의 모란 병풍석과 온릉 및 소령원의 석물에 간여한 인물로, 의소묘 조성이 끝나자 예전부터 나라의 역사役事에 수고가 많았다 하여 영조로부터 특별한 상을 받았던 인물이다.[77] 최천약이 간여한 석물은 전반적으로 수준이 높지만, 의소묘의 석물은 영조가 특별히 관심을 기울였기 때문에 어느 석물보다도 뛰어난 조형성을 보인다. 석물의 크기는 모두 4분의 1을 감하라는 영조의 지시 때문인지 작게 조성

표21 의령원 상설

명칭	수량	크기(cm)	재료	제작연도	특징
비석	1		남포석		영조 어제 어필
혼유석	1	42×160×97	화강암	1752	5면 연마
고석	4	32	화강암	1752	
망주석	2	주신 141	화강암	1752	세호 좌승우강
장명등	1	191×72×72	화강암	1752	4각형, 체석 폭42cm
석양	2	68×120×43	화강암	1752년경	
석호	2	59×100×39	화강암	1752	백색미립화강암
석마	2	85×162×47	화강암	1752	
문석인	2	144×50×42	화강암	1752	양관조복

되어 있다.[78] 〈표 21〉

　　표석은 사모합각의 옥개석 아래에 남포석 비신과 높은 농대석이 받치고 있다. 비문은 "조선의소세손지묘朝鮮懿昭世孫之墓"라고 씌어 있는데, 이는 비음과 함께 영조의 어필이다.[79] 혼유석은 5면에 광을 냈으며 박석과 4개의 고석 위에 놓여 있다. 세손묘를 조성할 당시 혼유석의 크기를 정하기 위하여 최천약이 영조에게 왕릉의 혼유석은 8척이지만 사가私家에서는 5척으로 하는데 이번에는 어떻게 하느냐고 묻자 영조가 5척이 좋겠다고 결정했다는 기록이 있다.[80] 그런데 실록과 『승정원일기』에는 공히 길이는 5척(151cm), 두께를 8촌(약 25cm)의 크기로 조성하라고 기록되어 있는다.[81] 그러나 현재 혼유석(도 117)의 길이는 약 97cm로, 기록과의 차이가 크기 때문에 현재 배설되어 있는 혼유석이 원래의 석물인지에 대해서는 앞으로 검토해 보아야 할 것이다. 고석(도 118)은 높이가 32cm 정도로 작지만 북의 상하 테두리가 전체의 반을 차지할 정도로 넓고 나어두를 테두리에 걸치게 크게 조각했다. 상하단의 연주도 큼직하게 표현했고, 나어두의 굵은 코와 왕방울 눈이 앞으로 튀어나올 듯이 고부조로 조각되어 강한 인상을 준다.

117. 의령원 혼유석

118. 의령원 고석

119. 의령원 망주석 　　　　　　　　　120. 의령원 망주석 세호

　　망주석(도 119)은 대석과 석주가 분리된 형태로 조성되어 있다. 복련과 앙련 및 안상으로 화려하게 장식한 대석에 비해 석주는 단순하게 처리되어 있는데, 조형적으로 대석과 석주가 서로 다르며 화강암의 종류도 달라 보인다. 석주 원수의 뾰족하고 낮은 형태는 장명등의 정자석과 석주 주두 장식과 동일한 것으로 보아 원래의 것으로 판단된다. 원수의 연주는 하나의 띠로 두르고 운각은 여의두문으로 단순화했으며 염의는 장식이 없다. 동물형 세호(도 120)는 좌승우강의 방향성을 가지고 있고, 등줄기가 표현되었으나 염의에서 거리를 두어 작게 조각하였다.

　　장명등(도 121)은 사모합각 개석을 갖춘 사각장명등이다. 정자석의 원수는 뾰족하고 낮으며 연주는 하나의 띠로 두르고 연엽이 잘 드러나지 않게 표현했다. 지붕의 합각은 마루를 굵고 단순하게 표현했으며, 중첩된 합각으로

121. 의령원 장명등

인해 구조적이고 건축적으로 보인다. 처마는 수평을 이루다가 귀퉁이에서 살짝 위로 들려지는 것이 일반적이지만, 의령원의 장명등은 중간의 수평면 없이 전체가 역아치형의 곡선을 이루고 있다. 이러한 양식은 묘제에서는 의소묘의 도제조를 지낸 김약로金若魯(1694~1753)묘에서, 왕릉에서는 인원왕후 仁元王后(1687~1757) 명릉에서 나타나기 시작하는데, 이는 원제에서 시작된 양식이 묘제와 능제로 확산되었음을 의미한다. 화창은 화사석의 가운데 있으며, 상대는 모줄임을 하였고 네 면에 동그란 원을 파고 그 안에 꽃이나 과일 문양

122. 의령원 장명등 격석 문양

을 돋을새김 했다.(도 122) 이러한 상대의 장식문양은 조선왕실의 능묘조각에서 새로 등장한 요소다. 전통적으로는 모란이나 연꽃을 새겼는데 의령원 장명등에는 국화(동), 모란(서), 선도(남), 석류(북)를 새겼고, 이는 이후 현륭원 장명등에서 다시 나타난다. 중대는 모서리에 연주를 새기고 가운데 부분에 안상과 고리를 새겨 서랍처럼 보인다. 하대에는 운각 사이에 불로초와 난초가 결합된 문양을 새겼는데, 이 문양은 석양의 다리 사이의 초형 장식과 일치한다.

앞서 언급했듯이, 석양(도 123)은 추후에 배치한 석물이다. 통통한 몸체와 머리에서 몸에 이르는 등줄기 등이 유연하고 입체감 표현이 잘 되었으며, 화강암 표면에 고운 정 자국을 살려 마치 양털이 있는 실제 양을 보는 느낌이다. 낮은 코, 단면이 둥글며 끝으로 가면서 자연스레 가늘어진 뿔, 뿔 아래 감싸진 귀, 다리의 관절과 발굽, 뿌리가 좁은 꼬리, 엉덩이의 근육 등이 실감나게 묘사되어 있다. 다리 사이의 문양은 불로초와 난초를 결합한 형태로 석마에 새겨진 문양과는 다소 차이가 있다. 양의 뿔은 단면이 삼각형인데, 이를 지나치게 강조하지 않고 부드럽게 표현했다. 귀의 형태나 세부 근육 묘사 및 몸의 비례에서 18세기 중반의 석물임이 분명하다. 이듬해 소령원을 조성하면서 석호를 없앴다가 9월에 다시 설치한 것으로 보아 이때 의소묘에도 석양을 설치했을 것으로 판단된다.

석호(도 124)는 소령원 석호와 동일한 시기에 같은 석공이 조각한 석물로 전통적인 석호의 모습과는 차이가 있다. 작은 얼굴, 눈꺼풀, 처진 귀, 등줄기의 굴곡을 살려서 매우 유연하게 조각하여 온화한 느낌을 자아낸다. 전통에 따른 관념적인 표현이라기보다 실물을 직접 보고 제작한 듯 자연스러운데, 벽사적 성격의 무서운 호랑이라기보다는 귀여운 강아지를 조각한 것 같다.(도 125)

석마(도 126) 역시 전반적으로 매우 사실적이다. 신체의 비례와 굴곡이 자연스럽고 자세가 편안하며, 턱뼈 묘사, 갈기털의 길이와 방향, 앞다리의 견

125. 의령원 석호 세부

123. 의령원 석양

124. 의령원 석호

126. 의령원 석마

갑골, 잘룩한 아랫배, 다리의 관절과 근육, 말굽과 며느리발톱, 그리고 좌대에서 분리된 짧은 꼬리, 꼬리털의 이중 표현 등 말의 특징이 구체적이고 실감나게 묘사되어 있다. 그리고 다리 사이의 초형 장식은 석양과 다르게 원추리로 표현되었는데, 꽃의 모양과 잎의 겹침까지 식물의 특징을 잘 파악하고 새긴 조각이다. 석양의 초형장식과 조각수법은 비슷하나 잎이 한 점의 지점에서 소용돌이를 일으키며 시작하는 점이 다르다.

문석인(도 127)은 양관조복형이고 약 144cm의 아담한 크기이다. 당시의 왕릉 석인의 높이가 성인 남자의 키 정도였는데, 그 크기의 4분의 3정도이다. 이는 영조가 내린 지침에 따른 것이며, 또한 묘주가 3살임을 감안한 크

127. 의령원 문석인

기일 것이다. 양관조복형에서 관은 3량 관으로 양주梁柱가 측면에서 둥글게 말린 형상으로 표현되어 있다. 관무에 꽃을 규칙적으로 배치하고 관 뒤로는 격자 문양을, 관무와 양주 사이에는 구름 문양을 덧붙였으며, 관의 양옆에는 꽃을 조각하여 비녀를 표현했다. 이목구비가 실감나게 표현되어 있고, 특히 입가의 미소는 밝고 친근한 느낌을 준다. 홀을 턱에서 떼어 가슴 아래로 잡고 있어 자연스럽고 편안해 보인다. 옷은 단령으로 폐슬과 후수 같은 조복의 구성물은 없다. 어깨 매듭과 가슴 옷고름으로 우임을 하고, 옷자락의 흐름을 유연하고 자연스럽게 표현했다. 소맷부리와 도련은 선각으로 표현했는데, 소맷부리는 옆으로 날리는 양식화된 표현에서 벗어나 자연스레 둥근 선을 그리며 아래로 가지런히 드리웠고, 포의 하단은 발등에서 살짝 뒤집힌 표현으로 변화를 주었다. 혁대는 몸에 밀착시켰으며 너비가 좁고 네 칸으로 나누고 그 안에 안상문양을 돋을새김하였다. 재료가 화강암으로 보기 어려울 만큼 전체적으로 표현이 유연하고 자연스럽다. 크기가 작고 밝은 표정을 짓고 있어 왕릉 석인상에서 흔히 볼 수 있는 장엄한 분위기는 없는데, 이러한 현상은 18세기 후반의 왕실 묘제 석물에 나타나는 특징이다.

　이렇게 초상 같은 문석인, 강아지처럼 천진난만한 표정의 석호, 털이 있는 듯한 느낌의 석양, 그리고 석마 다리 사이의 원추리 표현 등은 이미지를 도안한 화원과 조각을 한 석수가 일체가 되어 제작한 결과로 볼 수 있는데, 이는 화장 김덕령金德齡이 석물의 기화와 조각을 겸했고, 결국,『승정원일기』에서 언급했듯이 최천약의 팀이 만들었기에 모든 게 최상의 작품이 되었다.[82]

128. 수경원 전경

8. 수경원 綏慶園

수경원은 영조의 후궁이자 사도세자의 생모인 영빈 이씨映嬪李氏 (1696~1764)의 무덤이다.(도 128) 원래는 연세대학교 루스채플 자리에 있었으나 서오릉 경내 명릉과 익릉 사이로 이장되었다.83 영빈 이씨는 영조와의 사이에 1남 6녀를 두었는데, 영조의 뒤를 이어 왕이 된 정조가 손자이다. 영조가 지은 묘지墓誌에 따르면, 영빈 이씨는 6세에 궁궐로 들어와 21세에 영조의 후궁이 되고 정 2품 숙의에 봉해졌다. 이후 종 1품 귀인으로 품계가 올랐으며 35세에는 후궁 중에서 가장 높은 품계인 정 1품의 빈嬪에 올라 영빈으로 봉해졌다. 아들 사도세자가 죽은 지 2년 만인 1764년 7월 26일 경희궁 양덕당에서 69세의 일기로 생을 마감했다. 영빈 이씨가 죽자 영조는 비문을 지었으며 1765년 7월 11일 의열義烈이라는 시호를 내렸다. 그리고 정조 때 묘호廟號를 선희궁宣禧宮으로 정했다.

영조는 영빈 이씨의 묘에 특별한 관심을 기울였다. 장례는 군을 동원하여 일등급의 예장으로 치르고 직접 제문을 지었으며, 신하들의 반대에도 불구하고 전례 없이 후궁의 발인에 친히 나가고자 했다.[84] 8월 30일에 장사를 치르기 전에 영빈 빈소에 들르려는 것을 신하들이 말리자 "영빈을 어찌 다른 후궁과 똑같이 볼 수 있겠는가?"라고 물리쳤다고 한다. 9월 3일에는 영빈 이씨에 대한 표의록表義錄을 지어 사고에 보관하도록 했는데, 표의록은 아들 사도세자의 죽음을 겪은 영빈의 일을 서술한 것으로 '의리를 뚜렷이 드러낸다'는 의미이다. 그리고 영빈의 묘소를 서교西郊의 연희궁延禧宮으로 정하라고 명한 다음 하교하기를, "땅은 양주 땅이지마는 도성과의 거리가 아주 가까우니, 모든 물건의 제공을 경기 고을에 부담시키지 말고 임신년의 관례에 따라 경사京司에서 거행하도록 하라."라고 하였다.[85]

1778년에 정빈 이씨묘를 수길원으로 봉원하면서 영빈 이씨묘인 의열묘도 봉원할 것을 함께 검토한 적이 있었지만, 영조가 정한 궁원의 법제에 맞지 않는다고 하여 중단되었다.[86] 영조는 영빈 이씨의 장례를 끝내고 묘를 원으로 봉원하길 바란다는 내용의 유교를 직접 써서 해조에 간직해 두라고 명했다.[87] 그러나 사도세자는 왕이 되지 못하고 세자의 신분으로 죽었기 때문에 후궁이었던 그의 생모의 무덤은 결국 원으로 봉원되지 못했다. 하여 영조의 뜻이 물거품이 될 수도 있었지만, 고종이 1897년 조선을 대한제국으로 선포하고, 1899년 사도세자의 묘호廟號를 장종莊宗으로 올리고 현륭원을 왕릉으로 격상하여 융릉隆陵으로 추숭하게 되니[88] 영빈 이씨도 왕의 사친이 된 것이다. 고종은 영빈 이씨묘를 원으로 추봉하고 원호는 수경원으로 하고 궁호는 선희궁을 그대로 썼으며, 소유昭裕라는 시호도 추가로 올렸다. 이때 고종은 "영빈을 원으로 봉하는 일은 이미 영묘조의 유교가 있었다."는 사실을 강조했다.[89]

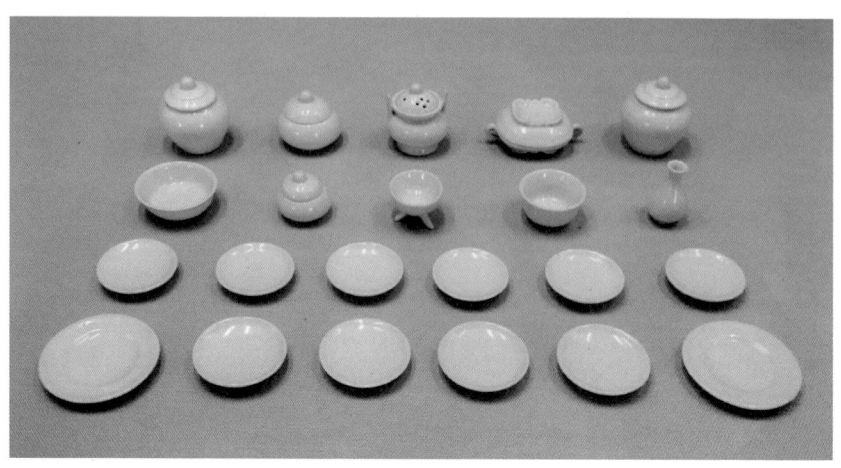

129. 영빈 전의이씨 명기, 연세대학교 박물관

수경원은 가장 최근에 이장되었다. 초장지가 도심화되자 1970년 9월 8일에 원을 관리하던 전주 이씨 대동종약원에서는 "난립한 주택으로 시계가 막혀 능의 권위를 잃어버렸다"는 이유로 문화재관리국의 지원을 받아 서오릉으로 이장을 했다.[90] 봉분이 있던 바로 그 자리에 루스채플이 건립되어 있다. 이장하면서 발굴된 명기는 연세대학교 박물관에 소장되어 있어서 당시의 부장품을 알 수 있다.(도 129)

수경원의 구성 및 상설

서오릉 수경원에는 사대석이 없는 둥근 봉분이 조성되어 있고 봉분 주위에 석양과 석호가 한 쌍씩 배설되어 있으며 그 바깥으로는 곡장이 감싸고 있다. 봉분 앞쪽으로는 한 단 아래에 묘표와 혼유석, 상석, 향로석, 장명등이 차례로 놓여 있으며, 좌우에는 망주석, 문석인, 석마가 한 쌍씩 가지런히 세워져 있다. 그리고 무덤 입구 동편에는 옥개석을 갖춘 비석이 하나 더 있다.(표 22)

표22 수경원 상설

명칭	수량	크기(cm)	재료	제작년도	특징
비석	2			1764 / 1899	봉분 정면 1, 입구 1
구 혼유석	1	25×116×49	화강암	1764	
혼유석	1	41×155×94	화강암	1764	구(舊) 상석
향로석	1	48×37×37	화강암	1764	
망주석	2	177	화강암	1764	세호 없음
장명등	1	174	화강암	1764	4각형, 연봉 소실
석양	2	68×123×40	화강암	1900	
석호	2	38×120×37	화강암	1900	
석마	2	77×142×44	화강암	1900	
문석인	2	183×66×50	화강암	1764	양관조복

정자각과 비각은 무덤과 상관없이 원래 자리에 보존되어 있다.(도 130) 연세대학교 교내에 있는 수경원의 정자각과 비각은 1899년에 봉원하면서 건립한 것이다. 실록을 살펴보면, 고종이 "경오년(1870)에 공덕리孔德里에 갔을 때 보니 원소園所에는 정자각이 있었으나 선희궁 묘소에는 없었다."하니, 도제조 윤용선이 "원을 봉하기 전의 상설은 의당 그러한 것입니다."라고 아뢰었다.[91]

130. 수경원 정자각과 비각, 연세대학교

이와 같이 실태를 파악한 고종은 소령원과 휘경원의 규례대로 수경원에도 정자각과 비각을 신축하라고 명했다.⁹² 그리고 정자각의 상량문 제술관으로는 김학진金鶴鎭을, 서사관으로는 조희일趙熙一을 임명하여 건축했다.⁹³ 『수경원지』에 의하면 봉원 이전부터 연지蓮池가 있었고, 봉원을 하면서는 제청의 용도가 없어지고 기존 재실도 오래되어서 복금당福錦堂을 재실로 삼았다고 밝히고 있다.

131. 수경원 표석

현재 서오릉의 수경원 입구에 비각 없이 세워져 있는 비석은 옥개석과 비신과 받침돌로 구성되어 있으며, 비명은 '대한소유영빈수경원大韓昭裕暎嬪綏慶園'이라고 새겨져 있고 '光武三年己亥十一月'이라는 날짜가 기록되어 있어서 1899년 봉원 시에 건립되었음을 알 수 있다. 봉분 앞의 옥개석을 갖춘 묘표는 1764년(영조 4) 9월에 제작한 것으로, 앞면에 '영빈전의이씨지묘暎嬪全義李氏之墓'라고 적혀 있어 영빈 이씨 의열묘 석물임을 알 수 있다.(도 131) 뒷면에는 음기가 새겨져 있는데 비문과 글씨는 모두 영조가 직접 글을 짓고 글씨를 쓴 것으로 영조가 영빈 이씨를 얼마나 애틋하게 생각했는지를 짐작할 수 있다.

묘제로 조성되었던 봉분 앞 제향석의 체제는 소령원과 마찬가지로 표석, 혼유석, 상석, 향로석이 일체로 연결되어 있으며 이들은 모두 표면을 곱게 연마한 쑥색 화강암이다.(도 132) 묘에서 원으로 승격되면서 상석이 혼유석

132. 수경원 봉분 앞 석물

으로 그 기능이 바뀌었고 고석 없이 높은 하전석으로 받쳐져 있다. 수경원은 고석이 없는 유일한 원이다. 향로석은 육각이며 판면, 허리, 운족으로 구성된 목제 향상의 형태를 띠고 있는데, 전체적으로 균형이 잘 잡혀 있고 단아하다.

망주석(도 133)은 돌의 종류와 곱게 연마한 가공 기법에서 상석, 향로석 등의 제향 석물들과 동일하다. 원수 아래 연주의 자리에는 가는 선을 둘렀고, 염의의 상단에는 두 줄의 선각 외에는 운각이나 세호 등 어떠한 장식도 없으나 균형이 잘 잡혀 있어 정성을 들인 느낌이 든다. 이와 같이 단순한 형태의 망주석은 일반 묘제 석물에서도 볼 수 있는 것이기 때문에 이것으로 제작연대를 확정할 수 없지만, 제향 석물들과 동일한 석질인 것으로 보아 초장 시에 조성한 석물로 추정된다.

133. 수경원 망주석 　　　　134. 수경원 장명등

장명등(도 134)은 사각장명등으로 개석과 체석을 분리해서 제작했으며, 현재 정자석의 원수가 파손되어 있다. 체석에 비하여 개석이 작지만 전체적으로는 안정감이 있다. 개석은 이중 합각으로 건축적이며, 처마의 곡선은 중간의 수평면 없이 전체가 역아치형의 곡선을 이루고 있다. 이러한 개석은 기본적으로 의령원 것과 동일하나 박공널의 수직판 묘사에서 차이가 난다. 화창은 아래쪽으로 처졌다. 상대 상단에는 복련을, 하단에는 앙련을 새겼으며 네 면에는 좌우 대칭으로 모란 문양을 새겼다. 중대 안상 속은 여의두형을 양각하고 모서리는 연주로 장식했다. 하대의 어깨에는 복련을 두르고 운족을 길게 해서 안정감을 주었으며, 운족 사이에 초형 장식을 새기지 않았다. 이는 2년 전에 만들어진 아들 사도세자의 수은묘에 설치했던 장명등(현재 휘경원 장명등)과 동일한 양식이다.

석양(도 135)은 전체적 유연성이 거의 없이 뻣뻣하고 평평하며, 몸에 비해 머리는 이마와 뿔 그리고 입이 덩어리로 분명하게 구분되어 있다. 뿔은 단면이 평평하게 각이 지고 마디가 희미하며, 아래로 처진 귀는 뿔을 따라 뒤로 휘어 올라가 있다. 다리 사이의 초형 장식은 생략되었다. 튀어나온 이마와 부풀어 오른 배, 대나무 마디 같은 관절의 표현은 홍원(1898)의 석물과 같은 유형으로, 이 석물은 봉원 후 1900년에 설치한 것으로 판단된다.[94]

석호(도 136)는 수경원을 처음 조성하던 시기인 순강원이나 수은묘의 석호와는 양식적으로 완전히 다른 유형이다. 호랑이의 해부학적 구조가 표현되지 않았고 얼굴은 입체감 없이 평평하며, 꼬리도 뻣뻣하고 둔중하다. 이는 어린이대공원에 진열해 놓은 유강원(1904)의 석호와 같은 양식으로, 봉원 이후 1900년에 세운 석물로 보인다.

석마(도 137) 역시 비례와 자세가 부자연스럽다. 몸에 비해 머리가 큰 편이고 목이 길며 뻣뻣하다. 눈동자도 표시만 날 정도로 얕게 조각되어 있고 귀는

135. 수경원 석양

136. 수경원 석호

137. 수경원 석마

삼각형으로 단순화되어 있으며, 다리 사이에 초형 장식은 없다. 전체적으로 입체감 표현이 어색하고 다리의 관절이 표현되어 있기는 하지만 왕실무덤의 조각 수준에는 미치지 못한다. 경직된 자세, 대나무 마디처럼 유연성 없이 표현된 발굽과 관절, 평면적인 몸통 등은 홍원의 석물과 같은 양식으로, 봉원 이후 1900년에 설치한 석물이라고 하겠다.

문석인(도 138)은 양관조복형인데, 얼굴의 묘사와 인체의 볼륨감이 실제 인체에 가깝고 관복의 묘사도 구체적이다. 관은 2량 관으로 양은 도드라지게

138. 수경원 문석인

표현되어 있으며 이마의 관무와 뒤의 구름문양을 비롯해서 비녀와 술 장식이 섬세하게 묘사되어 있다. 두 손으로 잡고 있는 홀 밑으로 대대를 늘어뜨리고 소매를 둥글게 표현하여 부드러운 인상을 준다. 뒷모습에서는 혁대를 허리에 밀착시켜 인체의 볼륨감을 표현했으며 후수 역시 구체적으로 표현되어 있는데, 해와 구름 장식의 자수 아래에 환이 묘사되고 그 아래로 청사망과 술이 묘사되어 있다. 패옥은 혁대 끈과 연결하여 사각형과 작은 원으로 표현하고 끝에는 긴 직사각형 장식을 달았다. 일반적으로 문무석인은 사각 덩어리 느낌이 강한데, 이 문석인은 둥글고 유려한 곡선이 살아 있으며 밝은 미소를 짓고 있는 것이 특징이다. 얼굴의 표정, 관과 복식, 문양 등에서 김성응(1764년 졸, 남양주)묘의 문석인(도 149 참조)과 서로 구별하기 힘들 정도로 유사하여 같은 석수의 손에 의해 완성되었으리라 추측된다.

9. 효창원 孝昌園

현재 서삼릉 관리소의 뒤편으로 2기의 원이 특별한 경계 표시 없이 앞뒤로 조성되어 있다. 2기 중에서 뒤편(산줄기의 경사로 보면 약간 상단)에 위치한 무덤이 앞서 언급한 의소세손의 의령원이고, 그 앞에 있는 무덤이 문효세자文孝世子(1782-1786)의 효창원이다.(도 139) 그러니까 이는 정조의 친형과 아들의 무덤으로, 이들 원소의 피장자는 백부와 조카 사이가 된다. 정조와 효의왕후 사이에는 자녀가 없었고, 의빈 성씨가 낳은 아들이 문효세자 순暲이다. 궁인이었던 의빈 성씨는 세자를 낳고 그날로 정 3품의 소용昭容으로 올랐다. 문효세자는 1782년(정조 6) 9월 7일에 창덕궁에서 출생하여 3살에 세자로 책봉되었으나 1786년(병오) 5월 11일 홍역으로 창경궁 자경전에서 5살의 나이에

139. 효창원 전경

세상을 떠났다.⁹⁵ 문효세자의 사망으로 정조는 대를 이을 아들이 없다가, 문효세자 사망한 지 4년 후에 수빈 박씨와의 사이에 낳은 차남 공玜이 왕위를 이어받아 제23대 왕 순조純祖(1790~1834; 재위 1800~1834)가 된다.

　문효세자의 시호는 온효溫孝였다가 다시 문효로 정해졌는데, '문文'은 강유剛柔가 서로 고른 것을, '효孝'는 자혜慈惠로 부모를 사랑하는 것을 의미한다.⁹⁶ 내묘內廟와 외묘外墓의 호를 정하면서 내묘인 사당의 명칭을 '궁宮'으로 하느냐 '묘廟'로 하느냐 하는 논의가 있었다. 1764년 영조의 후궁 영빈 이씨의 묘는 원이 아님에도 사당을 의렬궁이라고 불러왔기 때문이다. 그러나 육상궁·경모궁을 봉원하기 전에는 내묘를 묘廟라고 일컬었지 '궁宮'이라고 일컫지 않았다고 하여, 내묘를 문희文禧로, 외묘를 효창孝昌으로 정했다.⁹⁷

　효창묘는 궁궐과 가까운 위치, 지금은 효창공원이 된 고양군 율목동栗

木洞에 조성했다. 장례 당시에 세자는 원제의 적용 대상이 아니었기 때문에 묘제로 조성했다가 1870년 12월에 고종의 '오묘오원' 추숭에 따라 효창원으로 봉원되었다. 내묘인 문희묘는 궁이 아닌 묘廟로 남아 있다가 의소세손懿昭世孫의 영소묘永昭廟와 합쳐졌으며, 1908년 황실의 제사 제도를 개정하면서 신위를 무덤 앞에 묻었고 사우는 훼철되었다.[98] 효창원은 일제강점기인 1944년 10월 9일에 서삼릉의 의령원 아래로 이장되었다.[99]

효창원의 구성 및 상설

효창묘의 조성과정은 『문효세자묘소도감의궤』를 통해 비교적 상세히 알 수 있다. 문효세자가 5월 11일에 죽자 26일에 율목동으로 장지를 정했다. 7월 26일 정자각과 비각 단청을 마치고 7월 29일에는 묘혈을 팠다. 윤7월 5일에 반월형半月形의 봉분을 쌓고, 윤7월 19일에 발인하여 20일에 봉분을 완성하였다. 혼유석, 장명등, 석양을 설치 완료하기까지는 석 달이 넘는 95일이 걸렸다.

명기나 제반 제도는 『국조상례보편』을 따랐다. 세부 사항은 1752년 의소세손 장례 전례를 따르기보다는 같은 세자상世子喪인, 1728년 영조의 장남 효장세자의 상례를 그대로 따랐다. 묘를 만들기 위한 공사 규칙을 정하기도 했는데, 묘소 역군役軍은 영조의 원릉(1776)을 조성할 때처럼 당시 관례에 따라 승군僧軍을 제외하고 모군募軍을 공역에 동원시켰다. 석물을 운반하는 썰매雪馬나 동차童車를 만드는 데 소용되는 나무는 전례에 따라 개인이 비축한 것을 가져다 쓰거나 대부가大夫家의 묘산을 막론하고 베어다 쓰고, 역군들을 치료할 약은 각 해사該司로 하여금 준비하게 한다는 등의 내용도 포함되어 있다.[100]

석물은 모두 도성 안과 강상江上의 개인 것을 사서 조성했다고 밝히고 있는데,¹⁰¹ 조각의 품질과 공장의 기록으로 보아 완성품을 구입한 것이 아니라 석재를 구입했음을 짐작할 수 있다. 도제조 서명선徐命善과 홍락성洪樂性 지휘 하에 석물을 제작한 부석소는 대·소부석소로 나누기 않기로 했으나 실제로는 나누어서 시행했다. 의궤 상전賞典에 따르면, 석수 90명과 화장 8명이 석물을 제작했는데, 별간역 류혜근柳惠根과 석수 편수 김대휘金大輝 외 21명이 1등상을 받았고, 2등상은 35명, 3등상은 33명이 받았다. 공장 명단에는 대부석소와 소부석소로 이들 명단을 분리해서 기록했다. 『문효세자묘소도감의궤』는 도설과 일정 등의 기록이 특히 상세한데, 석물의 크기가 도설과 대부석소 항목에 같이 실려 있기도 하다. 이들을 비교해 보면, 화원이 기록했을 도설보다는 현장에서 작업한 대부석소의 기록이 실제 석물에 더 가깝다는 사실을 확인할 수 있다. 도설과 실제 사이에 차이가 생긴 것은 도설의 도상이 『국조상례보편』에서 베낀 것이기 때문으로 추측된다.⟨표 23⟩

현재 효창원 앞에 재실이 있지만, 홍살문과 정자각 등 제향공간은 없다. 정자각은 승원하기 이전에 효창묘에 이미 세워져 있었을 것이다. 고종이 1899년에 수경원의 추봉을 의논하는 과정에서 "경오년(1870)에 공덕리에 갔을 때 보니 원소에는 정자각이 있었으나 선희궁 묘소에는 없었다."라고 언급

표23 『문효세자묘소도감의궤』의 기록 비교

구분	도설	대부석소	현재 석물 실측
羊石	高三尺 長三尺八寸 廣一尺三寸	高二尺三寸 長三尺八寸 廣一尺四寸	68×117×46cm
虎石	高前二尺七寸後一尺五寸 長三尺 廣一尺二寸	高二尺一寸 長三尺七寸 廣一尺三寸	63×105×40cm
石馬	高三尺 長四尺七寸 廣尺四寸	高二尺七寸 長四尺五寸 廣一尺四寸	76×140×45cm
文石	長六尺五寸 廣上尺五寸下二尺 厚上尺三寸下尺七寸	長五尺 廣一尺七寸 厚一尺五寸五分	153×52×43cm

한 대목에서[102] 고종이 공덕리에서 보았던 원소는 효창묘이며, 실제『문효세자묘소도감의궤』에는 정전 3칸 배위청 2칸의 정자각을 세우고 첨계석과 주초는 소부석소에서 만들었다고 기록되어 있다. 의궤 도설의 정자각 그림에는 취두와 용두 및 잡상까지 묘사되어 있는데, 잡상은 정전에만 네 귀퉁이에 3개씩 12개를 배치했다. 그러나 번와소에서는 취두와 용두는 각각 3개와 6개로 실제와 일치하지만 잡상은 36개로 2배수를 만들었는데, 1755년에 순강원을 봉원할 때도 이와 동일한 숫자였다. ⟨표 24⟩

비석은 표석과 신도비를 건립했다. 의궤 상설조에 따르면, 신도비는 예조판서 윤시동尹蓍東의 건의로 소령원처럼 입구에 세우기로 하였고 신도비문은 정조가 지었다. 지금은 원의 재실 앞에 세워져 있다. 표석은 사모합각의 옥개석 아래에 비신과 높은 농대석이 받치고 있다. 표석의 비문은 '조선국문효세자효창묘朝鮮國文孝世子孝昌墓'이며, 비음에는 문효세자의 간략한 이력과 고양 율목동에 장사한 내용이 적혀 있다. 현재는 봉원한 이후에 조성한 효창원 비가 사초지 동편 망주석 뒤에 세워져 있다.

혼유석은 1787년에 재설치한 것이다. 처음의 것은 초장 다음 해인 1787

표24 효창원 상설

명칭	수량	크기(cm)	재료	제작연도	특징
비석	2			1786	표석 및 신도비
혼유석	1	53×172×109	화강암	1786	5면 연마
고석	4	29	화강암	1786	
망주석	2	157×65×65	화강암	1786	세호 좌승우강, 망대 46×65×65cm
장명등	1	190×72×72	화강암	1786	4각형, 격석 폭 42cm
석양	2	68×117×46	화강암	1786	
석호	2	63×105×40	화강암	1786	
석마	2	76×140×45	화강암	1786	
문석인	2	153×52×43	화강암	1786	양관조복(의궤 도설에는 복두공복)

년에 하마비를 세우면서 동구 밖 정결한 곳에 묻었다는 기록이 있으나,103 현재는 이장되었기 때문에 별 의미가 없다. 처음 상석 전면에 새겼다던 '임좌王坐'라는 글씨도 현재는 없다. 검은 오석으로 된 혼유석은 5면에 광이 나 있으며 통으로 된 박석과 4개의 고석 위에 놓여 있다. 고석(도 140)은 높이가 29cm 정도로 작지만 공을 들여 조성했다. 상하단에는 양각으로 연주의 띠를 두르고 나어두를 4면에 조각했는데 코가 큼직하고 털을 단순화시켜서 귀면의 무서운 인상을 효과적으로 표현했다.

140. 효창원 고석

　망주석(도 141)은 대석과 석주를 분리하여 제작했으며 균형이 잘 잡혀 있다. 원수 아래 운각과 염의 표현은 기하학적이면서도 세부문양이 정교하다. 상대석에는 모란을 양각했으며 어깨에는 복련을 변형한 화문을 둘러서 화려해 보이는데, 상대에 모란을 새기는 것은 영조 원릉(1776)에서 본격적으로 등장한 왕릉 양식이다. 중대의 모서리는 연주로 장식하고 면에는 안상을 새겼으며, 하대에는 여의두문을 음각하였다. 세호(도 142)는 좌승우강의 형식으로 조각되어 있는데, 작지만 험상궂은 인상이며 등줄기가 뒤로 갈수록 점점 가늘어지고 꼬리는 가는 선을 중첩시켜서 묘사하여 부드러운 느낌을 살렸다. 이는 세호가 신수神獸의 형상에서 점차 다람쥐 형태로 변모하는 과정을 보여주는 흥미로운 사례다. 세호 다리의 위치를 좌우가 서로 다르게 조각하여 기어가는 형상으로 표현했고, 배를 살짝 들어 올린 모습으로 움직임을 강조함으로써 생동감이 느껴진다.

141. 효창원 망주석   142. 효창원 망주석 세호

　장명등(도 143)은 사각장명등으로 개석과 체석이 분리되어 있다. 개석의 처마 두께가 얇고 체석이 가늘어 날렵하고 단아하며 전체적으로 균형이 잘 잡혀 있다. 이러한 장명등 양식은 기본적으로 의령원에서 시작된 것인데, 여기에 새로운 요소가 가미된 것이다. 중첩된 합각의 구조적 요소와 추녀마루 끝 용두의 조각적 장식이 결합되어 있으며, 높은 정자석과 더불어 조형미가 돋보인다. 개석에 용두가 장식되는 것은 왕릉의 사각장명등에서는 찾아 볼 수 없으며, 묘제 석물로는 김약로金若魯(1753년 졸)묘의 장명등에서나 겨우 찾아볼 수 있을 정도이다. 원각사지 석탑 같은 불탑을 제외하면 이는 불교 석등의 개석에서도 보기 드문 사례로, 전통을 중요시한 왕릉 석물과는 달리 묘제 석물에서는 석수의 창의적인 시도가 가능했음을 의미한다. 새로운 요소는 원수 아래의 세 줄 선각, 망와의 화문 장식, 박공면의 삼보 장식 및 개석

143. 효창원 장명등

하단의 정밀한 수평 부재 등에서 볼 수 있을 뿐만 아니라 체석 곳곳에서도 확인할 수 있는데, 이러한 요소들로 효창원 장명등이 어느 장명등보다도 돋보인다. 화창은 화사석의 가운데 뚫렸으며, 격석 상단에는 복련을, 하단에는 앙련 모양의 연화를 새긴 점은 수경원 장명등과 같으나, 네 면에 좌우 대칭적으로 양식화된 모란문을 새긴 것 역시 새롭다. 중대 안상 속에는 용의 형태가 분명한 초룡을 양각했고, 하대의 어깨에는 운각과 여의두문을 새겼으며, 운족에는 가장자리를 따라서 이중으로 선각을 하였는데, 전체적으로 공을 들인 흔적이 역력하다. 『문효세자묘소도감의궤』 대부석소 도설을 보면, 격석에 모란문을, 중대에 초룡문을, 하대에 운각과 운족을 새긴다고 밝히고 있다.

　석양(도 144)은 의령원의 석양처럼 실제 양을 연상하게 할 정도로 사실적이고 균형이 잘 잡혀 있다. 몸의 양감처리가 자연스럽고 굴곡이 살아 있으며, 목보다 약간 처든 머리, 목 아래 늘어진 육수肉垂, 길어지고 통통한 배, 해부학적 구조가 자연스러운 다리 등은 왕릉의 석양보다도 실감나게 묘사되어 있다. 이 시기에 제작된 석양들은 조선시대 전체 석양들과 비교해 보면 사실성이나 양감 표현이 뛰어나며, 입가의 주름과 휘어진 코, 단면이 각이 지게 시작하여 둥글게 끝나는 뿔, 뿔 아래로 처진 귀 등 세부묘사도 사실적이고 자연스럽다. 다리 사이의 영지와 원추리가 결합된 초형 장식은 의령원 석양의 초형과 동일하다. 다만, 의령원의 초형이 난초에 가깝다면 효창원의 초형은 원추리로, 이러한 초형 장식은 단경왕후 온릉(1739)에서 처음 나타난다.

　석호(도 145)는 목 부분이 잘록하게 표현된 점이 특이한데, 18세기 후반의 왕릉 석호에도 동일한 양식적 특징이 보인다. 콧수염과 눈썹을 강하게 강조하고 동그랗게 뜬 눈과 삼각형 귀, 그리고 날카로운 발톱 등으로 무서운 느낌이 들도록 표현하려 시도한 듯하지만, 결과적으로는 다소 우스꽝스러운

144. 효창원 석양

145. 효창원 석호

146. 효창원 석마

모습이다. 석양에 비하여 실재감이 부족하고 조각 수준이 떨어지는데, 이는 호랑이에 대한 이해가 부족해서 생긴 결과로 보인다.

석마(도 146)는 몸의 비례와 해부학적 구조,

147. 효창원 석마 세부

입체감 표현이 자연스러워 석양과 더불어 석공의 뛰어난 조각 솜씨를 엿볼 수 있다. 얼굴 표현은 다소 불분명하지만, 뒷다리의 근육이 유기적으로 자연스럽게 표현되었으며, 꼬리도 땅에서 살짝 들려져 생기있어 보인다. 다리 사이 초형(도 147)은 석양의 초형과 비슷하나 모란과 난초를 결합한 특이한 문양이다.

문석인(도 148)은 금관조복형이며 양관의 관무에는 구름모양의 여의두문이 있고, 뒷부분은 덩굴 문양으로 장식했으며, 관의 측면 부분을 둥글게 말아 화려하게 장식했다. 오른쪽 어깨의 매듭과 겨드랑이 안쪽의 고름으로 우임右衽을 나타내고, 소맷부리와 도련에 선을 둘렀다. 홀은 상단을 둥글게 처리하고 하단은 각이 지게 했는데 하단이 상단보다 폭이 좁다. 등의 혁대는 네 칸으로 나누고 그 안에 안상을 장식했다. 그러나 『효장세자묘소도감의궤』 도설에는 양관이 아닌 복두에 폐슬을 한 모습인데, 이 도설은 『국조상례보편』(1758)을 그대로 모사했기 때문이다. 조각의 양식, 특히 포의 소맷자락이 둥글게 표현된 것은 수은묘(현재 휘경원, 1762), 수경원(1764), 김성응묘(1764)(도 149) 등 당시 묘제나 영조 원릉(1776) 문석인 등에 공통적으로 나타나는 특징이며 입가에 미소를 띤 얼굴 표현 역시 시대 양식이다.

148. 효창원 문석인

149. 김성응묘 문석인, 남양주

150. 휘경원 전경

10. 휘경원 徽慶園

경기도 남양주시 진접에 있는 휘경원은 정조의 후궁이자 순조의 생모 수빈 박씨綏嬪朴氏(1770~1822)의 무덤으로, 처음부터 원으로 조성된 첫 번째 원이다.(도 150) 수빈 박씨는 1770년(영조 46) 5월 8일에 돈령부판사敦寧府判事 박준원朴準源의 3녀로 태어나 1787년(정조 11) 후궁 간택에서 일등으로 뽑혀 수빈에 봉해져 가순궁嘉順宮이라는 궁호를 받았다. 1790년(정조 14)에 순조를 출산했으며, 1822년(순조 22) 12월 26일에 창덕궁 보경당寶慶堂에서 53세의 일기로 생을 마감했다. 12월 29일 원호는 휘경徽慶으로, 시호는 현목顯穆으로 정하고, 1823년 1월 22일에 양주 배봉산拜峯山 묘좌卯坐에 봉표를 하고 2월 27

일에 장사지냈는데, 이곳은 옛날 사도세자 영우원 자리의 왼쪽이다.[104] 신주는 경우궁景祐宮에 봉안했으며, 1908년에 육상궁毓祥宮에 합사하였다.

휘경원은 조성 이후에 두 번의 천봉이 있었다. 20세기 이전에는 왕릉의 천봉은 흔했지만 원의 천봉은 매우 드물었다. 휘경원은 초장 후 30여년이 지난 1855년(철종 6) 1월부터 10월에 걸쳐 양주의 순강원 오른쪽 언덕 간좌艮坐로 천봉했다. 그러나 인릉이 풍수지리적으로 좋지 않다는 말이 돌고 수릉과 휘경원도 함께 문제로 떠오르자 철종은 순원왕후純元王后(순조 비)의 자교를 받아 인릉 천봉에 앞서 수릉과 휘경원을 천봉하기로 하고 1855년 1월 18일에 천봉을 결정한다. 4월 16일에 옮길 자리에 봉표를 하고 7월 13일에 공사를 착수하여 10월 8일에 천장을 하고 11일에 모든 천봉 공사를 마친다.[105] 그러나 1863년(철종 14) 2월 7일에 또다시 풍수가들이 문제를 제기하자 이번에는 철종이 직접 천봉 결정을 내렸다. 천봉 장소도 인종의 천봉지를 간심하며 봐 두었던 양주 달마동達摩洞(남양주시 진접읍 부평동) 임좌壬坐로 정한다. 그리하여 3월 4일 봉표하고 3월 12일 공사를 시작하여 5월 8일에 재천봉하여 현재의 위치에 소재하게 되었다.[106]

휘경원의 구성 및 상설

세조 광릉에서 멀지 않은 곳에 위치해 있는 휘경원은 홍살문, 정자각, 원침이 한 축으로 조성되어 있다. 금천교를 건너 홍살문 안의 향어로를 지나 정자각에 이르면 동편에 비각이 있으며, 향어로는 서편에도 박석을 깔아서 추가 답도가 조성되어 있다. 향어로 좌우에는 수복방과 수라간의 주초들이 남아 있다. 정자각 뒤 신교 좌우에는 산신석과 예감이 있으며, 높은 사초지 위에는 사대석을 두른 봉분이 있다.(도 151) 봉분 정면에는 4개의 고석으로

151. 휘경원 원상

표25 휘경원 상설

명칭	수량	크기(cm)	재료	제작연도	특징
비석	1			1864	
혼유석	1	48×240×152	화강암	1762	5면 연마
고석	4	37×55×55	화강암	1762	하박석 2개
망주석	2	230×65×65	화강암	1762	세호 없음
장명등	1	210×80×80	화강암	1762	
석양	2	66×122×35	화강암	1762	
석호	2	71×110×35	화강암	1762	
석마	2	83×145×40	화강암	1762	
문석인	2	167×50×48	화강암	1762	복두공복

받친 혼유석이, 그 좌우에는 망주석이 있으며, 망주석 뒤로 석양과 석호가 1쌍씩 봉분을 수호하고 있고 이들을 곡장이 감싸고 있다. 계체석으로 한 단 내려서 가운데에 장명등을, 좌우에 문석인과 석마 한 쌍을 배치한 구조로, 전형적인 조선 원제의 상설을 갖추고 있다. <표 25>

휘경원의 석물들은 휘경원 조성 당시에 제작된 것이 아니라 피장자의 시아버지인 사도세자의 수은묘(1762)에 배설되었던 석물들이다.[107] 이처럼 이전의 석물을 재사용한 예는 조선왕실 무덤에서 종종 볼 수 있다. 예컨대, 효종의 영릉 석물을 현종의 숭릉(1674)에서 재사용했으며, 19세기에 조성된 순조 인릉과 철종 예릉에서도 그런 일이 있었다.[108]

의궤와 실록에는 휘경원을 조성할 때 수은묘의 석물을 재사용했다고 밝히고 있다. 『휘경원원소도감의궤』에는 "기유己酉(1789)년에 옮겨간 구舊영우원의 석물이 석품石品과 조각이 모두 정미精美하다"는 언급과 함께 "그 석물을 옮겨 쓰기로 하였으며, 영우원의 석물을 세척하고 다듬어 사용하였다"는 기록이 있다.[109] 또 『조선왕조실록』에도 "휘경원의 원소園所의 석물石物은 기유년에 영우원永祐園 옮길 때 묻어 둔 옛 것을 다듬어서 쓰라"고 순조가 명했음이 기록되어 있다.[110] 정조가 즉위하고 나서 사도세자의 수은묘를 영우원으로 봉원하였다가 화성으로 천장하여 현륭원을 조성할 때 석물들을 완전히 새로 조성했기 때문에 원래 석물들은 땅에 묻어두었는데,[111] 그 근방에 휘경원을 조성하면서 이 석물들을 꺼내서 사용한 것이다.

휘경원은 두 번이나 천장했기 때문에 현재 배설되어 있는 석물들이 수은묘 석물인지 아닌지를 검증할 필요가 있다. 물론 천봉의궤에는 원래 석물을 그대로 사용했다고 기록되어 있다.[112]

우선 문석인을 살펴보면 다소 복잡하면서도 흥미로운 사실을 발견하게 된다. 현재 휘경원에 있는 문석인은 복두공복형인데, 『휘경원원소도감의궤』에는 금관조복형 문석인으로 도설되어 있어 실제 석물과 일치하지 않는다.(도 152) 또한 휘경원에 있는 석물의 치수가 휘경원 의궤에 기록된 치수와 일치하지 않고 오히려 수은묘 의궤에 기록된 치수와 일치한다.[113] (표 26) 그러나 실제 석물의 도상을 보면, 휘경원의 복두형 문석인은 1752년에 조성된 의소

152. 휘경원 문석인과 『휘경원소도감의궤』 도설 비교

표26 수은묘 의궤 기록과 휘경원의 석물 치수 비교표

구분	수은묘 의궤	실물(휘경원)	휘경원 의궤
문석인 키	약 167cm(5척4촌)	약 167cm	약 190cm(6척2촌)
혼유석 너비	약 236cm(7척6촌)	약 239cm	약 279cm(9척)
장명등 높이	약 211cm(6척8촌)	약 204cm	약 260cm(8척4촌)

세손 의궤 도설의 복두형 문석인과 닮았다.(도 153) 흥미롭게도 현재 의소세손의 무덤인 의령원 문석인은 금관조복형이다. 이러한 불일치를 보이는 것은, 실제 의소세손의 문석인은 당시 묘제 석물에 걸맞은 금관조복형을 세웠지만 의궤를 편찬할 때는 당시에 새로 마련한 『국조상례보편』을 저본으로 삼았기 때문일 것이다.

153.「국조상례보편」에 실린 의소세손묘(1752) 문석인 도설, 1758

수은묘의 문석인을 제작할 때 의소묘 문석인보다 약간 크게 하라는 내용이 기록되어 있는데,[114] 당시에 의소세손의 실물 문석인이 아니라 의궤의 도설과 기록을 참고해서 제작했을 것이다. 이러한 과정에서 수은묘의 문석인은 의궤 도설에 있는 복두공복형으로 조성되었을 것이다. 휘경원이 조성된 1823년은 원의 문석인은 물론 왕릉 문석인도 금관조복형으로 조성되던 시기였기 때문에 휘경원에 복두형 문석인을 조성했을 가능성은 희박하다. 현재 휘경원의 문석인을 보면, 얼굴의 미소, 홀을 든 자세, 인체 비례에서 수은묘가 조성되기 5년 전인 1757년에 조성된 영조의 원비 정성황후의 홍릉弘陵 문석인과 같은 유형이다.(도 154) 게다가 석수 조각은 조선왕릉 석수 표현에서 보기 드물게 사실적이고 생동감이 있는데, 이는 현륭원의 석수를 포함한 18세기 후반 석수의 표현과도 일치한다. 따라서 조형적 특징에 있어서도 현재 휘경원에 배설되어 있는 석물들은 수은묘의 석물들임을 알 수 있다.

그렇다면 우선 수은묘의 상설 조성 과정을 살펴볼 필요가 있다. 『사도세자묘소도감의궤』에는 석물의 도설은 없지만, 조성된 석인과 석수 각 1쌍의 종류와 치수는 물론 공장들의 명단이 수록되어 있다. 석수 편수는 김천석金千碩이고,[115] 주요 석수로는 20여 년 후 효창원 대부석소 편수를 맡은

154. 정성왕후 홍릉 문석인, 1757

155. 휘경원 혼유석

김대휘金大輝가 등장하며, 효창원과 같이 50명의 석수 이름이 기록되어 있다.

석물과 달리 정자각과 비각의 건축물은 수은묘의 것이 아니다. 조성소에서 1823년 1월 4일에 시작하여 3월 3일까지 홍살문과 비각 등을 모두 완성했다. 그러나 수라간과 수복방은 만들지 않았다. 정자각 계단의 소맷돌에는 회오리 모양의 구름 문양이 가득하고, 비각 안의 비석은 재천봉을 마친 1864년에 세운 것으로 비음에 천봉의 역사를 기록해 두었다.

156. 휘경원 고석

봉분에는 사대석을 낮게 설치하고 아래에 박석을 깔았는데, 이러한 봉분 형식은 드물다. 비록 수은묘의 석물을 사용했지만 처음부터 원으로 조성한 무덤이기 때문에 혼유석과 망주석을 모두 상계에 배설하는 방식 등 석물의 수와 배치에서 조선왕실 원제 무덤의 표준이 되고 있다. 혼유석(도 155)은 고운 회색의 화강석이며 5면에 윤을 냈다. 폭이 239cm로 『국조상례보편』의 8.56척보다 약간 작게 만들었다. 고석(도 156)도 높이 1.3척의 『국조상례보편』의 기록보다 약간 작은 37cm이며, 북의 상하 테두리를 크게 하고 나어두를 테두리에 걸치게끔 크게 조각했다. 나어두는 굵은 코와 왕방울 눈이 특징이고 위아래 사이의 면이 넓어서 전체가 공이 아닌 북의 형상을 띠고 있다. 크기의 비례는 의령원의 고석과 동일하며, 이는 이후 왕릉인 영조 원릉으로 이어진다.

망주석(도 157)은 대석과 석주를 분리한 형식이며 세호는 생략되어 있는데, 의궤에 도설이 없는 탓에 처음부터 없었는지는 불분명하다. 원수 아래에는

157. 휘경원 망주석   158. 휘경원 장명등

한 줄 띠를 두르고 운각은 특이하게도 여의두문을 서로 겹치지 않게 표현했다. 또 염의는 가는 선으로 형태만 묘사했다. 대석은 상대 윗면에 연판을 얹고 옆면 안상 속에는 여의두문을 넣었는데, 이는 정성왕후 홍릉(1757)의 망주석과 동일한 문양이다. 그러나 하대는 홍릉 것과 달리 문양이 생략되었다.

사각장명등(도 158)은 의령원(1752)과 수경원(1764) 장명등의 절충 양식으로 개석과 체석을 분리해서 제작했으며 전체적으로 비례가 안정적이다. 개석은 2중 합각으로 매우 건축적인데, 기본적으로 의령원 장명등과 동일하다. 처마의 곡선은 중간의 수평면 없이 전체가 역아치형의 곡선으로 처리되어 있다. 화창은 화사석의 중앙에 위치해 있고, 격석 상하단에는 장식 없이 4면을 모란꽃으로 장식했다. 중대 안상 속에는 여의두형을 양각했으며, 하대의 운족은 사이에 장식 없이 가늘고 길게 처리해서 경쾌해 보인다. 이 시기의 원의 장명등은 2미터 정도의 높이로 크지 않은 편이지만 균형이 잘 잡혀 있다.

석양(도 159)은 다리가 날씬하면서도 해부학적 구조가 잘 표현되어 있으며 뿔이나 얼굴 묘사도 자연스럽다. 고개를 숙이지 않고 편안하게 앞을 보고 있고, 입가의 주름이나 눈, 귀, 뿔 등의 세부 표현 역시 자연스럽다. 이 석양은 석호와 더불어 조선시대 능묘에 배설된 석수 조각 중에서 조형적으로 최고 수준이라 할 만하다. 왕릉 석물 역시 18세기 후반에 조성된 석수들이 가장 입체적이면서도 안정감이 있다. 다리 사이에 초형 장식은 없는데, 왕릉 석양에는 초형 장식이 생략된 경우가 없으나, 순강원, 소령원, 수경원에 배설된 석수에서는 생략되었다.

석호 역시 조형적으로 균형이 잘 잡혀 있다.(도 160) 소령원 및 의령원의 석호와 비슷하게 전통적인 도상에서 벗어나 강아지같이 귀여운 아기호랑이로 표현되어 있다. 특히 석호의 머리 부분(도 161)에서 눈, 코, 수염이나 어금니 등의 입체감이 자연스럽게 표현되고 웃는 듯한 모습이 실감나게 표현되어 있어 비록 호랑이의 위엄은 없지만 귀엽고 사실적이다.

석마(도 162)는 머리, 어깻죽지, 엉덩이 부분이 위로 살짝 솟은 말의 해부학적 구조가 잘 표현되었으며, 앞다리는 수직이고 뒷다리는 S자형으로 되어 있어 자세가 안정적이고 실재감이 난다. 관절과 털의 자연스러운 묘사, 그리고 몸의 굴곡을 과장하지 않으면서 말의 근육을 실

161. 휘경원 석호 세부

159. 휘경원 석양

160. 휘경원 석호

162. 휘경원 석마

감나게 묘사하려는 석공의 의지가 엿보인다. 특히 이마의 머리털과 발굽의 묘사가 인상적이며, 석양과 마찬가지로 다리 사이에 초형 장식은 없다.

문석인(도 163)은 복두공복형으로, 수은묘에 배설되었던 석물이지만 당시 일반적인 묘제 문석인의 금관조복형은 아니다. 그러나 전체적으로 사실적이고 정교한 수법뿐만 아니라, 홀을 턱에 붙이지 않고 서 있는 편안한 자세, 인체 굴곡의 유연한 표현, 자연스럽게 늘어진 소맷자락, 입 꼬리를 올린 얼굴의 미소 등은 18세기 후반 문석인의 전형적인 특징을 지니고 있다.

163. 휘경원 문석인

11. 흥원 興園

흥원은 흥선대원군興宣大院君 (1820~1898) 이하응李昰應(도 164)의 무덤으로, 경기도 남양주시 화도에 있다. 흥선대원군은 1820년(순조 20) 12월 21일에 안국동에서 남연군南延君의 넷째 아들로 태어나 1843년(헌종 9)에 흥선군으로 봉해졌으며, 1863년 12월 초에 철종이 사망하자 둘째아들 재황載晃을 익종(문조)과 신정왕후(조대비)의 양자로 입적시켜 왕(고종)으로 등극할 수 있도록

164. 흥선대원군

하였다. 고종이 대한제국을 선포하자 황제의 사친으로서 왕의 칭호를 받기도 했는데, 순종이 즉위한 후 1907년 8월 24일(양력 10월 1일)에 대원왕大院王으로 추봉된다.[116] 그러나 대원군을 왕으로 존봉하는 절차를 시행하라고 명을 내린 것은 대원군의 아들 고종으로, 1901년(고종 38/광무 5) 8월 5일 (양력 9월 17일)에 추봉 절차를 마련하라고 조령을 내린 적이 있다.[117] 흥선대원군이 대원왕으로 추봉되면서 시호는 헌의獻懿로 정해졌고, 동시에 여흥부대부인도 비가 되어 순목純穆이라는 시호를 받았다.[118]

흥원의 조성

흥원은 1898년 1월 8일(음력 1897년 12월 16일)[119]에 죽은 흥선대원군의 부인 여흥부대부인의 무덤에서부터 시작되었다. 고종은 부대부인府大夫人의

장례기구로 전통의 예장도감 대신 예장청禮葬廳이라는 임시기구를 설치했다.[120] 장지는 대원군이 거주하던 공덕리 아소정으로 정했는데,(도 165) 장례 절차를 진행 중이던[121] 1898년 2월 22일에 흥선대원군마저 사망한다.[122] 장례는 부대부인의 예장청과 합설

165. 아소당터 표지석, 서울디자인 고등학교

合設하여 1898년 5월 16일에 합장으로 안장하는 것으로 마무리되었다.[123]

현재 흥원은 휘경원처럼 두 차례에 걸쳐 천장된 무덤이다.(도 166) 풍수상 좋지 않다는 이유로 장사지낸 지 9년 후인 1907년 11월 10일부터 1908년 2

166. 흥원 전경

월 1일 사이에 인조 장릉을 이장한 자리인 파주 운천면雲川面 대덕동大德洞 근방으로 이장했다. 그러다 1966년 6월 15일에 휴전선 가까이에 있는 파주는 성묘하기가 불편하고 인근에 미군부대와 난민 2백여 가구가 살고 있다는 이유로, 군부대의 지원을 받아 장남 이재면李載冕이 묻혀 있던 남양주의 운현궁 가족묘역으로 이장했다.[124]

흥선대원군의 첫 무덤은 묘제로 조성되었는데, 1908년(융희 2) 5월 8일에 대원왕과 대원비의 묘를 흥원興園이라고 부르도록 하라는 포달布達 제175호가 공포된다.[125] 이는 1차 천장이 이루어진 다음에 봉원된 것이다. 1907년 11월에 천장을 시작했고 다음 해 1월에 승호의 건의가 올라왔으며, 원의 이름은 정해지지 않았지만 이장하면서 원제로 무덤을 조성했다.(표 27) 이 과정에서 'ㅡ'자형 침각에서 'ㅜ'자형 정자각으로 바뀌었으며, 석호 1쌍을 추가로 배설했다.[126] 대원군의 무덤이 봉원된 것은 왕의 사친인 점도 있지만, 고종이 황제국 선포 이후이기 때문에 제후의 예를 적용한 측면도 있다. 이는 천봉 정자각 상량문에 "제후의 예로서 모시었으니 비로소 원이라 이름 하였으며"라는 내용에서 확인할 수 있다. 그러나 1905년에 '국태공원소國太公園所'라는 글씨가 새겨진 비석을 세운 것으로 보아 이미 원으로 예우하고 있었음을 알 수 있다.[127]

표27 흥원 천봉과 원호 의정 과정

날짜(양력)	내용	출처
1907. 10. 1	대원왕과 대원비로 추봉	실록 및 흥선헌의대원왕 園誌
1907. 11. 10	천봉 거행 칙명	실록 및 천봉등록 事目
1908. 1. 17	원소 승호 및 원호 의정 상주	실록 및 천봉등록 奏本
1908. 1. 30	안장(下玄宮)	실록 및 천봉등록 奏本
1908. 5. 8	원호로 흥원 공포	실록 및 천봉등록 事目

흥원의 구성 및 상설

흥원은 조선시대 원제를 따라 간략하게 조성되어 있다. 흥원 입구에 들어서면 정자각 등 제향공간이나 재실이 없고 왼편에 신도비(도 167)가 있으며, 조금 더 지나서 신도 오른 편으로 '국태공원소國太公園所' 비석(도 168) 하나가 더 있다. 원상에 오르면(도 169) 사대석을 낮게 두른 봉분이 있고 좌우에는 석양 1쌍이 배설되어 있으며, 그 바깥을 곡담과 사성이 둘러싸고 있다. 봉분 앞에는 상석(혼유석)이 있고, 한단 아래로 중앙에 사각장명등이 놓여 있으며, 망주석, 문석인, 석마가 좌우에 각 1쌍씩 배설되어 있다.

정자각, 비각, 홍살문 등의 건축물은 1차 천장지였던 파주에는 있었으나 6·25전쟁 때 불타버렸고, 석물도 곳곳에 총탄의 흔적이 남아 있다. 석호

167. 흥원 신도비

168. 국태공원소비

169. 흥원 원상

는 완전히 파손되었기 때문인지 현재 배설되어 있지 않다. 1966년에 현재의 위치로 천장하면서 홍살문과 정자각을 조성할 계획을 세우기도 했지만 실행되지는 못했다.[128] 신도비는 1908년(융희 2)에 세웠고, '국태공원소' 비석은 1905년(광무 9)에 세웠는데, 묘제로 처음 무덤을 조성할 당시에 봉분 앞에 표석이나 향로석을 설치했는지는 불분명하다.⟨표 28⟩

표28 흥원 상설

명칭	수량	크기(cm)	재료	제작연도	특징
비석	2			1908 / 1905	신도비와 표석(국태공원소)
혼유석	1	47×162×100	화강암	1898	5면 연마
고석	4	35	화강암	1898	
망주석	2	주신220, 망대81	화강암	1898	세호 좌승우강
장명등	1	200×63×63	화강암	1898	4각형, 격석 폭 46cm.
석양	2	68×122×45	화강암	1898	
석호	0			1908	현재 석호는 없고 석마만 있으나, 천봉등록에는 석마가 없고 석호만 있음
석마	2	76×145×44	화강암		
문석인	2	168×52×46	화강암	1898	복두공복형

170. 흥원 혼유석

혼유석(도 170)은 4개의 고석 위에 놓여 있으나, 총탄의 흔적 때문인지 현재는 앞뒤를 돌려 배설해 놓았다. 고석(도 171) 상하단의 구분선이 반듯하지 않고, 귀면도 비뚤게 조각되어 있으며 형상도 고리와 입의 관계를 이해하지 못하고 조각한 듯 애매하게 새겨져 있다. 상하단의 연주도 구슬모양을 돋을새김이 아닌 음각선으로 표현하는 등 전반적으로 이전의 고석을 흉내내기에 급급했던 것 같다.

망주석(도 172)은 대석과 석주를 분리하여 만든 왕릉 형식이다. 원수 아래에 연주를 두르고 운각은 이중으로 조각했으며, 염의는 짧고 한 면에 두개씩 늘어뜨렸다. 대석의 장식은 매우 복잡하다. 상대석은 각 면에

171. 흥원 고석

172. 흥원 망주석   173. 흥원 세호

화문을 장식하고 상하단에는 연판을 둘렀으며 윗면에는 그리스 안테미온 (anthemion) 문양 같은 장식이 연판 모서리에 새겨져 있다. 중대석에는 귀퉁이에 연주 장식을 하고 면에는 안상을 새겼으며, 하대석은 윗면에 연판을 두르고 아래에 세 줄을 긋고 운족을 응용한 다리가 있으며 그 사이에는 영지를 결합한 난초 문양을 번갈아 새겼다. 세호(도 173)는 좌승우강으로 조각되었는데, 다람쥐가 포도송이 같은 열매를 입에 물고 있는 형상이다.

장명등(도 174)은 2중 합각의 사각장명등이다. 개석과 체석을 분리해서 제작했으며, 정자석은 원수 아래 연주를 두르고 연엽은 잎맥을 규칙적으로 표현한 것이 기하학적이다. 2중 합각은 총탄 자국으로 인해 파악하기 어렵지만, 박공널과 같은 건축적인 구조를 표현하려했던 것으로 보인다. 전체 비례

174. 흥원 장명등

상 개석이 작아서 상대적으로 화사석이 크게 느껴지며, 화창은 화사석의 가운데에 뚫려 있다. 격석의 네 면에는 모란을 새겼는데 장식성이 돋보인다. 중대에는 안상을 새겼고, 하대의 운족 사이에는 영지와 난초를 결합한 초형을 장식했다. 이러한 초형 장식은 의령원, 문조 수릉(1830), 고종 홍릉에서 반복적으로 등장한다. 중대석 서쪽 면의 안상 속에만 서랍 손잡이처럼 둥근 고리가 달려 있는데, 이러한 장식은 남쪽이나 북쪽을 향하도록 설치하는 것이 일반적이다. 아마도 이장하면서 방향이 바뀐 것으로 보인다.

175. 흥선대원군묘, H. B. Hulbert 촬영, 1906. 『서울풍광』(2009), p.218에 재수록

　　석양은 현재 왕릉에서처럼 봉분을 등지고 밖을 보도록 배설되어 있지만, 1906년에 촬영한 사진을 보면 하계의 망주석과 문석인 사이에 안쪽을 향해 배설되어 있다.(도 175) 석양이 봉분 주변이 아닌 사초지에 배치된 것은 매우 이례적인 경우로, 이러한 배치는 피장자가 특별한 존재라는 것을 드러내기 위한 의도였을 수도 있다. 석양의 배가 지나치게 부풀어 올라 있고 다리는 짧으며, 다리의 관절 표현 역시 어색하다.(도 176) 다리 사이에 있는 초형 장식도 원추리로 보이지만 사실성은 떨어지고 형태만 흉내낸 수준이다. 이러한 표현의 미숙함은 1900년경부터 조선왕실무덤 석물 조각에 전반적으로 나타나는 현상이다.

　　홍원에는 수길원과 마찬가지로 석호가 배설되지 않았지만, 『홍원천봉등록』에는 1차 이장을 할 때 석호 1쌍을 새로 만들었다고 기록되어 있다.[129] 1차 이장할 때 만들었다는 석호가 파손되었을 가능성이 있는데, 만약 석호가 있었다면 홍원의 뒤편에 있는 아들 이재면묘(1912)의 석호(도 177)와 비슷한 모습이었을 것이다.

176. 흥원 석양

177. 이재면묘 석호, 1912

178. 흥원 석마

한편 『홍원천봉등록』에는 석마가 기록되어 있지 않은데, 1906년에 촬영한 사진에는 문석인 바깥쪽에 석마가 배설되어 있으며 현재 홍원에도 석마(도 178)가 배설되어 있다. 목을 수평으로 길게 빼고 있는 현재 석마의 모습이 1906년에 촬영한 사진에 보이는 석마의 모습과 일치하기 때문에 석마는 처음부터 배설되었음을 알 수 있다. 석양과 마찬가지로 석마는 말의 해부학적 구조에 대한 이해가 없는 석공이 제작했을 것이고 특히 다리의 관절이 대나무 마디처럼 경직되어 있어 어색하다. 다리 사이의 초형 장식은 원추리인데, 석공이 실제 식물에 대한 이해나 관심이 없었던 것으로 보인다.

179. 홍원 문석인

문석인(도 179)은 당시 거의 사라진 복두공복형이다. 전통적인 복두공복 문석인의 표현과는 차이가 있으며 특이하게도 연판을 두른 좌대를 별도로 제작하여 석인상을 설치했다. 복두의 뒷면에는 모자 옆에 달린 끈으로 묶어서 남은 자락을 늘어뜨리고 있다. 복두의 각脚은 헌종 경릉과 같이 전면을 향해 비스듬히 위로 올라갔으며, 상단부분이 더 넓은 특이한 형태다. 18세기 후반의 석인상에서 볼 수 있는 입가의 미소가 있는데, 올라간 눈 꼬리와 광대뼈가 지나치게 강조되어 어색하다. 옷 주름 표현도 자연스럽지 않고 신발도 모양만 낸 수준이다. 혁대에는 장식이 없으며, 야자대는 길이를 따라 선을 몇 줄 그어 장식했고 그 끄트머리는 장식 없이 단을 지었다.

전체적으로 홍원의 상설조각은 조선시대 능묘 석물의 전통이 흐트러지기 시작한 시점의 상황을 살펴볼 수 있는 사례이다. 1904년(광무 8)에 조성된 유강원은 빈전, 국장, 원소의 세 도감을 설치하여 장례를 치렀지만, 홍원의 경우에는 예장청에서 주관하여 조성한 상설이다.

12. 영휘원 永徽園

청량리에 위치해 있는 영휘원은 고종의 후궁 순헌귀비 엄씨純獻貴妃嚴氏(1854-1911)의 무덤이다.(도 180) 의궤에 실린 지문에 의하면 순헌귀비의 본관은 영월寧越이고, 1854년(철종 5) 11월 5일에 증찬정贈贊政 엄진삼嚴鎭三의 장녀로 태어났다. 6살인 1859년에 궁에 들어갔고, 1895년 명성황후가 일본군에 의해 시해된 이후인 1897년 10월에 영친왕을 낳았으며, 이틀 후에 귀인貴人이 되었다. 1900년에 순빈淳嬪에 책봉되고 궁호로 경선慶善을 하사받았으며, 1901년에 비妃로, 1903년 11월에 황귀비皇貴妃로 책봉되었다. 1911년 7월

180. 영휘원 전경

20일에 덕수궁의 즉조당卽祚堂에서 58세의 나이로 생을 마감했고, 7월 27일 시호로는 순헌純獻, 궁호는 덕안德安, 원호는 영휘永徽를 받았다.[130] 신주는 종로구 궁정동에 있는 칠궁에 봉안되었다.

　엄귀비는 영조의 후궁인 영빈 이씨처럼 어린 나이에 궁인으로 생활하다가 귀비에까지 오른 인물로, 명성황후가 시해된 뒤 아관파천俄館播遷 당시에 고종을 모시고 함께 피신했다. 이후 여성의 근대교육에 특별한 관심을 가져 1906년에 내탕금內帑金을 내려 진명여학교進明女學校를 개설했고, 1905년에는 엄주익嚴柱益의 양정의숙養正義塾 설립도 지원했다. 이처럼 명성황후 사후에 실질적인 황후의 역할을 한 엄귀비가 고종의 계비인 황후로 올라가지 못한 것은 앞서 숙종이 후궁을 올려 정궁으로 삼는 것을 금하는 법을 만들었기 때문이다. 또한 고종은 1870년에 세자묘를 승원할 때 후궁에게는 원호를 쓰지 못하게 했었다.

영친왕은 1900년에 황제국의 친왕으로 봉해지고 1907년에는 황태자로 책봉되었지만, 일제강점으로 인하여 국왕은 되지 못했다. 따라서 순헌귀비의 무덤이 원제로 조성될 수 있는가 하는 문제는 검토를 요한다. 이 문제에 대하여 당시 자작 조중응趙重應(1860~1919)은 다음과 같이 해명하였다.

> 엄비는 내명부로서 상궁, 귀인, 순비를 거쳐 황귀비로 승차되었고 한때는 정후正后 승차설까지 있었으며 순종純宗께는 서모庶母로 이강공李堈公께는 제모諸母이며 더욱 황태자皇太子께는 생모生母인 까닭에 본래는 병세가 위독하면 사궁私宮으로 나아가 서거해야 함에도 불구하고 정궁正宮에서 서거하였고 빈소殯所도 정궁正宮에 설치하였으며, 묘墓라고 해야 하나 이를 원園으로 칭하게 되었으며 묘소墓所는 처음에는 동구릉 내內, 전前 숭릉崇陵 앞으로 정하였던 것이나 25일 홍릉洪陵 내로 개정한 것이다. 세태도 변천하고 또 황태자의 생모인 까닭에 장식葬式을 파격 우대하게 된 것이다.[131]

이렇듯 순헌귀비는 정후는 아니었어도 황태자의 생모이기 때문에 무덤을 처음부터 원제로 조성했다. 순헌귀비의 장례에 일제가 개입하기는 했지만 무덤은 조선왕실의 원제로 조성되었으며 전통 의궤와 체제 차이는 있을지언정 『순헌귀비예장의궤純獻貴妃禮葬儀軌』(1911), 『순헌귀비빈궁혼궁의궤純獻貴妃殯宮魂宮儀軌』(1911) 같은 의궤까지 제작되었다.

영휘원의 조성

영휘원은 일제강점기에 조성되었기 때문에 원소園所 조성을 총괄하는 주무主務는 일본인 무라카미 유키치村上龍佶가 맡았다. 공역이 끝난 후 만든 원소의궤의 편찬에도 『고종실록』과 『순종실록』의 감수위원으로 활동한 이왕직 촉탁 나리타 세키나이成田碩內가 편찬원으로 참여했다. 빈궁혼궁의 주무는 엄주익이 맡았지만 실질적인 경비를 다루는 서무와 회계의 주무는 모두 일본인이 맡았다. 따라서 장례는 이왕가에서 진행하여 조선의 전통식 절차를 진행했지만, 의궤명칭을 '원소도감의궤'에서 '도감'이라는 용어를 생략한 '원소의궤'라고 칭하는 등 조직과 기구의 체제가 달랐다.『순종실록』 부록의 기록에 의하면, 상사계喪事係에서 사무분장 내규를 정하여 진행했는데 그 내용은 다음과 같다.

1. 상사계에 관련되는 사무소를 덕수궁 안에 설치하고 예장소禮葬所라고 칭한다.
2. 모든 장례 사무는 충분한 기간으로 다하여 유감이 없도록 한다.
3. 신구 의식을 참작하여 합당하게 처리한다.
4. 번거로운 장식과 예식은 생략하도록 하고 장례를 도모함에 신속히 집행한다.
5. 장례에 관계되는 일은 이왕직 장관과 차관이 주관하고 그 지휘 하에 당직當職 당해當該 관리가 집행한다. 단, 구식에 관계되는 사무는 경험이 있는 사람에게 위촉하며, 또 고용할 수 있다.
6. 무릇 장례일은 장관과 차관에게 자문을 하고 고문顧問 6인을 둔다.[132]

의궤를 바탕으로 영휘원의 조성과정을 살펴보면, 1911년(순종 4) 7월 20일 순헌귀비가 사망한 후 3일 후에 홍릉 능역 내 인좌寅坐에 봉표하고, 25일 동이 트기 전에 후토제를 지낸 다음 풀을 베고 땅을 파는 원소 공역을 시작했다. 27일 옹가와 수도각을 짓기 시작하여 다음날 수도각을 완성했으며, 28일 광을 파기 시작하여 30일에 관 자리는 6척 5촌, 명기를 묻을 퇴광은 7척 2촌의 깊이로 천광을 마치고 바닥에 두께 3촌의 회를 쳤다. 31일 외재궁을 수도각에 봉안하고 8월 1일 금정기 철거 후 반달형 봉분을 쌓았으며, 관을 내리기 위해 녹로를 설치했다. 2일 오전 8시 대여가 원소에 도착하여 오후 2시에 재궁을 현실에 내리고 퇴광에 석함을 배설했다. 6일 퇴광에도 나머지 반달형 봉분을 쌓아 둥근 봉분을 완성하고 잔디를 입혔다. 11일 장명등, 24일 혼유석과 망주석, 26일 석양, 석호, 석마를 배치하고, 8월 28일 안원전安園奠을 행함으로써 불과 39일 만에 원소 조성을 모두 끝냈다.[133]

영휘원이 소재한 청량리는 원래 황실의 가족묘지로 정한 곳인데, 명성황후의 홍릉이 있었기 때문에 이 일대를 홍릉이라 일컬었다. 명성황후 홍릉은 고종과 합장하기 위해 1919년 3월 남양주시 금곡동으로 천장되었고, 현재는 영휘원과 숭인원(1922)이 나란히 조성되어 있다.

영휘원의 구성 및 상설

영휘원에 들어서면 홍살문 뒤로 향어로가 있고 그 뒤로 정자각과 비각이 있으며, 정자각 뒤 신교의 동편에는 산신석이 있다. 원상에는 낮은 사대석을 둘러 흙의 흐름을 방지한 봉분이 있고 그 둘레에 석양과 석호 각 1쌍이

181. 영휘원 원상

배치되었으며, 이들 바깥으로 곡장이 둘러져 있다. 봉분 앞에는 네 개의 고석으로 받친 혼유석이 있고 그 좌우로 망주석 1쌍이 배설되어 있다.(도 181) 계체석으로 한 단 낮추어 중앙에는 장명등이 있고 좌우에 문석인과 석마 1쌍이 마주 보고 있다.(표 29)

정자각(도 182)은 5칸 체제로 여느 정자각과 차이가 없지만 기둥이 원기둥이 아니라 사각기둥인 점이 특이하다. 전통적으로 사각기둥은 원기둥보다 격이 낮은 것으로 여겨졌는데, 영휘원과 숭인원의 정자각에서는 사각기둥을 사용했다. 그리고 영휘원과 숭인원을 함께 관리하는 재실이 건립되어 있다.

비각 안에는 "순헌귀비영휘원純獻貴妃永徽園"이라고 새겨진 방부옥개형 비석이 있는데, 비음에 순헌귀비의 일대기와 사망일을 쓰면서 일본 연호를 사용했다. 영휘원 외에도 조선왕실의 능묘 비석에 새겨진 일본 연호는 광복 이후에 모두 지웠다.(도 183)(표 30)

원상의 석물은 전형적인 조선의 원제에 걸맞게 갖춰져 있다. 석물의 종류와 치수는 『순헌귀비원소의궤』의 〈원상석의〉조에 실려 있다.[134] 처음부터 원제로 무덤을 만들면서 봉분 주위에 사대석을 설치했다. 24개의 부재로

표29 영휘원 상설

명칭	수량	크기(cm)	재료	제작연도	특징
비석	1			1911	비각
혼유석	1	48×243×152	화강암	1911	5면 연마
고석	4	51×60×60	화강암	1911	하박석 2개, 전후 귀면/좌우 고리
망주석	2	245×65×65	화강암	1911	세호 좌승우강
장명등	1	270×93×93	화강암	1911	4각형
석양	2	75×128×45	화강암	1911	
석호	2	85×142×42	화강암	1911	
석마	2	89×162×48	화강암	1911	
문석인	2	226×57×54	화강암	1911	양관조복

182. 영휘원 정자각

183. 영휘원 비석 뒷면

표30 영휘원 표석의 음기

純獻貴妃嚴氏
哲宗五年甲寅十一月初五日 生 己未選入宮
光武元年誕
王世子 封貴人 四年封淳嬪賜宮號慶善 五
年進封妃 七年冊封皇貴妃 明治四十四年
七月二十日 卒逝 壽五十八 追號純獻 八月
二日葬于楊州天秀山寅坐原 園號永徽
明治四十四年 月 日

184. 영휘원 혼유석

구성된 두께 약 48cm의 하전석을 깔고, 그 위에도 24개로 된 높이 48cm 정도의 장식이 없는 사대석을 설치하여 봉분을 보호했다. 봉분 앞에 놓인 혼유석(도 184)은 5면에 광을 냈고 모서리를 모줄임으로 처리하여 단아해 보인다. 고석(도 185)은 4개로 아래 위에 띠를 두르고 띠 밖으로 연주를 새겼다. 나어두는 원소도감의궤에 '사면각사四面刻獅', 즉 사자를 4면에 새긴다고 설명되어 있지만, 앞뒷면에만 나어두를 조각했고 좌우 측면에는 고리 형상을 새겼다. 고리 형상은 고석이 원래 북에서 기원했음을 알려주는 것이기도 하다. 나어두가 동그란 원형으로 조각되어 장식적인 느낌이 강하다.

185. 영휘원 고석

186. 영휘원 망주석   187. 영휘원 세호

　　망주석(도 186)은 보주형 원수인데 이전의 망주석에 비해 원수가 매우 크게 조각되어 있다. 원수 아래에 작은 연주를 둘렀으며, 운각은 전통적인 구름모양의 여의두문을 작게 하여 연꽃 받침처럼 보인다. 염의에는 장식이 없지만, 세호(도 187)를 좌승우강으로 매우 길게 늘려서 염의와 주신에 걸치도록 조각했다. 세호의 곱슬곱슬한 털은 기하학적 패턴으로 표현했고 꼬리는 직선을 나란히 그어서 표현했다. 대석은 분리되어 있는데, 상단의 윗면은 연판 대신에 직선을 응용한 패턴으로 장식했고, 옆면은 안상을 판 후 이중의 서랍 들쇠 모양을 양각했다. 중대에는 모서리 연주 기둥과 면에 안상을 음각했으며, 하대에는 난초를 응용하여 겹 곡선을 교차시킨 도드라진 선으로 장식했다.

　　장명등(도 188)은 원소도감의궤에 명등석明燈石이라고 표기되어 있다. 장명등에서 '장長'자를 뺀 '명등석'이라는 용어는 『춘관통고』에 나오기는 하지만 의궤에서는 거의 쓰지 않던 용어다. 체석과 분리하여 만든 개석은 이중으로

188. 영휘원 장명등

된 사모합각이다. 원수 아래 연주를 두르고 연엽은 연화 모양으로 하여 그 아래에 다시 연주를 둘렀다. 2중 연주와 연엽 위에 연봉을 얹은 높은 정자석 양식은 영조 원릉(1776) 및 현릉원(1789, 융릉)에서 시작되었다. 화창은 화사석의 가운데에 만들었고, 상대에는 풍혈을 팠고 전후 면에는 모란을, 좌우 면에는 연꽃을 장식했다. 중대에는 네 귀퉁이에 연주를 새기고 화문과 줄기와 잎을 양각했다. 하대는 탁상 모양으로, 윗판 아래에 역시 화문과 덩굴식물을 생생하게 조각했다. 하대 다리는 각 면에 고리 모양 장식을 달고 운족의 끝을 위로 둥글게 말아 올려 실제 가구를 표현한 듯하다. 다리 사이에는 난초를 새겨서 전체적으로 화려한 느낌을 준다. 이러한 양식은 고종 홍릉의 장명등에서 찾아볼 수 있다.

　석양(도 189)은 전반적으로 경직된 모습이다. 몸의 해부학적 구조와는 무관하게 양감이 표현되었으며 이마, 뿔, 귀의 묘사도 어색하다. 다리 사이의 초형은 원추리로 보이는데 잎의 표현에서 강약의 변화가 없어 사실성이 부족하다. 전반적으로 유강원(1904) 석양과 같은 유형이다.

　석호(도 190) 역시 신체 표현이 단순화되어 있다. 호랑이의 해부학적 구조와 무관하게 목과 몸통의 구분 없이 길다란 원통처럼 표현되어 어색하다. 얼굴을 정면에서 보면 평면적이어서 호랑이 그림을 조각해 놓은 느낌이다. 삼각형 귀, 타원형 눈, 긴 코, 콧수염, 드러낸 이빨은 부분적으로 무난하나, 발톱 표현이 명확하지 않다. 전반적으로 공을 들였지만 입체감 표현이 미숙한 석공이 참여한 결과로 여겨지는데, 이러한 현상은 1900년대에 조성된 유강원과 숭인원의 석물들에서 공통적으로 나타난다.

　석마(도 191)의 경우, 비례나 자세, 해부학적인 신체의 굴곡 등에서 미숙하게나마 실제 말의 모습을 재현하려는 노력이 엿보인다. 네 다리를 수직으로 평행하게 세워서 경직되어 있으며 말굽과 다리를 직선으로 구분했다. 다리의

189. 영휘원 석양

190. 영휘원 석호

191. 영휘원 석마

관절 표현도 목가구의 다리처럼 어색해 보이지만 나름대로 해부학적 구조를 표현하려고 했다. 말 이마의 털, 목의 갈기, 꼬리는 가는 선을 규칙적으로 새겨서 표현했으며, 다리 사이에는 초형 장식이 있다.

문석인(도 192)은 양관조복형이다. 네 면이 평평하여 사각기둥형처럼 조각되었으며 머리가 크고 목을 움츠려서 3.5등신 정도의 신체비례를 갖고 있다. 양관의 정면에는 태양과 봉황, 뒷면에는 달과 봉황을 새겨 '일월 봉황'의 길상적 의미를 담았다. 얼굴은 길면서도 평퍼짐하며, 반달형 눈썹, 쌍꺼풀, 긴 인중, 미소 지은 입, 길고 가는 턱 수염 등에서 사실적으로 묘사하려는 노력이 엿보인다. 손가락의 마디와 손톱까지 세부적인 묘사에 공을 들였으나 입체감 표현이 미숙하고 전체적으로 조화를 이루지 못했다. 자세는 목을 움츠

192. 영휘원 문석인

렸으나 양팔을 편안하게 내려서 홀을 잡고 있다. 양식화된 옷주름 표현은 문조 수릉(1830)의 문석인에서부터 유강원, 영휘원, 고종 홍릉, 그리고 이후에 조성되는 숭인원까지 당시 왕실 무덤의 문석인에서 전반적으로 나타나는 특징이다. 포는 폐슬과 후수를 갖추었으며, 폐슬 끝에는 술 장식을 촘촘히 새겼다. 뒷면의 혁대에는 화문을 장식하고, 후수 상단 두 개의 환 아래에는 초롱을 새겼으며, 그 아래 6칸의 사각형 안에 봉황을 각각 새겨 넣었다. 후수 하단은 가는 선으로 촘촘한 무늬를 새겨서 정성을 다했고, 포의 하단을 접어서 겹친 부분까지 꼼꼼하게 묘사했다. 관과 포의 문양은 유강원 및 고종 홍릉의 문석인과 동일한 형식이다.

193. 숭인원 전경

13. 숭인원 崇仁園

청량리에 영휘원과 나란히 위치해 있는 숭인원(도 193)은 이진李晉 (1921~1922)(도 194)의 무덤이다. 이진은 의민懿愍황태자 영친왕英親王과 이방자李方子 여사의 장남이자 이구李玖의 형으로, 1921년 8월 18일 일본에서 태어나 '전하殿下'의 칭호를 받았고, 일주일 후인 8월 24일에 이름을 지은 명명서를 창덕궁에서 일본으로 가져가 동경 조거판鳥居坂 어용저御用邸에서 명명식을 거행한다.135 다음 해 4월 조선으로 돌아

194. 영친왕에 안긴 원손 이진, 국립고궁박물관

와서 4월 28일 부모와 함께 순종에게 인사를 올리고, 29일 종묘와 사직에 묘현례廟見禮를 한다.136 그러나 다시 일본으로 돌아가기 하루 전인 1922년 5월 11일 덕수궁 석조전에서 9개월의 나이로 갑작스럽게 사망했다. 『동아일보』 5월 13일자에는 죽음에 대한 유언비어를 경계하는 기사와 함께 사망과정이 간략히 게재되었다. 8일 갑자기 병이 나서 10일에 열이 오르고 구토가 그치지 않았으며, 일본인 의사의 치료에도 불구하고 입술과 손가락에 푸른빛이 나타나며 사망했다는 것이 그 내용이다. 장례는 일본인 장의위원장의 주관 하에 조선식 의식에 따라 5월 17일에 하관을 끝냈다. 원은 영휘원永徽園 왼편에 갑좌경향甲坐庚向으로 조성하고, 원의 이름을 숭인崇仁이라 하였다.137 장례를 엿새 만에 치른 후 영친왕 부부는 다음 날 일본으로 떠난다.

이진에게 붙은 '원손'이라는 호칭은 세자의 장자로서 세손의 책봉을 받기 전 칭호이다. 1441년 세자이던 문종이 원손인 단종을 낳자 닷새 후 세종이 "모든 사람의 원손元孫이라고 이름 하는 자는 모두 개명改名 하도록 하라."고 지시한 사례가 있으며,[138] 의소세손은 영조로부터 원손에서 세손의 책봉을 받은 후 사망한 경우이다. 그러나 이진은 순종의 조카이지만 당시 아버지인 영친왕이 왕세자 위치에 있었고, 일제강점기라는 혼란기에 원제로 무덤이 조성되었다.

숭인원의 조성

일제강점기에 태어나고 죽은 이진의 무덤이 조성되면서 조선왕실 전통에 새로운 요소가 가미된다. 원손의 장례는 국장이 아니므로 당일에 가무를 공식적으로 금하지는 않았고, 죽산마와 방상씨 등을 사용하여 조선식으로 치렀으나(도 195) 장례 기구의 명칭은 달랐다. 1922년 5월 11일에 장의위원장葬儀委員長에는 이왕직 차관 우에바야시 게이지로上林敬次郎가 임명되었고, 부위원장에는 남작 한창수韓昌洙가, 사무관에는 백작 고희경高義敬, 장의위원으로는 사무관 이항구李恒九, 곤도 사유이치近藤左右一, 이마무라 토모今村鞆, 스에마쓰 구마히코末松熊彦, 조동원趙東源, 이원승李源昇, 박주빈朴冑彬, 왕세자부무관王世子附武官 김응선金應善이, 제원장祭員長에는 백작 이지용李址鎔, 제원祭員에는 자작 이완용李完鎔, 전사典祀에는 윤세용尹世鏞, 이성묵李聖默 등이 임명되었다.[139] 이에 따라 사망 다음 날인 12일에 추밀원 고문관 구라토미 유사부로倉富勇三郎, 장의위원장 우에바야시 게이지로, 사무관 고희경, 이원승, 박주빈 등이 상지관을 이끌고 영휘원 국내를 원소로 정했다.[140]

5월 13일에는 이왕직에서 빈소를 덕수궁 함유재로 옮기고, 장의위원장

195. 이진 장례광경, 『동아일보』 1922년 5월 18일

및 귀족이 협의하여 장례 예식을 세자와 원손의 예식을 절충하여 조선식으로 하기로 하고, 석물은 완친왕完親王(1868~1880)묘 석물에 준하기로 결정했다.[141] 그리고 장의의 사무분담은 서무계, 의식계, 회계계, 접대계의 4부로 나누고 각 계는 주임과 이왕직 직속들이 분담하며, 위원장은 우에바야시 게이지로, 부위원장은 고희경, 제관장은 이지용이 분담했다.[142] 이지용은 고종의 종질從姪로 을사오적 중 한 사람이다.

조선왕실의 석물은 장례기간 중에 만들어서 설치하는 것이 원칙이지만, 원손의 장례를 사망 후 불과 엿새 만에 치른 관계로 석물은 그 이후에 조성할 수밖에 없었고 따라서 석물에 대한 분명한 기록을 찾을 수 없다. 다만 1922년 10월 1일자 『동아일보』 기사에, 청량리에 사는 34세의 중국인 장문계張文桂라는 노동자가 이진전하묘지李晉殿下墓地에서 돌 다루는 공사를 하다가 싸움이 일어나 24세의 조선인 안태만을 때려 상해죄로 체포되었다는 내용이 실린 것으로 미루어, 이때 원소의 석물을 설치한 것으로 짐작할 수 있다. 또한 일제강점기 동안 조선왕실의 석물 제작에 조선인 석공뿐만이 아니라 중국인 석공이 참여했음을 짐작할 수 있는 근거가 된다.

숭인원의 구성 및 상설

숭인원은 봉분의 크기는 물론 건축과 상설까지 규모를 줄여서 조성했다. 홍살문 뒤로 전석甎石이 깔린 길을 지나 정자각과 비각이 있고 그 뒤의 언덕 위에 봉분이 있는 형식은 조선의 전통 능원 형식과 별반 다르지 않다. 그러나 향로와 어로의 구별없이 하나의 길만 조성되어 있어 전통 향어로와는 차이가 있다. 수라간과 수복방은 없으며, 정자각 뒤로 신교와 산신석이 조성되어 있다. 정자각은 정전 3칸 배위청 2칸의 5칸 체제이지만, 기둥이 영휘원처럼 사각으로 조성되었다. 정자각 소맷돌에는 구름 장식이 없고 고석에는 삼태극 문양이 음각으로 새겨져 있다.(도 196) 비각 안에 있는 방부옥개형 비석의 비명은 '원손숭인원元孫崇仁園'이며, 비음의 글씨는 지워져 있다.(도 197) 〈표 31〉

196. 숭인원 정자각 소맷돌

197. 숭인원 비석

표31 숭인원 상설

명칭	수량	크기(cm)	재료	제작연도	특징
비석	1			1922	
혼유석	1	47×144×109	쑥돌	1922	5면 연마
고석	4	28	화강암	1922	
망주석	2	180	화강암	1922	세호 좌승우강
장명등	1	173×65	화강암	1922	4각형
석호	2	55×100×30	화강암	1922	
석마	2	68×135×32	화강암	1922	
문석인	2	137×49×45	화강암	1922	양관조복

198. 숭인원 원상

　　석물은 전통 조선왕실 원제의 규모보다 전반적으로 작다.(도 198) 봉분에 사대석은 없고 석수 중에도 석호 1쌍만이 봉분 주변에 배설되어 있다. 봉분 앞에는 혼유석과 고석이 있고 그 좌우에 망주석이 배설되어 있으며 곡장이 둘러져 있다. 계체석을 내려와 하계에는 좌우로 문석인이 있으며, 중앙 한가운데는 장명등이, 그 좌우에는 석마가 배치되어 있다.

　　혼유석(도 199)은 5면을 연마했고 폭이 약 144cm로 매우 작다. 따라서 박석도 하나의 통석을 사용했다. 고석(도 200)은 높이를 3등분 하여 상하에 연주를 원판처럼 새기고, 중앙의 네 면에 나어두를 조각했다. 나어두는 전체 윤곽을 원형으로 볼록하게 만들고 그 안에 얕은 부조로 형상을 표현하여 전체적으로 정돈된 느낌이지만 장식성이 강하다.

199. 숭인원 혼유석

200. 숭인원 고석

망주석(도 201)도 다른 석물에 맞추어 소규모로 조성되어 주신의 높이가 겨우 144cm 정도밖에 되지 않는다. 주신에 비하여 원수가 큰 영휘원과 반대로, 숭인원의 망주석은 주신이 굵다. 원수 아래 연주는 선으로 표현했고 운각과 염의에는 아무런 장식이 없다. 세호(도 202)는 영휘원의 경우처럼 좌승우강이며 염주와 주신에 걸친 형상으로 조각했다. 세호가 염의로까지 올라 온 형식은 20세기에 조성된 고종 홍릉과 순종 유릉에서도 나타난다. 세호 머리가 호랑이 같은 험상궂은 인상이 아니고 뾰족한 입을 가진 설치류이며, 몸에 털이나 신수를 상징하는 화염 장식이 없다. 꼬리는 털을 표현하기 위해 수평으로 그어서 마치 종려나무 잎 같은 모양이다. 대석은 분리되

201. 숭인원 망주석

202. 숭인원 세호

어 있으며, 상대의 윗면에는 연판을 두르고, 상대석의 옆면과 중대석, 하대석에 걸쳐서 모두 좌우 대칭의 단일 초문을 조각했는데, 여기에 등장한 문양은 조선 전통 능묘조각에서는 찾아보기 어려운 새로운 장식 문양들이다.

장명등(도 203)은 영휘원과 홍원의 장명등에서 보이는 특징들이 혼재되어 있다. 개석의 정자석은 영휘원, 운족은 홍원 장명등과 유사하다. 지붕 윗면의 용마루, 내림마루, 추녀마루, 망와 등은 물론, 아랫면의 공포 구조를 실제 건물과 같이 섬세하게 조각하여 개석이 아주 화려하며, 추녀 귀퉁이를 쳐들어서 장식성을 더했다. 화창은 화사석의 가운데에 뚫었으나 가창을 끼울 자리가 얕아서 실제 기능은 할 수 없고 상징적으로 모양만 낸 것이다. 상대에는 모란꽃을 조각했으나 장식적으로 변형되었고, 중대에는 전후에 2겹, 좌우에 3겹의 안상을 새겼다. 운족에는 특별한 문양을 더하지 않고 다리의 끝만 말아 올려서 목제 가구의 운족처럼 표현했다.

203. 숭인원 장명등

봉분 주변에는 석호만 배설되어 있다.(도 204) 현재 홍원에는 석양만 배설되어 있는데, 조선시대 능묘에서 석양 없이 석호만 배설된 경우는 매우 드물다. 정확한 이유는 알기 어렵지만, 전체적으로 석물을 간소화시킨 시기인 데다 무덤의 영역이 너무 협소했기 때문일 수도 있다. 폭 약 15미터, 앞뒤 길이 9미터의 곡장 안에 직경 5.5미터의 봉분이 차지하고 있기 때문에 석수 2쌍을 세우기에는 너무 협소한 공간이다. 그러나 이런 식으로 석물을 배설한 것은 그만큼 전통의식이 희박해졌음을 의미하기도 한다.

석호의 조형적 특징을 살펴보면, 얼굴은 아래턱이 없고 이마가 튀어나와서 골격이 이상하지만, 삼각형 귀, 입체적인 눈꺼풀, 입가의 주름과 수염, 긴 코와 어금니 등의 묘사는 나름대로 공을 들인 흔적이 보인다.(도 205) 목과 몸통이 굵기의 구분 없이 통으로 된 몸체와 짧고 가는 앞다리, 철근을 구부려 바닥에 갖다 붙인 것 같은 꼬리 표현의 어색함은 수경원(1899)과 유강원(1904), 그리고 고종 홍릉처럼 대한제국기와 일제강점기에 조성된 석물의 조형적 특징이기도 하다.

석마(도 206)는 조형적 특징이 고종 홍릉의 석마와 같은 흐름 안에 있지만 말 머리의 표현만은 독특하다. 입과 코 부분의 부드러운 주름선과 콧등, 석호와 같이 입체적인 눈, 사람 같은 눈동자, 이마에 내려온 곱게 정돈된 털과 골격의 구조를 공들여 표현했다. 은행 모양의 눈과 입가의 주름은 문석인과 유사하다.(도 207) 다리 관절의 굴곡, 뾰족한 며느리발톱, 각도를 가지고 방향성을 가진 말굽은 공을 들여 표현

207. 숭인원 석마 세부

204. 숭인원 석호

205. 숭인원 석호 정면

206. 숭인원 석마

했는데, 전통에 따라 다리 사이를 막으면서 배의 크기를 나타내려다 보니 불가피하게 배가 평평해졌다.

문석인(도 208)은 높이가 137cm인데, 이는 조선시대 왕릉과 원에 세워진 문석인을 통틀어 가장 작은 크기이다. 작은 규모는 일제강점기 조선왕실의 상황을 담고 있을 것으로 해석할 수도 있지만, 9개월밖에 못 살고 세상을 뜬 원손의 무덤에 어울리는 크기라고 볼 수도 있다. 문석인의 크기가 작다고 해서 결코 어린아이의 형상은 아니다. 두 팔을 편안히 내리고 홀을 잡은 양관 조복형 석인상으로, 양관의 앞면에는 소용돌이 구름을, 좌우에는 식물을

208. 숭인원 문석인

장식하고, 뒷면에는 상단에 화문 같은 구름을, 하단에는 당초문을 양각했다. 옆면의 비녀 자리에는 화문을 새기고 가운데 구멍을 뚫었다. 얼굴에서 위로 비스듬히 올라간 눈썹 선, 조개 같은 눈두덩과 아래로 향한 눈동자, 코의 미간과 날개, 볼의 미소근, 꼬리를 올린 입과 입꼬리의 주름 표현에 의한 미소는 사실적이고도 편안한 표정이다. 측면에서도 귀밑머리의 섬세한 곡선과 귀의 자세한 부분 묘사, 조복 속에 입은 저고리의 깃이 목뒤에 자연스레 올라간 표현 등 사실적인 요소가 많다. 홀을 잡고 있는 손은 손톱까지 표현했고 홀 뒤에는 사각 매듭을 장식한 혁대가 노출되어 있다. 폐슬은 없고 소매에서부터 고리 같은 주름이 확산되는 식으로 양식화되어 있다. 신발도 바닥을 노출시켜서 가죽신임을 알 수 있게 해준다. 뒷면에 단과 재봉선 외에 특별한 장식은 없으나 약간 늘어진 혁대의 방향이 가슴의 혁대와 일치하도록 한 점 등에서 어느 정도 기량을 갖춘 석수가 정성들여 제작했음을 알 수 있다.

　원래 숭인원의 석물은 완친왕묘 석물에 준하기로 했지만 이를 이행했는지의 여부는 확인할 수 없다.[143] 완친왕은 고종의 첫째 아들로 12살에 세상을 떠나 성북구 하월곡동에 묻혔으나, 현재는 서삼릉 왕자묘역으로 이장하여 상석과 표석만 남아 있기 때문이다.

맺음말

『정조실록』을 보면, "대저 원園의 뜻은 능陵의 버금이고 묘墓보다는 중한 것입니다. 삼가 한漢나라와 송宋나라의 고사故事를 상고하건대 모두 성인聖人을 낳으시어 종사宗社와 신인神人의 주인이 되게 한 데 대한 공을 갚고 덕에 보답하기 위한 방도였던 것"이라는 기록이 있다.¹ 『정조실록』에서 원에 대해 이러한 정의를 내린 것은, 국초에 규범화한 전례 속에 존재하지 않았던 제도였던 원을 조선 후기에 새롭게 규범화하려 했기 때문이다. 원은 세습체제인 조선왕조에서 적자가 왕위를 계승하지 못하고 방계에서 왕위를 계승한 왕이 사친의 무덤을 추숭하기 위해 창안한 제도이다. 이 책에서 다룬 13기의 원은 왕의 적자가 아닌 인물이 왕통을 이어갔을 때 조성된 것으로, 조선시대 왕통의 흐름과 변화를 한눈에 살펴볼 수 있는 유물이다.

13기의 원이 기본 체제는 동일하면서도 서로 다른 모습을 갖고 있는 이유는 원의 조성 배경이 각각 다르기 때문이다. 예컨대 원이 능에 비해 간소한 것은 영조가 소령원을 조성하는 과정에서 드러나듯이 조선왕실의 엄격한 법도와 절제의 미덕이 낳은 결과로 볼 수 있다. 반면 고종시대에 일어난 대규모 봉원封園은 정치적으로 불안하던 시대에 명분을 중시하고 왕권의 정통성을 부여받고자 하는 의지와 밀접한 관계가 있다. 또 일제강점기에 조성된 원은 일제가 조선왕실의 전통을 인정하는 듯하지만 실제 무덤 조성에서 주도권을 쥐게 되면서 조선왕실이 유명무실해졌던 시대상황을 고스란히 담고 있다.

요컨대 조선왕실의 원은 능에 비해 간소하지만 그 어느 유물보다도 조선시대 왕통의 흐름을 읽어낼 수 있는 중요한 사료이다. 겉으로 드러나는 규모나 치장은 능에 비해 간소하지만 그 역사적 가치는 능에 비견할 만하다 하겠다. 능에 비해 규모가 축소되고 화려하지 않은 원의 모습 그 자체가 역사적 의미를 담고 있는 것이다. 필자는 현존하는 조선왕실의 13기의 원을 상세히 규명하기 위해서 각 원을 수차례 답사했고 관련된 기록문헌을 조사했을 뿐만 아니라, 조선왕실의 원과 비교될만한 중국의 원급 능묘들을 답사하였다. 기록문헌조사, 현장답사, 유물 비교분석 등의 연구방법을 통해 밝힌 조선왕실의 원이 지닌 역사적 가치는 다음과 같이 요약할 수 있다.

첫째, 원은 능과 묘 사이에 존재하는 단순한 무덤 등급이 아니라 500년 넘게 지속된 조선왕조의 특성을 반영하고 있는 제도이다. 하나의 계통系統으로 이어지는 왕조에서 단일한 직계直系로 왕통이 이어지기는 어렵다. 그런 사정으로 방계傍系가 대통을 이어받을 경우 혈연으로 이어진 사친私親과 종묘에 배향되는 선왕先王과의 관계를 어떻게 정의하는가 하는 데서부터 문제가 시작되고, 낳아 준 부모에 대한 사은私恩과 조종祖宗에 대한 의리 문제가 돌출되어 그 사이에서 예학의 문제가 대두된다. 이러한 현상이 나타난 시점도 개국 후 200여 년이 지나서였고, 이것이 원제 창안의 직접적인 배경이 된 것이다. 이와 관련해서, 원의 역사에서 중요한 역할을 한 왕인 인조, 영조, 고종이 모두 적자 계승자가 아니었다는 사실은 의미심장하다.

둘째, 원제 무덤의 대상 범위가 왕의 사친에서 세자와 세자빈, 그리고 세손까지 확대된 것은 원이 사친추숭私親追崇 및 계승강조繼承強調와 밀접한 관계가 있음을 시사한다. 사친추숭은 입승대통한 왕이 어버이에 대한 효의 윤리를 몸소 실천함으로써 왕권의 정통성을 확립하고 궁극적으로는 유교 국가의 정체성을 회복하고자 한 것이다.² 계승강조는 당연히 대통을 이었을 세자와 세손을 높임으로써 왕권을 강화하고 종통이 이어지는 군주체제를 유지하고자 한 것이다.

셋째, 조선왕실에서 원의 주인공은 피장자의 생전 지위보다는 타인과의 관계가 중요하다. 능과 묘는 대체로 피장자의 생전 지위로 결정되지만, 원은 피장자의 아들이 왕위에 올라야 하는 조건이 있었다. 설령 세자와 세손처럼 왕위에 오르지는 못했더라도 왕위에 오르기로 정해졌던 인물이어야 했다. 본 연구에서 살펴본 13기의 원 중에서 처음부터 원으로 조성된 경우는 3기뿐이고 나머지는 모두 묘에서 승격되었다는 사실에서도 그 점을 확인할 수 있다. 게다가 대부분 합장이 아닌 단독 분墳으로 조성되었고, 순창원과 흥원만이 예외적인 경우이다.³ 이는 원의 피장자의 배우자와 사회적 신분이 크게 달랐기 때문이거나 배우자가 존재하지 않았기 때문이다.

넷째, 원은 조영과 상설의 제도에서 고유한 형식으로 발전했으면서도 능묘제의 중간 형태를 취하고 있다. 따라서 원제는 능묘제와 차별성이 있음은 물론이며 이들 사이의 다리 역할을 한다. 특히 석물은 별도의 고유한 형식이 이어지기보다는 능제와 묘제의 양식이 혼용되어 있다. 따라서 원의 상설과 석물의 양식 변천은 능제와 원제의 유기적 관계 속에서 고찰되어야 한다. 다시 말해, 왕릉의 상설 양식 흐름이 능에서 능으로 계승되었다면, 원은 징검다리처럼 동시대의 능뿐만 아니라 묘와도 서로 영향관계가 얽혀 있기 때문에, 조선왕실 무덤 석물을 규명하는 데 있어서 원의 석물 연구는 매우 중요하다. 흥미롭게도 묘제 석물에서는 소수의 장인에 의한 창의성이 나타나면서도 조각의 수준이 떨어지는 경우가 많은 반면, 원의 석물에서는 장인의 창의성이 발휘되면서도 왕실의 간여로 인해 일정한 수준을 유지할 수 있었다.

조선왕실의 원은 국가의 통치자나 일반 백성의 무덤이 아닌 특수층을 위한 장묘제도로, 세계에서 유례를 찾기 어려울 만큼 독특한 고유성을 지니고 있다. 중국 청나라에도 원침제도가 있었지만, 이는 조선보다 나중에 시작되었으며 조선처럼 규범화된 무덤 형식이 있었던 것도 아니다. 따라서 원은 조선의 고유한 창안물이며 조선왕실의 역사와 밀접한 관계가 있는 귀중한 문화유산이다. 조선은 왕국에서 대한제국이라는 황제국으로 국체가 바뀌기는 했지만, 원은 여전히 조선왕조를 계승한 것으로 조선왕실의 무덤은 왕릉에서 시작해 원으로 끝난 셈이다. 마지막에 적자 계승이 되지 못하고 순종황제의 동생인 영친왕이 순종 즉위년(1907, 융희(隆熙) 1년)에 황태자로 책봉되어 마지막 작위를 받았기 때문에 조선왕실의 역사는 '영원'에서 마감되었다고 본다.

이 책은 조선왕실에서 원이 지닌 역사적 중요성에 대한 인식에서 시작했다. 원에 대한 미술사적 선행연구가 전혀 이루어지지 않은 상태에서 원과 관련된 문헌과 실제 유물을 조사하고 분석 정리했으며, 궁극적으로는 조선왕실의 원이 지닌 역사적 의미와 고유한 가치를 규명하는 데 목적을 두었다. 특히 석물을 집중적으로 분석하여 문헌기록에 담길 수 없었던 역사적 사실을 드러내고자 했다. 이 책을 계기로 조선왕실 원의 역사적 의미를 재고하고, 이후 조선시대 능묘연구가 왕릉 중심에서 벗어나 원과 묘로 확장되는 데 기여했으면 하는 바람이다.

숭인원 전경

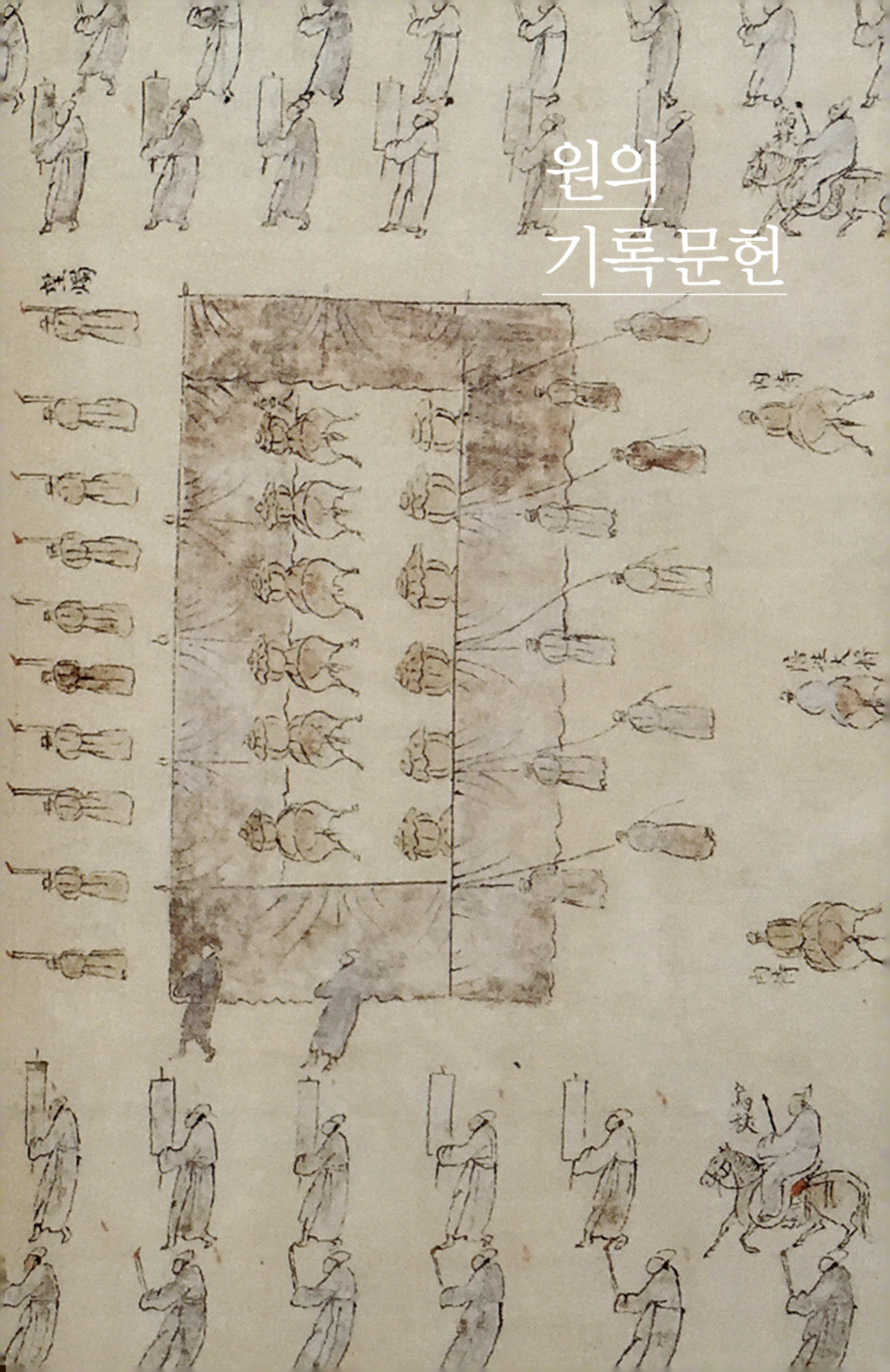

원의 기록문헌

조선왕실 13기의 원에 대한 기록문헌은 다양하게 현존한다. 묘에서 원으로 봉원된 경우와 처음부터 원으로 조성된 경우는 기록문헌의 종류가 다른데, 봉원의 절차가 추가로 진행된 전자가 풍부하다. 시대에 따른 편차도 크다. 고종대에는 영조대에 비해 기록을 남기는 것 자체가 소홀했으며, 일제강점기에는 기록의 형식에서도 변화가 있었기 때문이다. 또한 조성자의 의지에 따른 편차 역시 적잖은데, 영조의 사친 숙빈 최씨의 소령원이 그 대표적 사례로 내용이 풍부하다. 두 차례나 천봉이 이루어진 휘경원과 관련된 자료 역시 상당히 많다. 반면에 수길원과 숭인원의 자료는 아주 소략한데, 특히 일제강점기에 조성된 숭인원의 경우에는 석물과 관련된 기록이 거의 없다. 이렇듯 각 원마다 현재 남아 있는 기록문헌의 종류와 규모에서 편차가 크기 때문에 일관성 있게 정리하기가 어렵지만, 봉원된 순서대로 정리해 보고자 한다.

원과 관련된 기록문헌은 의궤儀軌, 등록謄錄, 묘지墓誌, 원지園誌, 일기日記가 있으며, 기타 자료로 상례록喪禮錄, 지문誌文과 비문碑文, 식례式例, 선생안先生案 및 공문서가 있다. 이들의 특징을 지리류地理類, 정서류政書類, 전기류傳記類, 금석류金石類, 잡사류雜史類, 총집류總集類로 나누어 유형별로 살펴볼 수 있다.[1]

지리류에는 묘지墓誌, 원지園誌, 및 산도山圖가 있다. 묘지가 있는 원은 수길원 한 곳 뿐이다. 원지는 소령원, 순강원, 휘경원, 순창원, 영회원, 수경원이 있는데, 가장 오래된 것은 1774년에 편찬된 숙빈 최씨의 『소령원지』이다. 그리고 1911년 이후 이왕직에서 일률적으로 왕릉의 능지와 함께 발간한 원지가 대부분이다. 산도는 소령원만이 산릉도와 같은 체제를 가지고 있을 뿐이고, 숭인원과 영휘원의 경우는 전통의 산도가 아니라 약도와 함께 그려진 참배를 위한 준비도이다. 지리류는 현재 모두 장서각에 소장되어 있다.

정서류政書類는 원 관련 문헌 중 가장 많은 비중을 차지하는데, 주요 문헌은 등록, 의궤, 일기, 축문 등이 있다. 등록은 소령원, 휘경원, 순창원, 소경원, 효창원, 홍원, 숭인원에 남아 있다. 정서류는 효창원은 규장각과 장서각, 홍원은 규장각, 나머지는 모두 장서각에 소장되어 있다.

가장 많고 또한 중요한 기록문헌은 의궤이다. 의궤는 무덤 조성을 위한 기구에서 제작했다.(표 32) 처음에 묘로 장사했던 경우는 '묘소도감의궤'와 '상시봉원도감의궤'가 만들어졌고, 처음부터 원으로 봉원한 경우는 '원소도감

표32 무덤 조성을 위한 기구 설치

원	도감	원	도감
순창원	염빈, 국장, 조묘도감	수경원	상시봉원도감
순강원	상시봉원도감	효창원	빈궁, 예장, 묘소도감
소경원	빈궁, 예장, 묘소도감	휘경원	빈궁혼궁, 예장, 원소도감
영회원	봉묘도감	홍원	–
소령원	상시봉원도감	영휘원	예장소(빈궁,예장,원소)
수길원	상시봉원도감	숭인원	장의위원회
의령원	빈궁, 예장, 묘소도감		

의궤' 및 장례와 관련한 예장도감과 빈궁도감의 의궤가 제작되었다. 그러나 현재 모두 남아 있는 것은 아니다. 현존하는 묘소도감의궤는 『소현세자묘소도감의궤昭顯世子墓所都監儀軌』(1책, 1645), 『민회빈봉묘도감의궤愍懷嬪封墓都監儀軌』(2책, 1718), 『의소세손묘소도감의궤懿昭世孫墓所都監儀軌』(1책, 1752), 『문효세자묘소도감의궤文孝世子墓所都監儀軌』(2책, 1786)의 4종이지만, 지금은 왕릉으로 추봉된 『효장세자묘소도감의궤孝章世子墓所都監儀軌』(1책, 1729년), 『효순현빈묘소도감의궤孝純賢嬪墓所都監儀軌』(2책, 1751), 『사도세자묘소도감의궤思悼世子墓所都監儀軌』(2책, 1762), 『익종연경묘묘소도감의궤翼宗延慶墓墓所都監儀軌』(2책, 1830)까지 포함하면 모두 8종이 파악된다. 의궤는 모두 후궁이 아니라 도감을 설치했던 세자와 세자빈의 장례와 관련이 있다. 13기 원 의궤 소장처는 규장각에 21건, 외규장각에 3건, 장서각에 11건으로 모두 35건이 파악된다. 일기는 장서각에 『무술점차일기』와 『문희묘일기』, 규장각에 『휘경원천봉(시분정원)일기』, 『문희묘일기』가 있다. 제문祭文은 장서각에 소령원 제문이 남아 있다.

전기류에는 왕릉에는 선생안과 지장誌狀이 있는데, 원에는 장서각에 소장된 『순창원선생안』과 『효창원선생안』이 현존한다.

금석류에는 비석, 신도비, 지문을 들 수 있다. 비석은 장서각에 소령원, 수길원, 수경원, 영휘원 관련, 규장각에 순강원, 효창원, 수경원의 비문이 남아 있다. 신도비는 소령원, 효창원, 홍원의 세 곳이고, 지문은 규장각과 장서각에 휘경원과 홍원 지문이 있다. 소령원 관련 금석류 자료가 가장 많다.

잡사류와 총집류 등 기타 자료는 소령원과 순강원의 식례式例가 있고 현판과 보고서 등이 수 점 파악된다.

기록문헌 자료의 소장처는 대부분 규장각과 장서각인데, 규장각에 35건, 장서각에 62건이 있고, 국립중앙박물관의 외규장각 소장 3건을 파악할 수 있다.[2]

1. 소령원

서명	편저자	간행년	형태사항	소장처
宮園式例補編	洪鳳漢 等	英祖(1724－1776)	1책 43장, 도, 33.5×23.3cm	규장각
宮園祭文編錄	英祖	英祖 39(1763)		장서각
墓所祭廳塗褙謄錄	미상	미상	1책 30장, 39.5×26cm	장서각
戊戌苫次日記	延礽君	肅宗 44(1718)	1책 50장, 251×18cm	장서각
上諡都監儀軌	上諡都監	英祖 48(1772)	2권 2책, 도, 46.5×33.3cm	장서각
(毓祥宮)上諡都監儀軌	上諡都監	英祖 48(1772)	1책 118장, 44.6×32cm	규장각
上諡封園都監儀軌	上諡都監	英祖 29(1753)	1책, 46×32.4cm	규장각 장서각
昭寧墓石物看役	미상	미상	47.3×55cm	장서각
昭寧園山圖	미상	미상	86×92cm	장서각
昭寧園誌	예조	英祖 50(1774)	2권 1책, 도, 26.8×19.7cm	장서각
淑嬪崔氏墓碑文	미상	英祖 44(1768)	124×54cm	장서각
淑嬪崔氏碑	미상	肅宗 44(1718) 이후	1첩 10절, 38.1×22.6cm	장서각
淑嬪崔氏神道碑銘	朴弼成	미상	1첩 31절, 37×23.5cm	장서각
諡號都監儀軌	諡號都監	英祖 48(1772)	1책 68장, 45×32cm	규장각
毓祥宮昭寧園式例	具允明 等	英祖(1725－1776)	1책 54장, 도, 35.2×22.3cm	장서각
毓祥宮昭寧園式例	具允明 等	純祖 13(1813)	1책 34장, 도, 33.5×23.3cm	규장각
園虎石排立始後啓	홍봉한	英祖 29(1753)	1장, 啓文, 54.5×84cm	장서각
祭廳及石物造成時謄錄	미상	肅宗 44(1718)	1책 12장, 도, 30.8×22.7cm	장서각

『宮園式例補編』

    규장각. 奎 2068, 奎 2069

    洪鳳漢 等 受命 編. 筆寫本. 英祖 年間: 1724~1776

    1冊(43張). 圖. 33.5×23.3cm

    印: 震宮, 弘齋(奎 2069)

    MF: 79-103-167-P(奎 2068)

숙빈 최씨의 宮園인 毓祥宮·昭寧園에 대한 式例의 補編으로, 宮園에서 지내는 여러 가지 의식의 절차 및 육상궁과 소령원의 儀物에 관해 소개해 놓은 책이다. 내용은 맨 앞부분에 영조의 傳敎를 시작으로, 毓祥宮·昭寧園의 〈大小祭享祀式〉과 〈祭儀〉〈儀物〉〈陳設圖式〉으로 이루어졌다. 장서각 소장은 K2-2426과 K2-2427이 있다.

『戊戌苫次日記』

    장서각. K2-2948

    延礽君(朝鮮) 編. 肅宗 44(1718)

    線裝 1冊(50張). 原本. 25.1×18cm

    印: 春宮, 延礽君章, 奉謨堂印

    MF: 35-698

영조가 왕자 시절에 생모 숙빈 최씨의 喪을 당해 약 2달 반의 기간 동안의 상장례 과정을 기록한 것이다. 구성은 〈日記〉〈弔客〉〈成殯處所圖〉挽章請製皮封式〉〈祭物陳設圖〉〈祭祀儀節〉〈山所祭廳圖〉〈擇日記〉〈內司造送數〉〈該司禮葬所入〉〈分院磻來數〉〈外棺尺數〉〈墳墓圓徑尺數〉〈土圭營造尺見樣〉〈誌石兩本見樣〉으로 장례의 전 과정이 담겨 있고, 자(尺)의 견양을 그려 놓았다. 내용은 한국학중앙연구원의 『숙빈최씨 자료집』에 번역이 되어 있다.

『上諡封園都監儀軌』

    규장각. 奎 14925, 奎 14926

    上諡都監. 編. 筆寫本. 英祖 29(1753)

1冊(零本). 圖. 46×32.4cm

印: 一品奉使之印

MF: 78-103-339-A(奎 14925), MF: 78-103-339-B(奎 14926)

1753년(영조 29)에 영조의 어머니 숙빈 최씨에게 和敬이라 追諡하고 봉원하는 과정의 기록이다. 구성은 상권에 〈座目〉〈啓辭〉〈移文〉〈來關〉〈禮關〉〈甘結〉〈各所〉〈造成所〉, 下卷에 〈冊印造成所〉〈毓祥宮三門造成所〉〈大浮石所〉〈碑石所〉〈爐冶所〉〈小浮石所〉〈輪石所〉〈園所別工作〉〈冊印別工作〉〈分長興庫〉〈燔瓦所〉 등의 순으로 되어 있으며, 당시 왕릉의 일반적 항목보다 세분화되어 있음을 알 수 있다. 소장본 '奎 14925'는 上(1冊) 缺, '奎 14926'은 下(4冊) 缺. 규장각 목록에는 인빈의 의궤로 표기되어 있으나 이는 오류로 판단된다.

『昭寧墓石物看役』

장서각. S06^04^0883

편저자 미상. 英祖 20(1744)

1장. 圖. 47.3×55cm

MF: 35-004657

내수사에서 소령묘 석물 조성을 감독한 간역, 서원, 고직 등의 관리자와 석수 변수 金天錫과 야장 변수 金甲申 등의 이름 위에 무명과 베를 지급한 내용이 手記로 더해 있다. 비석을 조각한 金天錫은 金天碩의 오기로 보인다. 1718년 초장 시, 석수 편수는 嗚士俊이었다. 1753년 봉원시의 석수 편수는 동일하게 金天錫이지만, 야장 편수는 朴貴萬이었고, 간역도 崔天若과 金夏鼎이었다. 그리고 명단의 조직도 간단한 것으로 보아 이 문서가 작성된 시점은 1725년 신도비 제작할 때였다기보다는 1744년 〈淑嬪海州崔氏昭寧墓〉 비석을 세울 때의 기록으로 판단된다.

『昭寧園山圖』

장서각. S12^05^4408

편자, 간행연도 미상

地圖·地形圖. 番號: 4408. 86×92cm

MF: 35-004672

지명과 풍수지리적인 내용, 그리고 주변 개인분묘를 간략하게 그려놓은 그림지도이다.

『昭寧園誌』

장서각. K2-4439

禮曹 編. 寫本. 寫年 미상. 甲子(1774)

線裝 2卷1冊. 圖. 四周雙邊, 半郭 21×15.1cm. 朱絲欄, 半葉 10行 18字. 註雙行, 上朱魚尾. 26.8×19.7cm

印: 藏書閣圖書印

MF: 35-230

숙빈 최씨와 소령원에 대한 제반 정보가 담겨 있다. 소령원지 上에는 〈昭寧園山圖〉〈昭寧園式例〉〈昭寧園忌辰祭式〉〈節祭祝式〉〈昭寧園展拜儀〉〈祭儀〉〈昭寧園儀物〉 그리고 〈陳設圖〉와 식례들이 있다. 이어서 〈六吳堂〉과 〈祈稔閣〉에 관한 기록을 싣고, 표석과 비석에 관한 사항이 이어진다. 죽책문과 제문 등의 기타 사항을 후미에 실었다. 下卷에는 정자각 및 부속 건물에 배치도 의물의 종류와 관원의 근무지침 및 서식 등 부수적인 내용을 기록했고, 부록에는 인근의 정빈 이씨 綏吉園에 관한 기사를 담고 있다.

『淑嬪崔氏墓碑文』

장서각. S11^01^03^4080

編者 미상. 拓本類. 英祖 44(1718)

2枚. 墓碑銘. 124×54cm

MF: 35-004671

소령원에는 모두 4기의 비석이 있다. 이 비문은 비명과 음기를 모두 탁본한 것인데, 비명에 '有明朝鮮國淑嬪首陽崔氏之墓'라고 쓰여 있어서 봉분 앞에 있는 묘표에 새긴 글씨임을 알 수 있다. 숙빈 최씨의 본관을 首陽으로 표기했다.

『淑嬪崔氏碑』

    장서각. K2-3943

    撰者 미상. 拓印版, 肅宗 44(1718) 이후

    帖裝(旋風葉) 1帖(10折). 行字數 不定. 38.1×22.6cm

    印: 奉謨堂印

    MF: 16-311

    앞의 장서각. S11^01^03^4080과 같은 내용이며, 10첩으로 나뉘어 있는 점이 다르다.

『淑嬪崔氏神道碑銘』

    장서각. K2-3944

    朴弼成 撰. 寫本. 寫年 미상

    帖裝(旋風葉) 1帖(31折). 行字數 不定. 37×23.5cm

    印: 奉謨堂印

    MF: 35-1726

    영조의 사친인 숙빈 최씨의 神道碑銘이다. 숙빈 최씨의 비명으로는 이 神道碑銘 외에도 이보다 7년 앞서 숙종 44년에 세운 묘비명이 있다. 이에 비해 神道碑銘은 1面 3行 1行 6字로 모두 40面 남짓한 간결한 내용이다.

『園虎石排立始後啓』

    장서각. S02^08^0245

    홍봉한, 啓文. 1753년

    1張. 54.5×84cm

    MF: 35-004653

    소령묘를 소령원으로 봉원하며 처음에는 봉원 석물로 석호 없이 석양만 설치했다가 나중에 다시 석호를 배립한다는 내용을 영조에게 보고한 문서. 석호를 설치한 구체적인 날짜를 알 수 있다.

『毓祥宮昭寧園式例』

A. 규장각. 奎 2066, 奎 2067

具允明 等 受命 編. 筆寫本. 純祖 13(1813). 간행자 미상

1冊(34張). 圖. 33.5×23.3cm

MF: 79-103-189-G(奎 2066)

B. 장서각. K2-2477

英祖 命編. 英祖年間(1725~1776)

線裝, 1冊(54張). 圖. 四周雙邊, 半郭 23.4×16.4cm. 有界, 半葉 10行 18字, 註雙行, 內向二葉花紋魚尾, 35.2×22.3cm

印: 李王家圖書之章

MF: 16-294

1753년(영조 29) 왕명에 의해 具允明(1711~1797) 등이 영조의 생모 숙빈 최씨를 모신 宮園인 毓祥宮과 昭寧園에 관계된 제반 규식을 撰한 책이다. 목차는 傳敎, 毓祥宮式例, 昭寧園式例, 毓祥宮昭寧園展拜親祭攝祭儀註, 毓祥宮昭寧園大小祭享祝式, 毓祥宮昭寧園大小祭享陳設圖式 순이다. 육상궁과 소령원 관련 식례는 장서각과 규장각에『毓祥宮昭寧園式例』(K2-2476),『宮園式例補編』(K2-2426-7, 奎2068-9),『毓祥宮昭寧圖式例』(奎2066-7)가 있다.

『(毓祥宮)諡號都監儀軌』

규장각. 奎 13490

시호도감 편. 筆寫本. 英祖 48(1772)

1冊(68張). 45×32cm

1772년(영조 48)에 영조의 생모 숙빈 최씨에게 시호를 올린 기록이다. 座目에 都提調 領議政 申晦, 提調 趙雲達 등 3명, 都廳 李秉鼎, 郎廳 徐明欽 등 6명이다. 〈啓辭〉에 서 영조는 8월 19일 사친인 毓祥宮에 加上 諡號할 것이니 議號할 것을 傳敎하고, 이어서 시호를 '安純'으로 정한다. 〈禮關秩〉에 의하면 9월 15일이 上諡吉日로 擇日되었다. 各房 의궤를 보면 一房은 竹冊, 二房은 銀印, 三房은 腰轝, 彩轝, 紅盖一雙 등 각종 儀仗物을

담당하고 있다.

『祭廳及石物造成時謄錄』

장서각. K2-3580

편자미상. 寫本. 肅宗 44(1718)

1冊(12張). 圖. 無郭. 30.8×22.7cm

印: 春宮, 연잉군장, 藏書閣印 外 1種

MF: 35-2189

『墓所祭廳塗褙時謄錄』과 함께 봉원하기 전 숙빈 최씨 묘소에 관한 기록으로, 제청과 석물의 조성과정을 담고 있다. 조성과정에는 시일과 표석 제작과정 등은 물론 일부 공장의 이름도 들어 있다. 특히 〈묘소석물배열도〉와 〈제청도〉의 도판이 실려 있어서 초기 소령묘를 이해하는 중요한 자료이다.

2. 순강원

서명	편저자	간행년	형태사항	소장처
宮園式例	李喆輔 等	英祖 32(1756)	1책 49장, 35.9×22.8cm	장서각
上諡封園都監儀軌	封園都監	英祖 31(1755)	1책 160장, 47.1×33.5cm	규장각
順康園誌錄	閔光運	光武(1897 – 1906) 寫	1책 36장, 21.9×19.5cm	장서각
御製順康園祗迎後記懷	英祖	英祖 45(1769)	1첩 4절, 33.8×19.2cm	장서각
御製儲慶宮	李喆輔	英祖 32(1756)		장서각
御製儲慶宮宮園式例	英祖	英祖 32(1756)		장서각
仁嬪金氏神道碑銘	張維	미상	1책 5장, 42.8×38.1cm	규장각
儲慶宮順康園式例	稽制司	英祖 32(1756)	1책 49장, 도, 35.2×22.4cm	장서각

『宮園式例』

장서각. K2-2425

李喆輔 等 受命 編. 英祖 32(1756)

1册(49張). 圖. 35.9×22.8cm

印: 奉謨堂印

『儲慶宮順康園式例』K2-2484)와 동일판본

인빈 김씨의 宮園인 儲慶宮과 順康園에 대한 式例를 기록한 것이다. 책의 구성은 御製 儲慶宮宮園式例小敍·儲慶宮順康園式例·儲慶宮順康園大小祭享祝式·宮園祭儀·儲慶宮儀·順康園儀物·儲慶宮順康園大小祭享陳設圖式의 일곱 부분으로 되어 있으며 마지막에 校正諸臣의 명단을 수록했다. 儲慶宮順康園式例에서는 儲慶宮式例 29개 항목과 順康園式例 21개 항목을 자세히 서술하고 있다. 順康園儀物에서는 丁字閣·平床 등 기물에 대한 사항을 기록했다. 또 順康園儀物을 따로 마련해 丁字閣과 園上에 비치해야 하는 여러 기물들을 수록했다. 儲慶宮과 順康園의 親祭攝祭儀註, 祝式, 儀物, 祭器, 諸圖式을 일목요연하게 기록하여 하나의 사례집의 역할을 충분히 하고 있다.

『上諡封園都監儀軌』

규장각. 奎 13493

封園都監. 編. 필사본. 英祖 31(1755)

1책 160장. 47.1×33.5cm. 표지 재질 홍포 장정 변철/ 원환/ 박을정

규장각 한국학연구원의 검색목록에는 『(순회세자)상시봉원도감의궤』로 오기되어 있으며, 제1책은 없고 제2책만 남아 있다. 제2책의 목록은 園所造成所 碑石所 大浮石所 補土所爐冶所 小浮石所 輸石所 册印別工作, 廟宇別工作 園所別工作 分長興庫 燔瓦所 순으로 되어 있다. 조성소에는 정자각을 정전 3칸 배위청 2칸으로 새로 건축하고, 碑石所에는 表石의 크기에 대한 설명과 前後面式이 있는데 前面式은 '有明朝鮮園敬惠仁嬪順康園'으로 되어 있다. 大·小 浮石所에서는 묘제에 없던 석수와 비석을 마련하고 원에 배설하는 일과 크기 및 제작을 담당한 석수 명단이 있다. 輸石所에서는 석물을 大雲馬 中·小雲馬 板童車 擔石機 등을 이용하여 園으로 수송하는 일을 담당하고, 번와소에서는

건축에 들어간 각종 기와의 수량을 밝히고 있다. 상권은 국립중앙박물관 외규장각의궤에 포함되어 있다.

『順康園誌錄』

장서각. K2-4441

閔光遏 編. 寫本. 光武 年間(1897~1906)

線裝 1冊(36張). 21.9×19.5cm. 四周雙邊 半郭 21×15.2cm. 朱絲欄, 半葉 10行20~25字, 註雙行, 上朱魚尾

印: 藏書閣圖書印

MF: 35-251

元宗의 사친 인빈 김씨의 순강원의 園誌이다.

『仁嬪金氏神道碑銘』

규장각. 奎 9751

張維 教撰. 申翊聖 教篆. 義昌君 教書. 筆寫本

1冊(5張). 42.8×38.1cm. 匡郭 版心 표기문자

MF: 77-103-168-L

인빈 김씨 순강원 신도비문의 필사본으로, 비문과 순강원 표석 비문이 함께 포함되어 있다. 실제의 탁본이 아니어서 실감은 할 수 없으나, 前面篆首는 인빈 김씨의 사위인 東陽尉 申翊聖의 篆으로 〈仁嬪金氏神道碑銘〉이라 되어 있고, 碑題는 〈有明朝鮮國仁嬪金氏神道碑銘〉이다. 본문 글씨는 義昌君珖이 썼으며 글은 張維가 지었다. 신도비는 1636년(仁祖 14)에 세운 것으로 인빈 김씨의 행적과 그로부터 파생된 왕실의 가계 상황이 기록되어 있다. 즉 인빈 김씨가 宣祖의 후궁으로 들어선 때로부터 사망하기까지의 행적을 기록하고 있다.

『儲慶宮順康園式例』

장서각. K2-2484

稽制司 奉命 編. 英祖 32(1756)

線裝, 1册(49張). 圖. 35.2×22.4cm. 四周雙邊, 半郭. 23.3×16.5cm. 有界, 半葉 10行 18字, 註雙行. 內向二葉花紋魚尾

印: 李王家圖書之章

MF: 35-2185

제례에 쓰인 祝式, 祭儀, 儀物, 陳設圖를 모아 놓은 책으로, 御製儲慶宮宮園式例小叙, 儲慶宮順康園式例, 儲慶宮順康園大小祭享祝式, 宮園祭儀, 儲慶宮儀, 順康園儀物, 儲慶宮順康園大小祭享陳設圖式 등이 실려 있다. 인빈 김씨의 저경궁에는 展拜儀, 酌獻禮儀, 時祭親祭儀, 節祭親祭儀, 節祭攝祭儀이, 순강원에는 展拜儀, 忌辰祭親祭儀, 忌辰祭攝祭儀가 실려 있다. 儲慶宮儀와 順康園儀物에는 神倚와 神榻은 그림으로 그려져 있다. 儲慶宮順康園大小祭享陳設圖式에는 제향 시 진설되는 제물이 그림과 함께 구체적으로 수록되어 있다.

3. 수길원

서명	편저자	간행년	형태사항	소장처
靖嬪李氏墓碑文	미상	미상	144×56cm	장서각
靖嬪含城李氏墓誌	미상	英祖 1(1725)	1첩 2절, 24.7×16.4cm	장서각

『靖嬪李氏墓碑文』

장서각. S10^07^2313

편자 미상, 비문, 간행연도 미상

2張 1. 44×56cm

MF: 35-004667

정빈 이씨에 대한 조선왕조 실록에 실린 기록은 아주 소략하다. 따라서 이 비문과 묘지문으로 정빈 이씨의 본관과 일대기를 알 수 있다.

『靖嬪含城李氏墓誌[文]』

장서각. K2-3990

撰者未詳. 寫本. 英祖 1(1725)頃寫

帖裝(旋風葉)1帖(2折). 24.7×16.4cm. 9行 18字

印: 奉謨堂印

MF: 16-310

정빈 이씨의 墓誌文으로, 1면에는 묘지명, 2면에는 지문으로 8세에 입궁한 사실이나 乙巳년(1725)에 昭媛에서 靖嬪으로 증봉된 내용들이 들어 있다. 정빈 증봉과 관련해서는 장서각에 雍正 3년 2월 27일 책봉하는 敎旨인『昭媛李氏贈靖嬪者』가 남아 있다.

4. 휘경원

서명	편저자	간행년	형태사항	소장처
嘉順宮喪禮錄	禮曹	純祖 25(1825)	1책 59장, 41.2×27cm	장서각
嘉順宮顯穆綏嬪喪禮儀註謄錄	禮曹	純祖 22-24 (1822-1824)	1책 106장, 41×27cm	장서각
顯穆綏嬪殯宮魂宮都監儀軌	殯殿都監	純祖 22(1822)	3권 3책, 47.1×32.4cm	규장각
顯穆綏嬪喪葬謄錄	禮曹	純祖 25(1825)	1책 79장, 42×27.3cm	장서각
顯穆綏嬪葬禮都監儀軌	禮葬都監	純祖 22(1822)	4권 4책, 채색도, 45.9×33cm	규장각
(顯穆綏嬪) 徽慶園園所都監儀軌	園所都監	純祖 22(1822)	2책, 채색도, 46×32.2cm	규장각
(顯穆綏嬪) 徽慶園遷奉都監儀軌	遷奉都監	哲宗 14(1863)	4권 4책, 도, 45.2×31.8cm	규장각
徽慶園園所都監儀軌	園所都監	純祖 23(1823)	1책 129장, 도, 45.7×32.5cm	장서각
徽慶園誌	禮曹	1936년 寫	1책 40장, 27.2×19.9cm	장서각

徽慶園誌文	趙斗淳	哲宗 6(1855)	1첩 18절, 33.8×19.5cm	규장각 장서각
徽慶園誌文	金炳學	哲宗 14(1863)	1첩 7절, 34.3×26.8cm	규장각
徽慶園遷奉都監儀軌	遷奉都監	哲宗 6(1855)	4권 4책, 도, 45.6×33cm	규장각
徽慶園遷奉謄錄	禮曹	哲宗 14(1863)	불분권 3책, 도, 42×27.7cm	장서각
徽慶園遷奉[時分政院]日記	承政院	哲宗 6(1855)	1책 13장, 36×30cm	규장각
徽慶園遷奉園所都監儀軌	遷奉都監	哲宗 6(1855)	2책, 채색도, 46.2×32.2cm	규장각
徽慶園遷奉園所都監儀軌	遷園都監	哲宗 14(1863)	4책, 도, 45.7×32.5cm	규장각 장서각

『嘉順宮喪禮錄』

장서각. K2-2911

禮曹(朝鮮) 編. 原本. 純祖 25(1825) 寫

線裝 1冊(59張). 41.2×27cm. 四周單邊. 半郭 31.5×21.3cm. 烏絲欄, 半葉 12行 字數不定, 註雙行, 內向二葉花紋魚尾

印: 禮曹之印, 藏書閣印

MF: 35-624

순조의 생모인 顯穆綏妃 朴氏의 喪葬에 대한 내용을 기록한 책으로, 入廟, 奉安, 祭事 등에 대한 사항이 들어있다.

『嘉順宮顯穆綏嬪喪禮儀註謄錄』

장서각. K2-2912

禮曹(朝鮮) 編. 原本. 純祖 22~24(1822~1824) 寫

線裝 1冊(106張). 41×27cm. 四周單邊. 半郭 31.5×21.3cm. 烏絲欄, 半葉 12行 26字, 註雙行, 內向二葉花紋魚尾

印: 禮曹之印, 藏書閣印

MF: 35-621

수빈 박씨의 상장에 관한 초상에서 부묘까지 내용을 차례로 소상히 적은 등록이다.

『顯穆綏嬪殯宮魂宮都監儀軌』

규장각. 奎 13931-v.1-3, 奎 13932-v.1-3, 奎 13933-v.1-3, 奎 13934-v.1-3

殯殿都監. 編. 筆寫本. 純祖 22(1822)

3卷 3冊. 47.1×32.4cm. 藏書記, 內賜記 藏書記: 禮曹上(奎 13931), 鼎足山城上(奎 13932), 春秋館上(奎 13933), 伍臺山上(奎 13934)

印: 奉使之印

MF: 78-103-365-B(奎 13931)

1823년(순조 23) 12월부터 1824년 2월까지 순조의 생모인 수빈 박씨(1770~1822)의 장례 때 殯宮과 魂宮都監의 기록이다. 卷1에는 座目과 事目 등이 실려 있는데, 返虞班次圖는 다른 殯宮·魂宮儀軌에서는 보기 드문 것으로 圖畵는 없고 위치에 직명만이 기록되어 있다. 卷2는 一房 儀軌이고 卷3은 二房 儀軌이다.

『顯穆綏嬪喪葬謄錄』

장서각. K2-3032

禮曹 編. 草本, 純祖 25(1825) 寫

線裝, 1冊(79張). 四周單邊, 半郭 31.5×21.3cm. 烏絲欄, 半葉 12行 22字, 註雙行, 內向二葉花紋魚尾. 42×27.3cm

印: 藏書閣印

MF: 35-622

『顯穆綏嬪葬禮都監儀軌』

규장각. 奎 13927-v.1-4, 奎 13928-v.1-4, 奎 13929, 奎 13930-v.1-4

禮葬都監. 編. 筆寫本. 純祖 22(1822)

4卷 4冊, 彩色圖. 45.9×33cm

藏書記, 內賜記 伍臺山上(奎 13927), 春秋館上(奎 13928), 禮曹上(奎 13929), 鼎足山城 (奎 13930)

印: 奉使之印

MF: 82-35-70-1(奎 13928), MF: 82-35-70-2(奎 13928)

수빈 박씨의 예장을 기록한 책으로 권1에는 成殯·成服하고 諡號를 顯穆, 園號를 徽慶이라 정한 과정을 실었다. 그리고 진행일지인 〈時日〉과 조직 명단을 적은 〈座目〉에 더하여 傳敎·啓辭·狀啓·移文·來關·禮關·儀註·甘結·財用·賞典·儀軌 등이 실려 있다. 권2는 一房儀軌과 二房 儀軌로 大轝諸具 등의 기록과 도설이 있다. 권3은 三房 儀軌로 諡冊·諡印·哀冊·贈玉·贈帛·翣扇 및 輓章 50軸 등이 있다. 권4에는 表石所·誌石所·別工作·分長興庫·分典設司 의궤가 실려 있다. 소장본 '奎 13929'는 卷1·4(合 2冊)缺

『顯穆綏嬪徽慶園園所都監儀軌』

규장각. 奎 13935-v.1-2, 奎 13936-v.1-2, 奎 13937-v.1-2, 奎 13938

園所都監 編. 筆寫本. 純祖 22(1822)

2冊. 彩色圖. 46×32.2cm

藏書記, 內賜記, 藏書記: 伍臺山上(奎 13935), 春秋館上(奎 13936), 鼎足山城上(奎 13937), 禮曹上(奎 13938)

印: 一品奉使之印

MF: 78-103-377-B(奎 13936)

원소의 석물 파악에 중요한 책이다. 현목수빈의 휘경원을 조성한 1822년(순조 22) 12월부터 1823년 3월까지 기록이다. 〈傳敎〉에는 휘경원이 永佑園 舊基였던 까닭에 그곳에 묻혀 있던 舊永佑園 석물이 노출되어 석품·조각이 모두 精美한 舊件을 移用하자는 방침이 1월 중에 결정되었다. 도설은 〈三物所〉〈造成所〉〈大浮石所〉에 실렸는데 〈三物所〉에 園上閣圖 등 5종, 〈造成所〉에 丁字閣圖 등 11종의 彩色圖, 〈大浮石所〉에 석인과 석수도 등의 도설이 자세히 그려져 있다. 소장본 '奎 13938'은 卷上(1冊) 缺.

『顯穆綏嬪徽慶園遷奉都監儀軌』

규장각. 奎 13954-v.1-4, 奎 13955-v.1-4, 奎 13956-v.1-4, 奎 13957-v.1, 奎 13958-v.1-4
遷奉都監. 編. 筆寫本. 刊地未詳. 哲宗 14(1863)

4卷 4冊, 45.2×31.8cm. 藏書記, 內賜記 藏書記: 伍臺山上(奎 13954-v.1-4), 鼎足山城上(奎 13955-v.1-4), 春秋館上(奎 13956-v.1-4), 禮曹上(奎 13957-v.1)

印: 奉使之印

MF: 79-103-35-C(奎 13956-v.1-4)

1863년(철종 14)에 휘경원을 양주 達摩洞으로 천봉한 기록이다. 기본 사항은 『徽慶園遷奉都監儀軌』'奎 13945'와 거의 동일하다. 〈時日〉과 〈承傳〉은 同名 儀軌 '奎 13959'本에 비해 소략하게 기록되어 있다. 殯宮所儀軌는 완전한 목록대로 수록되어 있고 도설에는 瓷家·隧道閣圖 등과 각종 器械圖說이 들어 있다. 한편 '奎 13954'本과 '奎 13958'本은 紙質에서 차이를 보이고 있다. '奎 13957'은 卷4(1冊) 外 缺.

『(顯穆綏嬪)徽慶園遷奉園所都監儀軌』

규장각. 奎 13959-v.1-2, 奎 13960-v.1-2, 奎 13961-v.1-2, 奎 13962-v.1-2, 奎 13963
遷奉都監. 編. 筆寫本. 刊地未詳. 哲宗 14(1863)

2冊, 44.3×31.4cm. 匡郭 版心.

藏書記, 內賜記 藏書記: 伍臺山(奎 13959-v.1-2), 鼎足山城(奎 13961-v.1-2), 禮曹上(奎 13963)

印: 一品奉使之印

MF: 82-35-81-A(奎 13962-v.1-2)

1855년 1차 천봉하였던 휘경원을 1863년(哲宗 14) 2월부터 5월에 걸쳐 揚州 達摩洞으로 2차로 천봉한 기록이다. 상·하편으로 되어 있으며 의궤 체제와 기록 형식은 이 당시의 다른 의궤와 거의 같다. 1863년 2월 7일, 筵說에서 천봉이 발의되어 傳敎에 의해 楊州 達摩洞을 新園所로 看審하여 3월 4일 封標하고 3월 12일에 始役, 4월 9일 穿壙, 5월 8일 下玄室, 5월 10일에 완공했음이 기록되어 있다. 三物所·造成所·大浮石所 의궤 내의 도설은 『徽慶園遷奉園所都監儀軌』(1855, 奎 13949)와 거의 동일하며, 大浮石所의 경우 석물 특히 문석인, 석수, 석망주, 장명등 등은 舊石物을 雕琢 移用하고 있다. 소장본 '奎 13963'은 上卷(1冊) 缺.

『徽慶園園所都監儀軌』

장서각. K2-2398

園所都監. 編. 原本. 純祖 23(1823) 寫

線裝, 1冊(129張). 45.7×32.5cm. 四周單邊, 半郭 32.5×25.5cm, 烏絲欄, 半葉 12行 24字, 註雙行, 上二葉花紋魚尾

印: 奉使之印, 藏書閣印

MF: 35-557

수빈 박씨는 정조의 후궁이며 순조의 생모로, 사후 무덤은 처음부터 원으로 조성되었으며 그 과정을 기록한 의궤이다. 이 의궤는 상·하편으로 이루어져 있었으나 상편만 남아 있는 零本으로, 상편에 時日, 座目, 傳敎-啓辭狀啓並, 賞典, 移文, 甘結, 來關, 禮關, 儀註, 財用-附雜物式例가 실려 있고, 하편에 三物所, 造成所, 大浮石所, 爐冶所, 補土所, 小浮石所, 輸石所, 別工作, 分長興庫, 燔瓦所 등이 있었다.

『徽慶園誌』

A. 규장각. 奎 10209

趙斗淳 撰, 徐念淳(朝鮮) 書. 拓本 [刊地未詳]. 蝴蝶裝 1帖(6折 11面)

哲宗 6(1855). 刊者 미상. 34.7×26.3cm

匡郭 版心 표기문자. 表紙. 版心. 卷頭書名

MF: 83-16-52-K

1855년(철종 6) 10월 趙斗淳이 撰하고 徐念淳이 글씨를 쓴, 정조의 嬪이며 순조의 생모인 수빈 朴氏의 誌를 탁본한 것이다. 천봉하게 되면서 誌를 쓰게 된 경위와, 金祖孝亨이 撰한 舊誌를 참조하여 朴氏의 先代와 생애를 기록하고 있다. '奎 10221'본은 1863년 다시 천봉하면서 金炳學이 撰하고 洪祐吉이 글씨를 쓴 것으로 탁본이다.

B. 규장각. 奎 10221

金炳學(朝鮮) 撰; 洪祐吉(朝鮮) 書. 拓本. 刊地 미상. 哲宗 14(1863) 이후

蝴蝶裝 1帖(7折 12面) 34.3×26.8cm

匡郭, 版心, 표기문자, 表紙, 版心, 卷頭書名. 卷頭書名: 有明朝鮮國…

序, 跋, 卷首, 卷末. 文末: 崇禎紀元後二百三十六年(1863)…

表題紙, 內題紙, 附. 藏書記, 內賜記

MF: 79-103-190-W

앞의 '奎 10209' 이후 2차 천봉 후에 수빈 박씨의 園誌를 탁본한 것이다.

C. 장서각. K2-4504

趙東喆, 1936. 謄寫. 線裝 1冊(40張): 27.2×19.9cm, 寫本

印: 藏書閣圖書印

MF: 35-230

정조 후궁 수빈 박씨 휘경원 원지로, 애책문과 정자각 상량문, 천원 후의 기록, 원상의 석물 종류, 화소, 정자각 내 배설물 등을 기록해 놓았다.

『徽慶園誌文』

장서각. K2-4020

趙斗淳(朝鮮) 謹撰; 徐念淳(朝鮮) 書. 哲宗 6(1855)

帖裝(旋風葉) 1帖(18折). 33.8×19.5cm. 拓印版 2部 合帖

印: 奉謨堂印

MF: 16-311

순조의 생모인 현목수빈 朴氏의 園誌文으로 음각된 글씨를 탁본한 것이다.

『徽慶園遷奉都監儀軌』

규장각. 奎 13944-v.1-4, 奎 13946-v.1-4, 奎 13947-v.1-4, 奎 13948, 奎 3945-v.1-4

遷奉都監 編. 筆寫本. 哲宗 6(1855)

4卷 4冊. 45.6×33cm

印: 奉使之印

MF: 80-103-262-A(奎 13944-v.1-4)

1855년 휘경원의 1차 천봉 과정을 적은 기록이다. 권1에 時日, 座目, 承傳, 狀啓, 移文, 來關, 禮關, 儀註, 甘結, 財用, 賞典, 儀軌을 실었고, 권2는 一房·二房 의궤, 권3은 三房, 內別工作, 分長興庫, 分典設司, 紙榜所, 表石所, 誌石所 의궤이다. 권4는 殯宮所, 外別工作 의궤로 구성되어 있다. 一房·二房·三房儀軌 속에는 이 당시 다른 의궤에서와 같이 各房 所掌에 따른 도설이 실려 있으며, 移安班次圖는 二房儀軌 속에 들어 있는데 채색의 행렬도이다. 또한 表石所에는 表石圖說이, 誌石所에는 誌石圖說이 실려 있다. 권4의 殯宮所儀軌는 座目, 日記, 圖說, 稟目, 移文, 甘結, 來關, 禮關, 祝文, 進香文, 財用, 工匠, 各處 手本, 外別工作 순으로 수록되어 있다. 〈圖說〉에는 瓮家·隧道閣·欑宮과 諸具 등의 도설이 실려 있다. 한편 같은 제목의 '奎 13944'본 이하의 의궤는 '奎 13945'본과 대동소이한 내용이다. '奎 13948'은 卷1(1冊) 缺.

『徽慶園遷奉謄錄』

장서각. K2-2399

禮曹 編. 哲宗 14(1863)寫 寫本

線裝. 不分卷 3冊: 四周單邊. 半郭 31.3×21.3cm. 烏絲欄. 半葉 12行 26字. 註雙行. 內向二葉花紋魚尾. 42×27.7cm

MF: 35-620

천봉이 많았던 수빈 朴氏의 휘경원에 대하여, 1855년(철종 6)과 1863년(철종 14) 두 차례에 걸쳐 이루어진 園所 천봉에 관한 여러 가지 진행과정과 절차를 날짜순으로 기록한 謄錄이다.

『徽慶園遷奉時(分政院)日記』

규장각. 奎 12809의 1

承政院 編 筆寫本 刊地 미상. 哲宗 6(1855)

1冊(13張), 36×30cm. 匡郭 版心 표기문자 表紙, 版心, 卷頭書名

MF: 76-103-55-C

휘경원의 천봉을 기록한 일기이다. 천봉인 改葬이 행해졌던 1855년(철종 6) 9~10월(奎 12809의 1), 1863년 4~5월(奎 12809의 2)의 기록이 각각 1책으로 分綴되어 있다. 당시 천봉을 위해 특별히 설치되었던 分政院의 일기이다. 2책 모두 年月日과 干支·日氣를 적고 承旨·注書·記事官의 명단을 실어 체제는 승정원일기와 동일하다. 제1책은 1855년 1차 개장사실, 제2책은 1863년 제2차 개장시실을 기록하여 휘경원의 연혁을 적었다.

『徽慶園遷奉園所都監儀軌』

장서각. K2-2400

遷園都監 編, 哲宗 14(1863) 寫, 판사항: 原本, 紙質: 壯紙

線裝, 4冊. b 삽도, 판식: 彩色圖. 四周單邊, 半郭 32.5×25.5cm. 烏絲欄, 半葉 12行 24字, 註雙行, 上二葉花紋魚尾; c 크기(세로×가로): 45.7×32.5cm

印: 一品奉使之印, 藏書閣印

MF: 35-558

1863年(철종14) 2月 7日부터 5月 10日까지 휘경원을 재차 천봉한 것에 대해 기록한 의궤이다. 총4책으로 구성되었으며, 1~3책은 규장각 소장의 「徽慶園遷奉園所都監儀軌」 (奎13959~13963)와 같고, 4책은 규장각 소장의 「徽慶園遷奉都監儀軌」(奎13954~ 13957, 13958)와 같은 것으로 판단된다. 圖說이 있고, 殯宮所儀軌와 別工作儀軌, 分長興庫儀軌, 分典設司儀軌, 紙牓所儀軌, 表石所儀軌, 誌石所儀軌 등도 체제를 갖추어 수록되어 있다.

『徽慶園遷奉園所都監儀軌』

규장각. 奎 13949-v.1-2, 奎 13950-v.1-2, 奎 13951-v.1-2, 奎 13952-v.1-2, 奎 13953-v.1-2)

遷奉都監 編. 筆寫本. 刊地未詳. 哲宗 6(1855)

2冊, 彩色圖. 46.2×32.2cm, 匡郭 版心 표기문자

表紙, 版心, 卷頭書名. 表紙: 咸豊伍年(1855) 乙卯 二月

序, 跋, 卷首, 卷末 卷末: 都提調朴[諸臣銜名]

藏書記,內賜記 藏書記:春秋館上(奎 13952-v.1-2), 伍臺山上(奎 13953-v.1-2), 鼎足山城 上(奎 13951-v.1-2), 禮曹上(奎 13950-v.1-2)

印: 奉使之印

MF: 79-103-39-C(奎 13949-v.1-2)

1855년(哲宗 6 1월 18일 傳敎에 의해 遷園이 결정되면서 10월 11일로 遷園을 마치는 과정을 기록한 의궤이다. 양주 拜峰山에 있던 휘경원을 楊州 順康園 右岡으로 옮겼다. 上·下編으로 나누어져 있으며『文祖綏陵遷奉山陵都監儀軌』'奎 13770'과 동일한 형식으로 수록되어 있다. 하편의 三物所·造成所·大浮石所 儀軌에는 綏陵遷奉儀軌에서와 같은 도설이 실려 있으며, 大浮石所의 경우 石物은 舊陵 石物을 다시 磨正雕刻하여 이용하고 있다.

5. 순창원

서명	편저자	간행년	형태사항	소장처
順昌園先生案	李在夏	高宗 7(1870) – 光武 9(1905)	1책 7장, 47.3×31.8m	장서각
順昌園誌	禮曹	高宗 7(1870) 이후	1책 24장, 도, 31.9×29.3cm	장서각
順懷墓謄錄	禮曹	肅宗 34(1708) 경	1책 20장, 도, 43×30.3cm	장서각

『順昌園先生案』

장서각. K2-552

李在夏 편. 筆寫本(原本). 高宗 7(1870)~光武 9(1905)間 寫

線裝 1冊(7張). 四周單邊 半郭 36.8×35.3cm. 烏絲欄. 半葉 6行 字數 不定(4段). 註雙行. 無魚尾. 47.3×31.8cm

印: 藏書閣印

MF: 35-1889

명종의 嫡子인 순회세자와 세자빈 공회빈 윤씨의 묘소에 근무했던 관리들의 명단을 기록한 것이다. 제1장부터 제3장까지는 저자인 李在夏가 쓴 서문과 비문 내용의 글이다. 제4장부터 마지막 장까지는 순창원에 대한 직제 명부가 기재되어 있다. 소속편제의 직급은 直長, 守奉, 令, 奉, 奉事로 구분되어 있다.

『順昌園誌』

장서각. K2-4447

禮曹 編. 原本. 高宗 7(1870) 이후 寫

1冊(24張). 圖. 半葉 12行 22字. 31.9×29.3cm. 線裝

印: 闕, 其他 1種

순회세자와 世子嬪 恭懷嬪 尹氏의 園誌이다. 순회세자는 명종의 장남으로써 명종 6년(1551)에 탄생하여 18년(1563)에 13세의 나이로 죽었다. 恭懷嬪(德嬪) 尹氏는 임진왜란으로 시체는 찾지 못하고 衣帶만 부장하였다. 제1항에 園圖와 攝享祭物圖가 있고 2항에 丁字閣圖, 3항에 獻官諸執事位次之圖, 4항에 寒食祭陳設之圖, 5항에 齋室圖, 6항에 造禮器尺과 中朴桂, 小朴桂, 散子, 藥菓 등을 陳設하는 饌床의 長·廣·厚가 수치로 밝혀진 도설이 있다.

『順昌園誌』

장서각. K2-4448

禮曹 編. 寫本. 寫年未詳

線裝 1冊(28張): 四周雙邊, 半郭 21×15.1cm. 朱絲欄, 半葉 10行 20字, 註雙行, 上朱魚尾. 26.9×18.9cm

印: 藏書閣圖書印

MF: 35-230

명종의 장남인 순회세자와 공회빈의 합봉원의 園誌이다.

『順懷墓謄錄』

장서각. K2-2343

禮曹 編. 原本. 肅宗 34(1708) 頃寫

線裝, 1册(20張). 圖. 無郭, 無絲欄. 半葉 14行 字數不定, 註雙行. 43×30.3cm.

印: 藏書閣印

MF: 35-604

순회묘는 임진왜란 이전에 조성되었기 때문에 의궤가 남아 있지 않고 이 등록이 있다. 순회세자의 묘를 참배할 때나 제례 시에 지켜야 할 규정사항 등을 기록한 책으로, 책의 앞부분에 墓上象設之圖, 丁字閣圖, 獻官諸執事位次之圖, 寒食祭陳設之圖가 있다. 다음에는 墓祭規例, 順懷墓書, 書目規式, 두 편의 禮曹下帖, 戶保除役報狀, 本陵山勢, 本墓次知境界, 祭時親檢之規, 祭時炭炬之規, 守護軍復戶受米之規, 合番修掃之規, 鋪陳之規 등이 서술되어 있다.

6. 소경원

서명	편저자	간행년	형태사항	소장처
昭慶園謄錄	미상	미상	1책 28장, 도, 39.6×31.4cm	장서각
(昭顯世子) 墓所都監儀軌	墓所都監	仁祖 23(1645)	1책 151장, 45.1×33.6cm	규장각
(昭顯世子) 殯宮都監儀軌	殯殿都監	仁祖 23(1645)	1책 180장, 46.3×33.4cm	규장각
昭顯世子喪禮謄錄	禮曹	仁祖 25(1647)	1책 44장, 38.2×241cm	장서각
(昭顯世子) 禮葬都監都廳儀軌	禮葬都監	仁祖 23(1645)	1책 272장, 43.5×30.6cm	규장각 외규장각

『昭慶園謄錄』

장서각. K2-2334

編者未詳. 寫本. 純祖 34(1834) 寫

線裝, 1冊(28張): 圖. 四周單邊, 半郭 34.3×27.8cm. 烏絲欄, 半葉. 12行 27字. 註雙行, 39.6×31.4cm

印: 藏書閣印

MF: 35-2909

소경원의 제사 절차 및 제반 내용 등을 기록해 놓은 자료로 23권 1책으로 이루어져 있다. 책의 구성은 祝文式, 陳設圖, 祭器冊, 園上曲墻圖, 先生案, 守護軍都案, 植木報狀, 祭需物種記, 節目, 贊者, 謁者 등의 笏記, 書目報狀 등이 담겨 있다. 세부내용에는 경기도 감사가 해야 할 奉審의 일, 莎草 및 묘를 어떻게 관리해야 하는지에 대한 일, 능을 지키는 관리의 일을 처리하는 방식 등이 적혀 있다.

『(昭顯世子)墓所都監儀軌』

규장각. 奎 13920, 奎 14833

墓所都監 編. 筆寫本 _ 仁祖 23(1645)

1冊(151張). 45.1×33.6cm

印: 奉使之印

MF: 83-16-2-E(奎 14833)

1645년(인조 23)에 소현세자(1612~1645) 묘를 조성한 기록이다. 墓所都監 〈座目〉에 의하면 都提調 洛興府院君 金自點, 提調 金堉 등 3인, 郎廳 6명, 監造官 5명이다. 그 당시 園에 있어서 참고해야 할 의궤나 근거가 없어 順懷세자묘 제도을 따르고 石物 數는 왕릉에 비해 文石과 羊馬 虎石 각 1쌍씩만을 배설하고 병풍석 난간석 석망주 등은 설치하지 않고 있다. 〈論賞〉에서는 지방 相地官도 특별히 施賞하고 있음을 볼 수 있고, 참여 장인의 명단이 실려 있다.

『(昭顯世子)殯宮都監儀軌』

규장각. 奎 13919

殯殿都監. 編. 筆寫本. 仁祖 23(1645) 1冊(180張). 46.3×33.4cm

印: 一品奉使之印

MF: 83-16-3-A

소현세자 예장을 거행한 1645년(인조 23) 4월부터 6월까지의 소현세자 殯宮에 관한 기록이다. 예장 시에 만든 세 도감의 의궤가 모두 있다. 처음에는 빈궁(殯宮)·예장(禮葬)·혼궁(魂宮, 혹은 원소)의 세 도감이었으나, 의경세자 예에 따라 원소도감을 묘소도감으로 바꾸었고 남아 있는 의궤도 변경 후의 이름으로 되었다.

『昭顯世子喪禮謄錄』

장서각. K2-2965

禮曹 編. 原本. 仁祖 25(1647) 寫

線裝 1冊(44張): 四周單邊, 半郭 32.2×21.1cm, 烏絲欄, 半葉 10行 18字, 註雙行, 內向二葉花紋魚尾; 38.2×24.1cm

印: 禮曹之印, 藏書閣印

MF: 35-624

소현세자 장례의 내용을 1645년(을유) 4월 26일부터 날짜순으로 기록한 등록이다. 1647년(정해) 4월 16일까지의 기록이 있다.

『(昭顯世子)禮葬都監都廳儀軌』

규장각. 奎 13918

禮葬都監. 編. 筆寫本. 仁祖 23(1645)

1冊(272張). 43.5×30.6cm

印: 一品奉使之印

MF: 82-35-73-B

1645년(인조 23)에 사망한 소현세자의 장례인 禮葬에 관한 기록이다. 吏曹單子로 시작하는 都廳 및 1,2,3방 의궤가 함께 수록되어 있으며 都廳儀軌에는 擧行日記와 座目, 都監事目·禮葬準備가 날짜별로 수록되어 있다. 〈座目〉에 都提調 金自點 이하 諸員의 명단이 있고, 一房·二房·三房儀軌는 各房의 所掌事務內容과 그 진행상황을 수록한 것으로, 명단을 비롯하여 담당한 품목의 造作·稟目, 소요물자의 所入·用還, 工匠秩 등을 분류 수록했다. 특히 소용물품의 채색도와 禮葬班次圖(12장)도 있다.

7. 영회원

서명	편저자	간행년	형태사항	소장처
愍懷嬪封墓都監儀軌	封墓都監	肅宗 44(1718)	2책, 50.4×35.4cm	규장각 장서각
昭顯世子嬪姜氏復位宣諡都監儀軌	宣諡都監	肅宗 44(1718)	1책 237장, 채색도, 46.4×33.6cm	규장각
永懷園誌	禮曹	1936년 寫	1책 35장, 26.7×19.5cm	장서각

『愍懷嬪封墓都監儀軌』

규장각 奎 14837

封墓都監 編. 筆寫本. 肅宗 44(1718) 2冊. 50.4×35.4cm

印: 奉使之印

MF: 83-35-9-A

소현세자빈을 민회빈으로 복위하고 묘를 조성한 과정을 기록한 의궤이다. 책의 구성은 상권에는 筵說·收議·前後座目·啓辭達辭·移文·甘結이, 하권에는 三物所, 造成所, 爐冶所, 大浮石所, 小浮石所, 補土所, 別工作, 分長興庫, 燔瓦所, 輪石所 의궤 순으로 되어 있고, 부록으로 書啓와 論賞까지가 수록되어 있다. 啓辭)에 의하면 衿川 姜씨 가족산에 있던 姜嬪墓를 소현세자묘에 祔墓하려고 했으나 8월 26일 정지시키고 思陵例에 따라 封墓都監을 설치하고 석물체제는 昭顯墓 석물들이 너무 크다고 하여 明陵 例에 의거해 조성했다. 묘소도감의궤인데 산릉도감의궤와 같은 체제를 가지고 있다.

『愍懷嬪封墓都監儀軌』

장서각. K2-2317

封墓都監 編. 原本. 1718~*, 肅宗 44(1718) 寫

線裝. 不分 卷2冊. 四周雙邊. 半郭 35.8×26.7cm. 烏絲欄. 半葉. 12行 22字. 註雙行. 內向三葉花紋魚尾. 47.3×33.5cm

印: 一品奉使之印, 茂朱赤裳山史庫所藏 … 本, 李王家圖書之章

MF: 35-534

앞의 규장각본(奎 14837)과 같은 내용이다.

『昭顯世子嬪姜氏復位宣謚都監儀軌』

규장각. 奎 13494

宣謚都監 編. 筆寫本. 肅宗44年(1718)

1冊(237張). 彩色圖. 46.4×33.6cm

印: 一品奉使之印

MF: 78-103-333-C

소현세자의 독살 혐의로 賜死되고 폐서인된 세자빈 姜氏(?~1646)를 다시 세자빈으로 복위하고 시호를 내리는 과정을 기록한 책이다.

『永懷園誌』

장서각. (文 K2-4453)

禮曹 編. 寫本. 1936寫

線裝 1冊(35張). 四周雙邊 半郭 21.2×15.2cm. 有界. 半葉 10行 20字. 註雙行. 上赤魚尾. 26.7×19.5cm

印: 藏書閣圖書印

MF: 35-252

인조의 장남 소현세자빈 강씨 민회빈의 영회원 園誌이다.

8. 의령원

서명	편저자	간행년	형태사항	소장처
懿寧園懸板	莊祖	미상	1책 5장, 26.8×19.3cm	장서각
懿昭世孫宮禮葬儀軌	儀軌廳	英祖 28(1753)	1책 30장, 도, 40.8×30.4cm	장서각
懿昭世孫墓所都監儀軌	墓所都監	英祖 28(1752)	2책 315장, 채색도, 48.6×34.6cm	외규장각
懿昭世孫殯宮魂宮兩都監儀軌	殯殿都監	英祖 28(1752)	2책, 채색도, 45.5×33.5cm	규장각
懿昭世孫禮葬都監儀軌	禮葬都監	英祖 28(1752)	2책 546장, 채색도, 48.7×36.0cm	외규장각

『懿寧園懸板』

장서각. K2-4463

莊祖 撰. 寫本. 寫年 미상

線裝, 1冊(5張): 四周雙邊, 半郭 21×15.1cm. 朱絲欄. 半葉 10行. 字數 不定. 上朱魚尾. 26.8×19.3cm

印: 藏書閣印

MF: 16-315

莊祖의 장남 의소세손 의령의 현판이다.

『懿昭世孫宮禮葬儀軌』

장서각. K2-2994

儀軌廳 編. 原本. 英祖 28(1753) 寫

線裝 1冊(30張) 삽도. 판식. 四周雙邊. 半郭 36×25.3cm. 烏絲欄. 半葉. 15行 33字, 註雙行. 內向二葉花紋魚尾. 40.8×30.4cm

印: 一品奉使之印, 藏書閣印

MF: 35-562

1752年 3月 4日 3살의 나이로 요절한 懿昭世孫의 장례과정을 기록한 의궤이다. 묘소도감에서는 3월 24일 始役하여 29일 金井을 열고 4월 9일 外梓室을 내릴 壙을 파고 5월 12일 吾時에 外梓室을 내렸다. 이 의궤는 일반적인 의궤의 체제를 갖춘 것이라기보다는 등록에 가깝게 기록되어 의궤를 편찬하기 전의 편집본으로 판단된다. 외규장각 본인 『懿昭世孫禮葬都監儀軌』은 어람용으로서 본 책보다 내용이 훨씬 충실하다.

『懿昭世孫墓所都監儀軌』

국립중앙박물관. 외규 177, 178

墓所都監. 필사본. 英祖 28(1752)

2책 315장. 채색도. 48.6×34.6cm. 四周雙邊. 半郭 34.6×26cm. 朱絲欄, 半葉 12행 24자, 註雙行

사도세자와 惠嬪 홍씨 사이에 첫째 아들로 태어나 3년 만에 죽은 의소세손의 묘소를 조성하는 과정을 기록한 의궤이다. 상(외규 177)·하(외규 178) 2책 완질이며 상책 권두에 '옹가'의 전면도와 후면도가 흑백도설로 수록되어 있다. 목차는 座目·啓辭·移文·來關·甘結·三物所·造成所·大浮石所·爐冶所·補土所·小浮石所·輸石所·別工作·分長興庫·燔瓦所·附儀軌·書啓·論賞이다. 상책에는 좌목부터 감결까지이고 이어 부록 부분도 실려 있다. 삼물소부터는 하권에 있다. 본 의궤는 어람본, 의정부본, 춘추관본, 예조본, 강화사고본, 총 5건이 제작된 것 중 어람용으로 유일본이다.

『懿昭世孫殯宮魂宮兩都監儀軌』

규장각. 奎 14838-v.1-2

殯殿都監. 編. 筆寫本. 간행지 英祖 28(1752)

2冊. 彩色圖. 45.5×33.5cm

印: 一品奉使之印

MF: 78-103-346-C

1752년(英祖 28) 3월부터 5월까지 의소세손의 장례 때 殯宮과 魂宮의 기록이다. 책머리에 素扇圖·素盖圖·銘旌圖·銘旌趺圖·小欄平床圖·靈座滿頂骨圖·欑室圖·素錦褚圖 등의 도설이 실려 있다. 좌목에 이어 殯宮都監, 魂宮都監, 修理所, 鑄成所, 魂宮都監別 工作 등의 의궤가 차례로 실려 있다.

『懿昭世孫禮葬都監儀軌』

국립중앙박물관. 외규 181, 182

禮葬都監. 필사본. 英祖 28(1752)

2책 546장. 彩色圖. 48.7×36.0cm. 四周雙邊. 半郭 35.5×26.3cm. 朱絲欄. 半葉 12행 24자. 註雙行

1752年 3月 4日 3살의 나이로 요절한 懿昭世孫의 장례과정을 기록한 의궤이다. 상·하 2책으로 구성되었으며, 두 책 모두 유일본이다. 책머리에는 목록이 있으며, 목록은 座目·啓辭·別單·移文·來關·稟目·甘結. 禮關·儀註·附儀軌·論賞·일방·이방·삼방·分典設司·分長興庫·誌石所·虞主所·별공작소 순서로 구성되어 있다. 상책에는 一房 의궤까지가 수록되어 있다. 상책의 일방의궤 말미에 그려진 반차도는 28면으로 구성되어 있다. 어람 1건을 비롯하여 의정부, 춘추관, 예조, 강화부 등 총 5건을 제작했는데, 그중 현존하는 것은 어람용이 유일하다.

9. 효창원

서명	편저자	간행년	형태사항	소장처
文孝世子喪謄錄	禮曹	正祖 10(1786)	2권 1책, 45.3×32.8cm	규장각 장서각
文孝世子墓所都監儀軌	墓所都監	正祖 10(1786)	2책 258장, 46.6×32.8cm	규장각
文孝世子殯宮魂宮都監儀軌	殯殿都監	正祖 10(1786)	2책, 채색도, 46.5×33cm	규장각

(文孝世子)禮葬都監都廳儀軌	禮葬都監	正祖 10(1786)	2책, 채색도, 45.3×33.6cm		규장각
文孝世子孝昌墓碑	正祖	18세기 후반	1책 13장, 35.2×23.3cm		규장각
文禧廟營建廳謄錄	禮曹	正祖 14(1790)			규장각
文禧廟日記	예조	光武 8(1904)			장서각 규장각
御製文孝世子孝昌墓神道碑銘	正祖	미상	1책 21장, 2.4×38.9cm		규장각
孝昌墓碑	正祖	正祖 10(1786)	1첩 14절, 34.5×22cm		장서각
孝昌園先生案	미상	미상	1책 9장, 50.3×39.2cm		장서각
孝昌墓神道碑銘	미상	탁년 미상	1첩 22장, 41×28.5cm		장서각

『文孝世子喪謄錄』

  장서각. K2-2949

  禮曹 編. 寫本. 正祖 10(1786)

  線裝 2卷 1册. 四周單邊. 半郭 36.2×27.7cm. 烏絲欄. 半葉 13行 28字. 註雙行. 45.3×32.8cm

  印: 藏書閣印

  MF: 35-621

  1786년(정조 10) 5월 11일 창경궁 별당에서 문효세자가 사망하고 장사지낼 때까지의 과정을 담은 등록이다.

『文孝世子墓所都監儀軌』

  규장각. 奎 13924, 奎 13925

墓所都監, 필사, 정조 10(1786)

2책 258장(제1책 146장, 제2책 112장)

판식 四周單邊, 半郭 33.2×25.7cm. 有界, 烏絲欄套式板, 半葉 12行 24字, 註雙行, 上下內向二葉花紋魚尾 46.6×32.8cm

印: 二品奉使之印, 朝鮮總督府圖書之印

MF: 78-103-367-B

이 의궤는 문효세자의 초장지인 문효세자묘를 조성한 과정을 담은 책이다. 일반 도감의 궤와 체제가 다른데, 권1에는 圖說·總錄·宅兆·幅員·時日·象設(石狀石函, 碑)·營造(墓上閣, 丁字閣, 碑閣, 齋室, 紅箭門)·禮節·儀物·軍丁·賞典·雜條·磨勘이 있다. 권2에는 三物所·造成所·大浮石所·小浮石所·補土所·爐冶所·輸石所·別工作·分長興庫·燔瓦所 의궤가 있고, 끝에 儀軌始末이 실려있다. 〈圖說〉에는 묘상각, 석수, 문·무석인 등의 23개 도설이 실려 있다. 석물을 私儲取用하고 있다. 같은 제목의 '奎 13924'본은 下卷이 없는 결본이다. 규장각 '奎 13924'는 파리국립도서관 '2690'·'2684'와 동일 종이다.

『文孝世子殯宮魂宮都監儀軌』

규장각. 奎 13922, 奎 13923-v.1-2

殯殿都監 編. 筆寫本. 正祖 10(1786)

2冊. 彩色圖. 46.5×33cm

印: 奉使之印

MF: 83-35-8-B(奎 13922)

1786년(정조 10) 5월 11일 문효세자가 죽고 장사지낼 때까지의 殯宮과 魂宮의 기록이다. 책머리 座目에 조직의 명단이 있고 이어 都監處所·承傳·事目과 日誌가 차례로 실려 있다. 이어 一房, 二房, 三房과 鑄成所·別工作 등의 의궤에 채색 도설과 함께 자세한 기록이 실려 있다. '奎 13922'는 上(1冊) 缺.

『文孝世子 禮葬都監都廳儀軌』

규장각. 奎 13921-v.1-2

禮葬都監. 編. 筆寫本. 2冊. 正祖 10(1786). 刊者 미상

匡郭 彩色圖 版心. 45.3×33.6cm.

印: 奉使之印

MF: 82-35-69-B

문효세자가 죽고 禮葬으로 치른 장례 내용을 기록한 의궤이다. 권1에는 座目, 都監事目 別單, 日記와 禮葬班次圖(18張)가 실린 一房儀軌 및 二房儀軌가 있다. 권2에는 3방의궤로 시책문과 애책문으로 포함하여, 分典設司, 分長興庫, 表石所, 沙誌石, 神主所, 別工作所 등의 의궤가 도설은 물론 공장의 명단까지 등재되어 있다.

『文孝世子孝昌墓碑』

규장각. 奎 10100, 奎 10172

正祖 撰. 拓本. 18세기 후반(正祖 年間: 1776~1800)

1冊(13張) 35.2×23.3cm

MF: 79-103-179-Y

정조의 장남으로 요절한 문효세자의 묘에 1876년 7월에 세운 墓碑를 탁본한 것이다.

『御製文孝世子孝昌墓神道碑銘』

A. 규장각. 奎 10321

正祖(朝鮮) 撰. 拓本. 1冊(21張)

刊年 미상, 刊者 미상. 42.4×38.9cm

MF: 83-35-26-X

B. 규장각. 奎 10077, 奎 10078, 奎 10079

正祖(朝鮮) 撰. 李性源(朝鮮) 書. 黃景源(朝鮮) 篆. 拓本. 蝴蝶裝 1帖(21折 41面). 41.2×28.5cm

MF: 83-35-28-K

정조의 장남인 문효세자의 神道碑銘을 탁본한 21張 41面의 拓本 책이다.

『孝昌墓碑』

　　장서각 K2-4019

　　正祖 親製. 書者 미상. 正祖 10(1786). 帖裝(旋風葉) 1帖(14折). 34.5×22cm

　　印: 奉謨堂印 同書 2部

　　MF: 16-311

　　정조의 장남 문효세자의 묘 비문 탁본이다.

『孝昌墓神道碑銘』

　　장서각 K2-5108

　　編者 미상. 拓印版

　　棉裝 1帖(22張). 同書 3部. 41×28.5cm

『孝昌園先生案』

　　장서각 K2-4991

　　編者 미상. 寫本. 刊年 미상. 線裝 1冊(9張). 50.3×39.2cm

　　MF: 35-6676

　　문효세자묘를 1870년 12월에 효창원으로 추봉함에 따라 영의정 김병학의 건의로 수위관 대신 수봉관을 임명하게 된 경위와 명단이 수록되어 있다.

10. 수경원

서명	편저자	간행년	형태사항	소장처
大韓昭裕暎嬪綏慶園	미상	光武 3(1899)	2첩, 30.4×20.8cm	규장각
綏慶園碑文	미상	光武 3(1899)	불분권 2책, 30.2×20.6cm	장서각

綏慶園新事例	許麟, 李源升	미상	1책 12장, 28cm	장서각
綏慶園誌	鄭義好	1936寫	1책 21장, 27.9×20.1cm	장서각
綏慶園表	高宗	光武 23(1899)	2첩, 30.2×20.7cm	규장각
御製暎嬪李氏墓誌	미상	미상	29×20.5cm	장서각
御製表義錄	영조	英祖 40(1764)	1책 8장, 31.4×21cm	장서각

『大韓昭裕暎嬪綏慶園』

    규장각. 奎 10288-v.1-2

    저자 미상. 拓本. 光武 3(1899). 2帖. 30.4×20.8cm

    MF: 83-16-117-A

    1899년(광무 3)에 영조의 후궁 暎嬪 李氏에게 昭裕라는 시호를 내리고 園所를 수경원으로 추봉하는 시책문과 印章을 탁본한 것이다.

『綏慶園碑文』

    장서각. K2-3971

    撰者未詳. 拓印版. 光武 3(1899). 線裝. 不分卷 2冊. 30.2×20.6cm

    印: 藏書閣印

    MF: 16-310

    영조의 후궁 暎嬪 李氏 園碑文으로 篆額과 前面大字書이다.

『綏慶園新事例』

    장서각. K2-2354

    許麟, 李源升 編. 寫本. 간행연도 미상

線裝. 1冊(12張). 28cm

印: 藏書閣印

MF: 35-436

1899년 영조의 후궁 영빈 이씨 묘를 수경원으로 추봉하면서 이후 수경원의 유지를 위한 물품과 인원에 대한 실 규정을 총 25조로 담은 책이다. 책의 구성은 서문과 규례, 後錄 등 세 부분으로 나누어져 있다. 본문인 규례의 내용은 수경원의 관리를 위한 토지와 인력 비용 그리고 인원의 업무내용 분담까지 조목조목 제시했다.

『綏慶園誌』

A. 장서각. K2-4459

鄭義好 編. 寫本. 1936 寫

線裝. 1冊(21張): 四周雙邊, 半郭 21×15cm, 朱絲欄, 半葉 10行 20字, 註雙行, 上朱魚尾. 27.9×20.1cm

印: 藏書閣印 李王職用 罫紙 黑書本임.

MF: 35-625

이 원지는 광무 8년(1904) 鄭義好가 1905년에 편찬한 것을 참봉 金濟獻 1936년에 필사된 것으로 그 사실이 기재되어 있다. 구성은 서두에 수경원의 기사가 요약되어 있고, 참고문헌으로 昭寧園誌抄錄이 다음에 기재되어 있으며, 受承旨傳香式例, 展拜儀, 祭享儀節, 園上碑文, 丁字閣上樑文, 懸板文, 官員奉職式例, 編者跋文 등의 항목으로 이루어져 있다. 조선 말기에 陵·園·墓의 수호 현황을 이해하는 데 도움이 될 수 있는 책이다.

『御製暎嬪李氏墓誌』

장서각. S11^01^07^4123

편자 미상. 탁본. 간행연도 미상. 29×20.5cm

MF: 35-004671

錦城尉가 지은 暎嬪 全義 李氏의 4장으로 된 묘지문이다.

『御製表義錄』

장서각. K3-96, K4-5253

英祖. 목판. 英祖 40(1764)

線裝 1册(7張). 35×22.9cm. 四周雙邊.半郭 23.4×16.9cm

印: 宣賜祇印, 奉謨堂印

MF: 35-2171

영조가 후궁 暎嬪 李氏의 묘에 친필로 '守義保社' 4글자를 써서 하사하고 그 曲折을 적은 것이다. 사도세자의 죽음과 이를 둘러싼 그의 생모 영빈 이씨의 태도에 대한 영조의 정치적 견해를 엿보게 한다.

11. 홍원

서명	편저자	간행년	형태사항	소장처
獻懿大院王純穆大院妃完孝憲王義王妃 追封册封儀軌	册禮都監	光武 11(1907)	1책 138장, 도, 44.5×31.8cm	규장각 장서각
獻懿大院王園誌文	金允植	隆熙 2(1908)	1첩 11절, 18.1×15.8cm	장서각
興宣大院君, 驪興府大夫人誌文	李王職實錄編纂會	1915년경 寫	1책 11장, 27.7×20.3cm	장서각
興園神道碑銘	金鶴鎭	純宗 2(1908)	1첩 21절, 43×27cm	장서각
興園遷奉謄錄	宮内府	隆熙 1-2년 (1907-1908)	1책 90장, 40×28.5cm	규장각

『獻懿大院王純穆大院妃完孝憲王義王妃)追封册封儀軌』

규장각. 奎 13217, 奎 13218, 奎 13219, 奎 13220, 奎 13222, 奎 13223, 奎 13224, 奎 13225

册禮都監 編. 筆寫本. 光武 11(1907)

1冊(138張). 彩色圖. 44.5×31.8cm

MF: 78-103-391-D

1907년(융희 원년) 흥선대원군을 獻懿大院王으로, 驪興府大夫人을 純穆大院妃로, 完和君을 完孝憲王으로 추봉하고 延原郡夫人을 義王妃로 冊封한 과정의 기록이다. 목록은 時日·座目·詔勅·掌禮院奏本·儀註·印式·金冊文·封裏式·圖說·班次圖·甘結·財用·賞典·儀軌事例의 순이다. 〈圖說〉에는 金印·金冊 등 품목에 대한 彩色圖가 있고, 〈班次圖〉에는 追封·詣闕班次圖가 있다.

『獻懿大院王園誌[文]』

장서각. K2-4009

金允植 奉勅 撰. 趙鼎九 奉勅 書. 原本. 隆熙 2(1908) 寫

帖裝(旋風葉) 1帖(11折). 18.1×15.8cm. 有界. 半葉. 10行 15字. 30×22.8cm

表題: 興園誌文

印: 奉謨堂印

MF: 16-311

흥선대원군 李昰應(1820~1898)의 園誌文이다.

『興宣大院君, 驪興府大夫人誌文』

장서각. K2-4024

李王職實錄編纂會 編. 寫本. 1915년경 寫

線裝 1冊(11張). 四周雙邊. 半郭 22.5×15.7cm. 緣絲欄. 半葉 10行 20字. 上黑魚尾. 27.7×20.3cm

印: 藏書閣印

MF: 35-2190

興宣大院君과 驪興府大夫人 誌文이다.

『興園神道碑銘』

    장서각. K2-4025

    金鶴鎭 奉勅謹 撰. 李載克(朝鮮) 奉勅謹 書. 拓印版. 純宗 2(1908)

    1帖(21折) 帖裝(旋風葉). 43×27cm

    印: 奉謨堂印

    MF: 16-311

    興宣大院君 李昰應(1820~1898)의 園碑銘이다.

『興園遷奉謄錄』

    규장각. 奎 12948, 奎 12949, 奎 12950, 奎 12951

    宮內府(朝鮮) 編. 筆寫本. 隆熙 1~2(1907~1908)

    1冊 90張. 40×28.5cm

    MF: 78-103-64-B(奎 12948)

    1907년(隆熙 1) 11월에서 1908년 2월까지 興園을 경기도 파주군 雲泉里에서 楊州郡 和道面 鹿村里로 천봉한 기록이다.

12. 영휘원

서명	편저자	간행년	형태사항	소장처
淳妃冊封儀軌	掌禮院	光武 5(1901)	1책 104장, 도, 44×32cm	장서각
純獻貴妃哀冊文	미상	隆熙 11(1911)	1첩 7절, 탁본, 26.4×16.8cm	장서각
純獻貴妃禮葬儀軌	純獻貴妃禮葬所	1911년 寫	2권 2책, 채색도, 42.3×30cm	장서각
純獻貴妃園所儀軌	韓昌洙	1911년 寫	1책 69장, 도, 42.3×30cm	장서각

純獻貴妃殯宮魂宮儀軌	李王職	1911년	2권 2책, 42.3×29.8cm	장서각
崇仁園永徽園略圖	미상	미상	27.5×40cm	장서각
永徽園碑	미상	1911년	1첩 10절, 41.3×25.2cm	장서각

『淳妃册封儀軌』

장서각. K2-2654

掌禮院 撰. 光武 5(1901) 寫. 原本

鐵裝. 1册(104張). 彩色圖. 四周雙邊. 半郭 32×25.1cm. 朱絲欄. 半葉 12行 24字. 註雙行. 上二葉花紋魚尾. 44×32cm

印: 奉謨堂印

MF: 35-761

1901년 8월 淳嬪 嚴氏를 淳妃로 陞封하는 의식의 모든 과정을 정리한 의궤이다. 현재 藏書閣 소장본 외에도 규장각에 5건(奎13203-13206, 13209)이 소장되어 있다. 도설이 있으며, 「도설」이 끝나는 부분에 彩色班次圖 4張이 있다.

『純獻貴妃哀册文』

장서각. K2-4938

편자미상. 拓印版. 隆熙 11(1911)

帖裝(旋風葉). 1帖(7折). 26.4×16.8cm. 半葉 6行. 字數 不定

MF: 35-4083

순헌귀비의 애책문을 탁본한 자료로, 그 내용은 순헌귀비가 6월 25일에 경운궁 卽祚堂에서 사망하여 興德殿으로 殯宮을 옮기고 영휘원에 永遷했다는 내용으로 시작한다.

『純獻貴妃禮葬儀軌』

장서각. K2-2980

純獻貴妃禮葬所 編. 寫本. 1911 寫

線裝. 2卷 2冊. 彩色圖. 42.3×30cm. 四周雙邊. 半郭 26.6×20.9cm. 朱絲欄. 半葉 10行 20字. 註雙行. 上二葉朱花紋魚尾

印: 奉謨堂印

MF: 35-693

1911년 7월 20일 고종의 후궁 순헌귀비가 세상을 떠난 후 상례절차에 관련된 일체의 사항을 禮葬所에서 만든 의궤이다. 이 의궤는 상, 하 2冊으로 이루어져 있다. 목록은 時日·座目·下敎及上啓·發引班次·輓章·平時印寶·諡冊·諡印·哀冊·冊印封裹式·贈帛·誌石·神主造成·輦輿의 순으로 되어 있다. 일제강점기에 嚴妃의 장례를 禮葬所라는 새로운 조직과 장례절차로 진행됐다.

『純獻貴妃園所儀軌』

A. 장서각. K2-2341

韓昌洙 等 撰. 原本. 1911 寫

線裝, 1冊(69張). 圖. 四周雙邊. 半郭 26.7×21cm. 朱絲欄. 半葉 10行 20字. 註雙行. 上二葉朱花紋魚尾. 42.3×30cm

印: 奉謨堂印

MF: 35-669

B. 장서각. K2-2342

李王職 編. 寫本.

線裝, 1冊(36張). 28×20.4cm

印: 藏書閣印

MF: 16-302

일제에 강제 합병되어 李王職으로 격하된 조선왕실에서 처음으로 조성한 왕실 무덤이다. 목차는 時日·座目·下敎及上啓·園上閣·隧道閣·鉤捧機·別轆轤·天中鐵·論轝平床·貼木·槊木·丁字閣內排設·神御平床·欑室·回南首平牀·輪轝排設·吉帷宮·園所裁穴封標時所入·甕家隧道閣穿壙成墳時所入·園上石儀·丁字閣·碑閣·齋室以下各處所間架

圖 등 23개 항목과 諸尺 및 儀軌編纂을 附記했다. 석물은 각종을 도설과 함께 실었고, 장명등을 明燈石이라 표기하듯이 일본인이 의궤 편찬에 참여함으로써 조선왕실 고유의 의례 및 의궤 편찬 방식의 변화가 나타났다.

『純獻貴妃殯宮魂宮儀軌』

장서각. K2-2978

李王職 編. 原本. 1911 寫

線裝 2卷 2册. 42.3×29.8cm.

四周雙邊. 半郭 26.6×20.9cm. 朱絲欄. 半葉 10行 20字. 註雙行. 上二葉花紋朱魚尾. 印: 奉謨堂印

MF: 35-693

고종의 후궁인 순헌귀비의 장례와 장례 이후 返虞主까지의 중요한 상례절차에 관련된 일체의 사항을 종합했다. 상·하의 2册으로 되어 있다. 上册의 목록은 時日·座目·御親戚以下諸執事及顧問各係員·事務分掌內規·下敎及上啓·儀註·服制·祝文·棺衣畵黼式·改銘旌書寫式·書上字式·梓室結裹式·圖說의 순으로 되어 있다. 〈座目〉은 主務에 李達鎔 등 2명, 助務에 嚴柱益 등 4명, 屬에 劉時燦 등 3명, 傭에 鄭喜潤 등 2명, 臨時傭에 白鳳鎭 등 4명이다. 고문에 李完用 등 6명이 임명되었으며 이외에 儀註係, 庶務係, 會計係, 工作係, 接待係 등이 더 있었다. 梓宮 등의 도설이 있다.

『崇仁園永徽園略圖』

장서각. S12^05^4414

편자 미상. 간행연도 미상. 복사본, 1張. 27.5×40cm

MF: 35-004672

고종 홍릉과 순종 유릉의 도면 및 영휘원과 숭인원의 도면이 함께 그려져 있다. 배치 도면 위에 화살표와 점선으로 이동로를 표시한 동선이 그려져 있고, 영휘원 입구에 '御下車', 숭인원 입구에 '御乘車' 지점을 명기하여 영친왕의 참배를 준비한 도면으로 보인다.

『永徽園碑』

    장서각. K2-3966

    撰書者 미상. 拓印版. 1911년

    帖裝(旋風葉) 1帖(10折). 2行 4字. 41.3×25.2cm

    印: 奉謨堂印

    MF: 16-311

    純獻貴妃 嚴氏의 영휘원 碑文이다.

13. 숭인원

서명	편저자	간행년	형태사항	소장처
崇仁園御葬儀謄錄	韓昌洙	1922년	1책 105장, 채색도, 40.2×30cm	장서각
崇仁園永徽園略圖	미상	미상	27.5×40cm	장서각

『崇仁園御葬儀謄錄』

    장서각. K2-2981

    韓昌洙 編. 寫本. 1922

    線裝 1冊(105張). 彩色圖. 四周雙邊. 半郭 26.7×20.9cm. 朱絲欄. 半葉 10行 20字.

    註雙行. 上二葉花紋魚尾. 40.2×30cm

    印: 奉謨堂印

    MF: 35-678

책의 구성은 〈時日〉〈擧行諸式〉을 시작으로 염습, 명정, 빈소, 축문, 관과 기구, 발인 道路, 복식, 지석 등 제반 절차를 순서대로 기록했고, 이어서 정자각과 석물, 제실 등의 내용으로 구성되어 있다. 시일에는 대정 11년(1922) 5월 11일 사망에서 6일 후 인 17일 梓室을 내린다는 내용이 있다. 등록은 의궤의 수준으로 도설을 실은 점이 특이하다. 대여와 여러 가지 기구는 물론, 혼유석을 비롯한 석물과 비각과 정자각의 圖說이 실려 있다. 등록 편찬 위원장은 李王職長官 男爵 韓昌洙였고, 편찬원에는 촉탁 成田碩內 등 일본인 3명도 포함되어 있다.

『崇仁園永徽園略圖』

장서각. S12^05^4414

편자 미상. 간행년 미상. 복사본, 1張, 27.5×40cm

MF: 35-004672

앞의 영휘원의 『崇仁園永徽園略圖』 설명 참조.

주석

머리말

1 능묘의 석물(石物)은 의위석물(儀衛石物)로서, 상설(象設), 석의(石儀), 의상(儀象), 의석(儀石), 묘석(墓石) 등의 이름으로도 불린다. 중국에서는 석상생(石象生)이라고 한다.
2 궁원제 관련 연구 논문에는 鄭景姬, 「朝鮮後期 宮園制의 성립과 변천」, 『서울학연구』 23(2004), pp.157-193; 임민혁, 「조선후기 영조의 孝悌 논리와 私親追崇」, 『조선시대사학보』 39호(2006), pp.113-152; 박금진, 「영조 사친 숙빈 최씨의 궁원 의물 연구」(한서대학교 석사학위논문, 2011)이 있다.

I. 원제園制 창안의 배경 및 역사

1 宋大川·夏連保, 『清代園寢制度研究』 上册 (北京: 文物出版社, 2007), pp.141-142.
2 양관, 장인선·임대희 옮김, 『중국역대 陵寢制度』(서경, 2005), p.21.
3 이와 같은 분(墳)과 총(塚)의 명칭 구분 및 명명 방식은 1982년 문화재위원회의 천마총 명칭에 대한 검토과정에서 정해졌다. "'천마총의 '塚' 명칭 일제 잔재" 이색 주장」, 『매일경제』(1982. 10. 20), 9면.
4 伊湌文王卒以王子禮葬. 『삼국사기』 권 6, 문무왕 5년(665).
5 김창겸, 「新羅時代 太子制度의 性格」, 『韓國上古史學報』 제13호(1993. 4), pp.153-177.
6 『승정원일기』 인조4년 병인(1626) 3월 15일.
7 『고종실록』 7년(1870 경오) 9년 12월 9일.
8 『新唐书』 卷九十六, 列传 第八
9 신채식, 『송대 황제권 연구』(한국학술정보, 2010), pp.397-402.
10 『선조실록』 39년(1606 병오) 9월 2일.
11 폐위되었던 경태제릉(景泰帝陵, 북경 금산)과 추존릉인 현릉(顯陵, 호북성 종상시)은 제외했다.
12 번왕의 무덤은 왕릉이라 부르지 않고 '왕묘'라고 한다. 석물을 갖춘 대표적인 왕묘로는 秦愍王과 秦藩

諸王, 周恭王, 寧獻王, 越康王, 徽庄王, 榮懷王, 益藩諸王, 潞簡王 등이 있으며 광서성 계림시의 정강왕릉 靖江王陵 앞에는 석상생이나 망주가 있다

13 王輪章, 「明秦藩王墓群調査記」, 『陝西历史博物館館刊』 第2輯(三秦出版社, 1995)참조.
14 『大明會典』 卷203, 「工部職官墳塋」, 영인본 제5책, 제2733항.
15 刘毅, 『明代 帝王陵墓制度研究』(人民出版社, 2006), p.265.
16 위와 같음.
17 晏子有, 『清東西陵』(中國青年出版社, 2004), p.67.
18 청나라 원침제도에 관한 연구는 宋大川·夏連保, 앞의 책 참조.
19 순치 10년(1653)에 『钦定大清会典事例』 卷九百四十九 《工部, 园寝规制·坟茔规制》에서 규정함.
20 宋大川·夏連保, 앞의 책, pp.175-179.
21 요여민친왕의 원침에는 화표, 석인, 석마, 석낙타, 석양 각 1쌍과 석마와 마부가 있고, 안친왕의 원침에는 화표 1쌍, 석인 2쌍, 석마, 석양 각 1기가 있다.(북경시 문물국 www.bjww.gov.cn)
22 태자밀건법이란 청나라 雍正帝(1678~1735) 이후 행해진 차기 황제의 결정방법으로, 미리 황태자를 정해 놓으면 황태자를 둘러싼 당파싸움이 일어나고 황태자가 교만해지기 때문에 황태자를 공표하지 않고, 황태자의 이름을 비밀로 간직했다가 황제가 죽은 후에 개봉 공표하는 법이다.
23 청의 원침에 관한 언급은 1908년에 흥선대원군묘를 흥원으로 봉원하는 것에 대한 중추원의장 서정순이 올린 상소문 중에 "今於園號議定 壹遵興慶毓慶之例 實合從先祖之義 而在古漢代悼園 近日淸國之海淀園 亦可以旁照而条證矣"라는 구절에서 찾아볼 수 있다. 「중추원의장 서정순의 상소를 심의하여 받아들임」 1908년 3월 4일, 국사편찬위원회 한국사데이터베이스(http://db.history.go.kr)
24 『성종실록』 1년(1470 경인) 1월 22일.
25 「성현·신종호 등이 폐비묘 신주 등을 서계(書啓)하다」, 『연산군일기』 2년(1496 병진) 6월 3일. 서계(書啓)한 내용 중에, "한(漢)나라의 원침(園寢)을 본받자니 아조(我祖)의 제도가 아니오"라는 구절이 있는데, 여기에서 '원침'은 무덤제도로서의 '원'이 아니라, 신주를 모시는 사당을 의미하는 것임을 조선왕실에서 알고 있었다. 이를 분명히 알 수 있는 대목은 『성종실록』 6년(1475 을미) 9월 19일의 「대왕대비가 회간왕 부묘(祔廟)를 다시 의논하게 하다」의 내용 중에, "… 원침(園寢)은 곧 묘(廟)입니다. 《위현성전(韋玄成傳)》에 이르기를, 고조(高祖)로부터 아래로 선제와 태상황(太上皇)·도황고(悼皇考)에 이르기까지 각각 능 곁에 묘(廟)를 세우고, 또 각각 침(寢)이 있고, 편전(便殿)이 있었는데, 침에서는 일제(日祭)를 하고, 묘에서는 월제(月祭)를 하고, 편전에서는 시제(時祭)를 하였다."는 구절이 있다.
26 『선조실록』 25년(1592 임진) 4월 28일.
27 『인조실록』 8년(1630 경오) 5월 21일.
28 "기미년에 내가 大故를 당하였었는데 그때 시기하고 질투하는 것이 날로 극심하였고 또 다그치고 감시하는 변이 있었기 때문에 감히 임의대로 복산(卜山)하지 못하였고 외가의 산소 근처에 임시로 장사지냈다." 『인조실록』 4년(1626 병인) 1월 21일.
29 조선시대에는 왕족의 묘(墓)라 하더라도 묘호(墓號)를 짓지 않았다. 예외적으로, 세조가 아들 의경세자(懿敬世子)의 무덤을 의묘(懿墓)라 칭한 적이 있고 『세조실록』 5년(1459 기묘) 9월 26일), 연산군이

어머니의 묘를 회묘(懷墓)로 칭하였다. 그리고 중종이 연산군의 묘에 묘호를 지을 것을 논의하게 한 적이 있다.『중종실록』7년(1512 임신) 11월 24일).

30 『승정원일기』인조 4년(1626 병인) 3월 12일.
31 『승정원일기』인조 4년(1626 병인) 3월 15일.
32 『승정원일기』인조 4년(1626 병인) 3월 20일.
33 『승정원일기』인조 4년(1626 병인) 3월 26일.
34 『인조실록』4년(1626 병인) 4월 1일.
35 『승정원일기』인조 4년(1626 병인) 4월 3일.
36 『승정원일기』인조 4년(1626 병인) 4월 10일.
37 『인조실록』23년(1645 을유) 4월 27일.
38 『인조실록』23년(1645 을유) 5월 23일.
39 『숙종실록』44년(1718 무술) 2월 8일.
40 부대빈(府大嬪)은 이명언이 선조의 생부를 추숭하기 위해 대원군(大院君)의 명호(名號)를 만들었듯이 빈(嬪)자 위에 특별히 대(大)자를 더하고, 이어서 본관(本貫)을 취하여 모부대빈(某府大嬪)이라 일컫자는 상소에 따라 만들어진 조선의 고유 명호(『경종실록』2년, 1722년 7월17일)이다.
41 『숙종실록』27년(1701 신사) 10월 7일.
42 영조는 1753년에 소령원과 1755년에 순강원(선조 후궁 인빈 김씨, 원종의 생모)을 봉원했으며, 정조 대에 영조의 차남 사도세자의 현륭원과 영조 후궁 정빈 김씨(효장세자 생모)의 수길원을, 고종 대에 영조의 손자인 의소세손(懿昭世孫)의 의령원과 영조 후궁 영빈 이씨의 수경원(사도세자 생모)을 봉원했다.
43 『정조실록』3년(1779 기해) 5월 7일.
44 『영조실록』40년(1764 갑신) 11월 5일.
45 원빈 홍씨묘는 사적 제200호 서삼릉(西三陵) 내에 마련된 후궁 묘역에 있다. 원래 서울특별시 성북구 안암동에 있었으나 1950년에 지금의 장소로 이장되었다.
46 인조와는 달리, 정조는 생부의 무덤을 능으로 추봉하지 않았다. 원을 능으로 추숭한 것은 고종이 황제로 즉위하고 사도세자를 장조로 추존하면서 이루어진 것이다. 이에 대한 자세한 논의는 김이순,「융릉(隆陵)과 건릉(健陵)의 석물조각」,『미술사학보』31(2008. 12), pp.63-100 참조.
47 오묘오원(五廟五園)'이라는 용어는 1899년 수경원의 추봉을 논의하는 과정에서 고종이 "경오년(1870)에 대신이 五廟와 五園에 관한 의식 절차를 아뢴 예가 있었는데, 이번에도 이것을 참작하여 하도록 하라."는 고종의 발언에서 확인할 수 있다.『고종실록』36년(1899 광무 3) 8월 23일.
48 『숙종실록』34년(1708 무자) 8월 13일.
49 『고종실록』7년(1870 경오) 12월 6일.
50 『고종실록』7년(1870 경오) 12월 10일.
51 『승정원일기』고종 35년(1898 광무 2) 2월 2일.
52 『순종실록』2권 1년(1908 융희 2) 4월 9일.

53 『매일신보』 1911년 8월 2일.

II. 원의 조영造營 및 석물石物

1   『(소령원)상시봉원도감의궤』, 1753, 「대부석소」, "石物體樣一依懿昭墓例擧行".
2   『의소세손묘소도감의궤』, 1752, 「대부석소」.
3   『세종실록』 23년(1441 신유) 8월 8일.
4   이에 대한 자세한 언급은 김이순, 「현덕왕후의 소릉 석물」, 『미술사학연구』 285호 (2015. 3) pp.101-129 참조.
5   『세종실록』 3년(1457 정유) 9월 2일.
6   『세종실록』 3년(1457 정축) 9월 7일.
7   『인조실록』 23년(1645 을유) 5월 23일.
8   향어로의 명칭은 참도, 신도, 신로 등으로 불리며 용어에 대한 논란이 있으나, 대다수의 의궤에서는 주된 향로와 작은 어로를 합쳐서 향어로로 기록하고 있다. 그러나 『의인왕후산릉도감의궤』(1601, 奎 14826)의 소부석소 기록에는 신로와 협로로 불렀다.(自正殿至紅門 神路長一百九十二尺 廣七尺 俠路 廣三尺 薄石布置). 이후 『효종영릉산릉도감의궤』(1659)에서는 신로와 어로로 표현하고, 『효종영릉천 릉산릉도감의궤』(1673)에서부터는 향어로로 표현했다.
9   『세조실록』 3년(1457 정축) 10월 24일.
10 『성종실록』 5년(1474 갑오) 1월 27일.
11 『인조실록』 5년(1627 정묘) 11월 7일.
12 『광해군일기』 97권, 7년(1615 을묘) 11월 8일.
13 류장원, 『상변통고(常變通攷)』, 제17권 / 상례(喪禮) / 석물(石物)
14 본 연구에서 다루는 13기 원 중에서 순창원, 소경원, 영회원에는 망주석이 배설되어 있지 않다.
15 『홍재전서』 및 「문효세자묘소도감의궤」 대부석소 도설 참조.
16 『의소세손묘소도감의궤』(1752), 「대부석소」, "明燈窓四箇 別工作進排而 本所以 楮注紙塗褙用之"
17 장명등에 실제 불을 밝혔을 가능성에 대해서는 김문규가 언급한 바 있다. 김문규, 「조선왕릉 장명등 연구」(동국대학교, 석사학위논문, 2009), pp.24-26.
18 장릉과 사릉의 석물 간소화에 대한 자세한 언급은 김이순, 「장릉과 사릉의 석물연구」, 『문화재』 45권 1호(2012, 봄), pp.34-51 참조.
19 『세종실록』 127권, 32년(1450 경오) 윤1월 22일. 자손이 없는 성비 원(元)씨는 태조의 후궁이었으나, 왕비로 인정하지 않고 묘제로 무덤을 조성했다.
20 『경기묘제석조미술』 하권(경기도박물관, 2008) p. 388.
21 『승정원일기』 영조 29년(1753 을묘) 7월 12일. "仍命捲圖置傍, 益炡曰, 羊石則設於曲墻下, 而蹲虎亦不 可無矣 上曰, 已載式例, 不必設虎石矣".

22 「園虎石排立始後啓」, 1753년(乾隆十八年), 장서각(MF35-004653).
23 『경기 묘제 석조미술: 상 조선전기 해설편』(경기도박물관, 2007), p.248.
24 『인조실록』 4년(1626 병인) 2월 3일.
25 『인조실록』 4년(1626 병인) 2월 15일.
26 『제청급석물조성시등록(祭廳及石物造成時謄錄)』, 1718.
27 의궤에 따라 김천석은 金天碩과 金千碩으로, 박필심은 朴弼深, 朴必深, 朴弼心 등으로 각각 표기가 다르다.
28 「因山을 합해두고 材料는 江華島서 石人石獸 20個」, 『동아일보』, 1926년 5월 11일.

III. 조선왕실 13기의 원에 대한 고찰

1 『일성록』 정조10년(1786 병오) 5월 26일.
2 『명종실록』 29권, 18년(1563 계해) 3월 17일.
3 공회빈 윤씨는 순회세자의 두 번째 세자빈이었다. 1561년(명종 14) 4월 20일 황대임(黃大任)의 딸 황씨를 세자빈으로 책봉하는데, 이는 윤원형이 자신의 욕심을 위해서 황씨의 사주까지 고쳐가며 문정왕후로부터 허락을 받아 성사시킨 혼례였다. 그러나 세자빈 황씨가 자주 복통을 앓았으므로 다음 달 5월 명호를 강등하고, 7월에 세자빈으로 새로 간택된 공회빈 윤씨를 10월 21일 책봉했다. 『명종실록』 27권, 16년(1561 신유) 1월 15일.
4 『선조수정실록』 26권, 25년(1592 임진) 3월 3일.
5 『선조실록』 37권, 26년(1593 계사) 4월 18일.
6 『승정원일기』 고종 7년(1870 경오) 12월 10일에 순회원을 순창원으로 개호(改號)하였다라는 기록으로 보아 추봉과정에서 처음에는 제도만 묘제에서 원제로 바꾸었다가 다시 무덤의 이름까지 바꾼 것으로 판단된다.
7 『명종실록』 18년(1563) 9월 22일.
8 『명종실록』 18년(1563) 9월 20일.
9 『인조실록』 23년(1645) 5월 15일.
10 『선조실록』 27년(1594 갑오) 5월 26일.
11 『영조실록』 24년(1748 무진) 10월 2일.
12 『고종실록』 8년(1871 신미) 2월 1일.
13 조선왕릉의 석인상의 크기가 18세기에 작아진 역사적 배경에 대한 자세한 설명은 김이순, 「장릉(莊陵)과 사릉(思陵)의 석물 연구」, 『문화재』 45.1 (2012. 3), p.35 참조.
14 『선조실록』 37년(1604 갑진) 11월 12일.
15 『광해군일기』 5년(1613 계축) 10월 29일.
16 『광해군일기』 5년(1613 계축) 10월 30일.

17 『영조실록』 31년(1755 을해) 6월 2일.
18 류장원, 『상변통고(常變通攷)』, 제17권 / 상례(喪禮) / 석물(石物)
19 『필원잡기(筆苑雜記)』 제2권
20 『各陵修改謄錄』, 경종4년~영조31년(1724~1755), 규장각(奎12900). 「甲辰七月初一日」, "獻陵重建時各處盡鋪薄石事" …自紅門內至丁字閣東邊月臺下 築路三層而 其正路則稱以**香路** 其第二層路則親祭時**御路** 其第三層路則獻官執事所由之路…' (필자 강조)
21 『上諡封園都監儀軌』 2권, 〈園所造成所〉, 英祖31년(1755), 규장각. 奎13493.
22 『궁원식례』(1756년, 장서각 소장 K2-2425)에 '향동자석(香童子石)'이라고 기록되어 있다.
23 이정구, 『월사집(月沙集)』 제62권, 남궁록 하(南宮錄下), '계운궁의 상례에 대해 품정하는 계사'
24 『인빈상시봉원도감의궤(仁嬪上諡封園都監儀軌)』(1755) 대부석소 품목질에 석물의 종류와 치수가 기록되어 있다. "虎石長三尺七寸一分高二尺七寸二分厚一尺二寸, 羊石長三尺九寸伍分高二尺九寸厚一尺三寸, 馬石長四尺八寸二分高三尺二寸厚一尺伍寸, 籠臺長四尺英三尺高二尺四寸, 加簷長三尺七寸廣二尺伍寸高一尺伍寸, 舊表石加簷長三尺一寸廣二尺三寸高一尺三寸三分, 下磚石二立各長伍尺六寸廣各四尺六寸高各八寸."
25 『인빈상시봉원도감의궤』 '비석소' 감결질
26 『춘관통고』 권21. 「길례의 능침」. 크기는 高九尺四寸 廣三尺九寸.
27 처음에는 빈궁(殯宮)·예장(禮葬)·혼궁(魂宮, 혹은 원소)의 세 도감이었으나, 의경세자 전례에 따라 원소도감을 묘소도감으로 바꾸었다. 『인조실록』 46권, 23년(1645) 5월 23일.
28 『소현세자예장도감의궤(昭顯世子禮葬都監儀軌)』(1645). 예장(禮葬)에 관한 일을 맡아 보던 관아인 예장도감은 처음에는 임시 관아였다가 1424년(세종 6)에 조묘(造墓)와 예장(禮葬), 두 도감(都監)을 합하여 예장도감(禮葬都監)이라 칭하였다. 순조는 혜경궁 홍씨의 장례 시 현륭원에 장사하며 예장도감을 양례도감(襄禮都監)으로 부르라고 하기도 하였다. (『순조실록』 15년(1815 을해) 12월 15일)
29 『승정원일기』, 고종 7년(1870 경오) 12월 10일.
30 『인조실록』 23년(1645 을유) 5월 15일.
31 『소현세자묘소도감의궤』 계사질 5월 4일 및 『인조실록』 23년(1645 을유) 5월 15일.
32 『(공혜왕후순릉)개수도감의궤』, 1648 및 『인조실록』 26년(1648) 5월 12일.
33 『승정원일기』, 고종 7년(1870 경오) 4월 16일
34 김문규, 「조선왕릉 장명등 연구」(동국대학교 석사학위논문, 2009), p.25.
35 『소현세자묘소도감의궤』, 1645년. 「대부석소」. '長明燈 體石 臺上 長伍尺伍寸 厚二尺八寸 窓四隻造成所 塗紙長興庫'
36 『효명세자예장도감의궤』 권3, 「3방의궤」, 묘소제기/삭망제소용. 도설 '長明燈盞臺具一坐 合重一斤四兩 鍮鑄相半'.
37 『인조실록』 47권, (1646 병술) 3월 15일 임술 2번째 기사.
38 『인조실록』 24년(1646 병술) 3월 17일.
39 『숙종실록』 44년(1718 무술) 4월 8일.

40 『숙종실록』 44년(1718 무술) 8월 28일.
41 『춘관통고』(1788년)에 보면 민회묘의 수북방과 수라청은 소현묘보다 1칸 작은, 각 2칸이었다.
42 『일성록』 정조11년(1787 정미) 3월 20일.
43 『일성록』 정조12년(1788 무신) 10월 6일.
44 『영회원 종합정비 기본계획 보고서』, 광명시, 2009년, p.37.
45 『惠陵石物追排都監儀軌』(1722), 계사질, 壬寅 六月初三日.
46 장릉과 사릉에 대한 자세한 언급은 김이순, 「장릉과 사릉의 석물연구」, 『문화재』 45권 1호(2012, 봄), pp.34-51 참조.
47 『단의빈상장등록(端懿嬪喪葬謄錄)』 2권, 1718년(k2-2937) 戊戌 閏八月十八日.
'封墓都監郎廳以 都提調意達曰 今春 端懿嬪喪凡事依倣乙酉之禮而至於石物則昭顯墓羊馬石石人魂遊石等依樣 高大依聖教一從明陵體制爲之矣今此各樣石物依聖教減其體樣造成何如令曰依'.
48 『숙종실록』 25년(1699 기묘) 10월 23일.
49 『영조실록』 20년(1744 갑자) 3월 7일. 인조의 생모인 인헌왕후 구씨(具氏)의 원호인 육경원(毓慶園)을 말함.
50 『영조실록』 29년(1753 계유) 6월 25일.
51 『영조실록』 48년(1772 임진) 12월 28일.
경기 유생 정집(鄭埰)이 상소하여 숙묘(肅廟)에게 존호를 추상하는 일 및 소령원을 능으로 봉하라는 일을 청하니, 임금이 유생에게 소본(疏本)을 가지고 들어와 읽어 아뢰라고 명하였다. 읽기를 마치자, 임금이 말하기를, "나라를 위하는 마음이 있는 것은 가상하도다. 그러나 내가 만약 이를 허락한다면 장차 다시 여덟 자 존호를 청할 것이니, 어찌 고민스럽지 않겠는가?"하고 소본을 사고에 보관하기를 명하고 정집은 녹용하라 명하였다. 이로부터 유생들이 희망하는 것이 되어 서로 계속해서 상소했다.
52 왕으로 즉위한 영조는 어머니 숙빈의 존봉에 관한 예를 논하면서, 이광좌가 象石을 증설할 것을 청하자, "象石은 굳이 증설할 필요가 없다. 듣건대, 宣祖 때에 仁興君의 어머니인 靜嬪의 묘에 신도비가 있다고 하니, 나 또한 사친의 묘에 신도비를 세우고자 한다. 그러나 돌을 채취하려면 아마도 백성을 괴롭힐 것 같으니 有司로 하여금 그 값을 후하게 치르고 매수하게 하는 것이 좋겠다."고 언급한 대목이 있다.(『영조실록』 즉위년(1724 갑진) 9월 21일). 그리고 『영조실록』 1725년 3월 18일자에는 신도비의 화강암을 운반하는 데 1만 명이 모자라서 더 추가했다고 기록되어 있다.
53 『승정원일기』, 영조 1년(1725 을사) 5월 17일.
54 『영조실록』, 즉위년(1724 갑진) 9월 21일.
55 『일성록』, 정조 11년(1787 정미) 8월 16일(신해).
56 『제청급석물조성시등록(祭廳及石物造成時謄錄)』, 1718.
57 『숙종실록』1696년 12월 25일)에도 '해주에 있는 수양과 은률'이라는 구절이 있다.
58 『祭廳及石物造成時謄錄』, 1718. 도식. "標石 長伍尺厚九寸伍分 上廣一尺九寸伍分 下廣一尺八寸伍分, 籠臺石 高一尺伍寸廣二尺伍分長三尺,
蓋石 高一尺七寸廣二尺六寸長三尺伍寸, 床石 長伍尺廣三尺厚一尺一寸, 鼓石 高九寸, 魂遊石 長三尺

廣一尺伍寸, 香爐石高, 石人 長六尺伍寸, 望柱石 長六尺伍寸, 長明燈 長六尺伍寸, 蓋添石 高二尺"

59 『淑嬪上諡封園都監儀軌』, 1753년, 대부석소, 품목질. '馬石 長四尺七寸高三尺厚一尺伍寸 羊石長三尺九寸高一尺九寸厚一尺三寸 籠臺長四尺伍寸廣三尺一寸高一尺九寸伍分 加簷長四尺廣二尺八寸高一尺四寸.

60 『홍재전서』, 제58권/잠저 5/원침을 옮긴 사실 2.

61 『淑嬪上諡封園都監儀軌』의 품목질에 석호는 없으며 석호 제작을 위한 가건물도 없다. 그러나 의궤의 계사질 '癸酉九月十九日'자에 주석으로 석호를 조성하여 배치했다고 명기하여 8월 28일 석물 배치 완료 후에 추가 제작했음을 알 수 있다. 「원 호석 배립시 후계」에는 홍봉한이 9월 27일에 호석을 설치하기 시작하겠다고 보고한 기록이 있다.

62 『영조실록』 즉위년(1724 갑진) 10월 16일.

63 『영조실록』, 1년(1725 을사) 2월 27일.

64 『일성록』 정조 2년(1778 무술) 4월 26일.

65 경기도박물관, 『경기묘제석조미술』 하권(2008), p.296.

66 실록 및 승정원일기와 달리 『의소세손궁예장의궤』에서는 숭문당(崇文堂)에서 사망했다고 기록하고 있다. 숭문당에 빈궁을 설치했다.

67 뜻은 덕성(德性)이 순숙(純淑)한 것을 의(懿)라 하고 용의(容儀)가 공손하고 아름다운 것을 소(昭)라 한다.

68 1908년(융희 2) 7월 23일 황실의 제사 제도를 개정하면서 신위는 무덤 앞에 묻었고 해당하는 궁(宮)과 사당(祠堂)은 모두 국유로 이속시키면서 의소묘의 사우는 훼철되었다.

69 『고종실록』 36년(1899 광무 3) 8월 23일(양력).

70 『영조실록』 28년(1752 임신) 3월 4일.

71 『승정원일기』 영조 28년(1752 임신) 3월 5일 (병인) 원본 1080책.

72 『영조실록』 28년(1752 임신) 3월 5일. 석호만 있고 석양은 없으며, 이는 소령원과 반대이다.

73 『승정원일기』 영조 28년 5월 14일 (갑술) 원본 1082책/탈초본 59책 (19/22) '今日甕家撤毀後, 長明燈·虎馬石·文石·望柱石, 畢排立'.

74 「200년전 그대로의 시체」, 『경향신문』 1949년 9월 1일 2면.

75 중앙여자고등학교 역사에는 1948년 11월 17일에 구 왕궁 의령원 토지 18027평 매입했다고 밝히고 있다. 그렇다면 "능묘의 존엄을 유지할 생각"이라는 신문 기사 내용과는 달리, 이미 이 원역을 국가에서 개인에게 매각하고 무덤을 이장한 후 개발한 것이다. 현재 의령원의 모습을 보면, 이 신문기사의 내용이 실상과는 너무 다르다는 사실을 한눈에 확인할 수 있다.

76 『영조실록』 28년(1752 임신) 5월 12일.

77 『영조실록』 28년(1752 임신) 5월 16일.

78 「의소세손묘소도감의궤」, 1752년, 「대부석소」 石物尺數. "四方石 長八尺四寸廣伍尺厚一尺伍寸 外面兩端削稜爲圓厚六寸, 魂遊石 長伍尺二寸廣三尺一寸伍分高一尺三寸, 鼓石 四箇 廣各一尺高九寸二分, 望柱石 二箇 臺上長各四尺, 望臺 二箇 臺上高各一尺伍寸, 文石 二箇 長各四尺伍寸, 馬石 二箇 長各四尺

二寸, 虎石 二箇 長各三尺, 長明燈 長伍尺三寸, 盖石 長二尺伍寸廣二尺伍寸, 碑石 長四尺二寸廣一尺九寸, 加簷石 長三尺廣二尺伍寸, 籠臺 長三尺廣二尺伍寸高二尺伍寸, 魂遊下磚石 長伍尺二寸廣三尺三寸高一尺二寸, 籠臺下磚石 長四尺四寸廣四尺高一尺."

79 『승정원일기』 영조 28년(1752 임신) 3월 28일.
80 『승정원일기』 영조 28년(1752 임신) 3월 5일.
81 『영조실록』 28년(1752 임신) 3월 9일.
82 『승정원일기』 영조 28년(1752 임신) 4월 2일. 崔天若輩 皆以爲極品
83 1970년 수경원을 이장하며 부장품을 연세대학교 박물관에 남겨 두었는데, 〈백자청화 영빈 이씨묘지·명기 및 석함〉은 서울시 유형문화재 제311호로 지정되었다.
84 『영조실록』 40년(1764 갑신) 8월 8일.
85 『영조실록』 40년(1764 갑신) 9월 3일.
86 『정조실록』 2년(1778 무술) 1월 30일.
87 『영조실록』 40년(1764 갑신) 11월 5일.
88 『고종실록』 36년(1899 기해, 광무 3) 9월 1일(양력) 3번째 기사.
89 『승정원일기』 고종 36년(1899 기해, 광무 3) 7월 27일.
90 『동아일보』 1970년 9월 9일 8면.
91 『고종실록』 39권, 36년(1899 광무 3) 8월 23일(양력).
92 『고종실록』 39권, 36년(1899 광무 3) 10월 16일(양력).
93 『고종실록』 39권, 36년(1899 광무 3) 10월 24일(양력).
94 『고종실록』 40권, 37년(1900 경자, 광무 4) 4월 30일(양력).
95 『文禧廟日記』.
96 『일성록』 정조 10년(1786 병오) 5월 22일.
97 『정조실록』 10년(1786 병오) 6월 20일.
98 『순종실록』 1년 7월 23일 3번째 기사
99 『동국여지비고(東國輿地備攷)』;『서울육백년사(六百年史): 문화사적편(文化史蹟篇)』(서울특별시사편찬위원회, 1987);『고양군지(高陽郡誌)』(고양군지편찬위원회, 1987);『동명연혁고(洞名沿革攷): 용산구편(龍山區篇)』(서울특별시사편찬위원회, 1980);『서울명소고적(名所古蹟)』(김영상, 서울시청, 1958).
100 『일성록』 정조 10년(1786 병오) 5월 12일.
101 『승정원일기』 정조 10년(1786 병오) 6월 16일 원본 1603책 및 『일성록』 정조 10년 병오(1786년) 6월 16일.
102 『고종실록』 39권, 36년(1899 광무 3) 8월 23일(양력).
103 『일성록』 정조 11년(1787 정미) 1월 26일.
104 『순조실록』 26권, 23년(1823 계미) 2월 3일 휘경원 지문.
105 『휘경원천봉원소도감의궤』, 철종 6년(1855 을묘).
106 『휘경원천봉원소도감의궤』, 철종 14년(1863 을묘).

107 이에 대해서 필자가 융릉에 대해 연구하는 과정에서 밝힌 바 있다. 김이순, 「융릉과 건릉의 석물조각」, 『미술사학보』 제31집(미술사학연구회, 2008), pp.63-100.
108 순조 인릉(1857)과 철종 예릉(1864) 석물에서 재사용된 석물에 대한 언급은 김이순, 「세종대왕 '구영릉(舊 英陵)' 석물 연구」, 『정신문화연구』 제32권 제1호 통권114호 (2009. 봄) pp.155-190 참조.
109 『휘경원소도감의궤』, 순조 23(1823), 傳敎 1월 23일.
園所都監郎廳以都提調意啓曰 園所擇日今已啓下停當矣 木石之役方將罔夜經始而曾伏聞己西遷園 時特命近臣樣石儀埋置淨土聖念所存可以仰體而日前因掘去木根所埋諸石次第顯露各樣象設莫不畢具石品雕刻俱甚精美少加磨礱舊 可如新仍舊件排用似爲得宜而事係重大不敢自下擅便何以爲之敢稟 傳曰 旣有舊件磨鍊排用可也.
110 『조선왕조실록』, 순조 26권, 23년(1823 癸未) 1월 23일(癸巳) 3번째 기사.
111 『홍재전서』에 "영우원의 혼유석, 장명등, 문관석, 망주석, 석호, 석양, 석마는 모두 내청룡의 밖에 묻어 별도로 표시를 하라"고 기록해 두었다. 『홍재전서』, 천봉 제5(1789 기유) 10월 2일. 천봉을 하는 날.
112 『휘경원소도감의궤』, 1822. 규13935, 2권 및 『휘경원천봉원소도감의궤』, 1855. 규13952, 2권 '대부석소 의궤' 도설.
113 『思悼世子墓所都監儀軌』(1762년, 규13607) 대부석소 석물척수. 魂遊石長七尺六寸廣四尺八寸高一尺伍寸, 文石長伍尺四寸廣一尺八寸, 馬石長四尺伍寸高三尺三寸, 羊石長三尺三寸高二尺伍寸, 虎石長三尺八寸高二尺, 望柱長伍尺伍寸四面厚一尺四寸, 望高長一尺伍寸四面廣二尺, 長明燈長四尺三寸四面廣一尺八寸, 蓋石高二尺伍寸四面廣二尺四寸, 鼓石四箇高一尺四寸圍圓長三尺六寸, 魂遊石下磚石二箇長三尺八寸廣四尺八寸.
114 『사도세자묘소도감의궤』, 규13607, 1권 '啓辭秩'.
115 김천석(金千碩)의 한자 표기는 다르지만, 순강원과 소령원 편수를 맡았던 金天碩과 동일 인물로 보인다.
116 김윤식, 『운양집』(雲養集) 권9. '興宣獻懿大院王園誌銘 並序'.
117 『승정원일기』(고종 38년, 1901 광무 5) 8월 5일(양력 9월 17일).
118 『순종실록』, 1권, 즉위년(1907 정미, 융희 1) 8월 6일(양력 9월 13일). 헌의(獻懿)는 "밖으로 충성스럽고 덕스러운 것을 '헌(獻)'이라 하고 행실이 중앙과 지방에 나타난 것을 '의(懿)'라고 한다"고 했으며, 여흥부대부인의 시호는 순목(純穆)은 "똑바르고 화순한 것을 '순(純)'이라 하고 덕을 펴고 의리를 견지한 것을 '목(穆)'이라고 한다"고 함.
119 대한제국 선포 이후로는 특별한 경우 외에는 양력으로 표기한다.
120 『고종실록』 37권, 35년(1898 광무 2) 1월 8일(양력).
121 『승정원일기』 고종 35년 무술(1898 광무 2) 1월 20일(양력 2월 10일).
122 『승정원일기』 고종 35년 무술(1898 광무 2) 2월 2일(양력 2월 22일).
123 『고종실록』 37권, 35년(1898 광무 2) 5월 16일(양력).
124 「대원군 천장의 시말」, 『동아일보』 1966년 6월 4일 7면 및 「양주로 이장 운천의 대원군묘」.

『경향신문』 1966년 6월 15일 7면.
125　『순종실록』 2권, 1년(1908 무신, 융희 2) 4월 9일(양력 5월 8일).
126　『홍원천봉등록』〈財用實入〉.
127　'국태공'은 흥선대원군 이하응의 존칭이다.
128　「대원군 천장의 시말」, 『동아일보』 1966년 6월 4일 7면.
129　『홍원천봉등록』〈新園所山役造成諸事〉
130　『순헌귀비빈궁혼궁의궤(純獻貴妃殯宮魂宮儀軌)』, 1911년.
131　『매일신보』 1911년 8월 2일.
132　「빈소(殯所)의 주무(主務)·조무(助務) 등이 모여 상사계(喪事係)의 사무분장내규를 의결하다」, 『순종실록 부록』 2권, 4년(1911) 7월 20일.
133　『순헌귀비원소의궤』
134　魂遊石 長八尺 廣伍尺 厚一尺伍寸伍分, 足石於四隅 高一尺七寸 上下圓徑一尺二寸 腹圓徑兩尺一寸, 明燈石·蓋石·高三尺四寸 體石 長伍尺四寸 臺石一尺伍寸, 虎石二 高前兩尺九寸 後一尺四寸 廣一尺三寸 長伍尺, 羊石二 高兩尺四寸 廣一尺四寸 長四尺, 望柱石二 高六尺九寸 臺石 高兩尺伍寸, 文人石二 長七寸伍寸 廣一尺七寸 厚一尺六寸 圍六尺八寸, 馬石二 高兩尺六寸 廣一尺四寸 長四尺七寸.
135　「命名 되신 李晉殿下」, 『동아일보』 1921년 8월 25일 3면.
136　「純舊式의 觀見禮」, 『동아일보』 1921년 8월 25일 3면.
137　『순종실록 부록』 13권, 15년(1922 임술) 5월 17일(양력) 네 번째 기사.
138　『세종실록』 23년(1441 신유) 7월 28일.
139　『순종실록 부록』 13권, 15년(1922 임술) 5월 11일(양력).
140　『순종실록 부록』 13권, 15년(1922 임술) 5월 12일(양력).
141　「葬儀는 元孫儀式으로」, 『동아일보』 1921년 5월 13일 3면.
142　「葬儀事務分擔」, 『동아일보』 1921년 5월 13일 3면.
143　「葬儀는 元孫儀式으로」, 『동아일보』 1921년 5월 13일 3면.

맺음말

1　『정조실록』 6년(1782 임인) 6월 2일.
2　임민혁, 「조선후기 영조의 효제 논리와 사친추숭」, 『조선시대사학보』 39(2006), p.116.
3　순회세자의 순창원에는 공회빈의 시신은 없고 빈 관만 있으며, 흥선대원군 부부의 합장원인 흥원이 사실상 유일하게 합장분이다.

원의 기록문헌

1   최지선, 「조선시대 왕릉 관련 문헌의 서지적 연구」(성균관대학교 석사학위논문, 2007), p.16.
2   조선왕실의 원 관련 문헌은 소장처의 자료를 활용하여, 원급으로 조성이나 추봉된 순으로 정리한 후, 문헌을 가나다순으로 나열했다. 동일 사안에 대한 문헌은 동일 제목 안에서 정리했다. 서지 사항은 서명, 소장처, 청구기호, 저자, 판사항, 발행년도, 형태사항, 인장(印), 마이크로필름번호(MF), 간략한 설명이나 기타사항을 추가했으며, 서지 해제의 일부는 소장처에서 인용했다.

참고문헌

의궤 및 등록

『各宮儀軌』, 藏 2-2401(1897~1906), 藏 2-2403(1907~1911).
『端懿嬪 禮葬都監儀軌』, 奎 13572.
『端懿嬪 禮葬都監都廳儀軌』, 奎 13573.
『墓所都監儀軌』, 1718, 한국학중앙연구원.
『墓所都監儀軌』, 1728, 한국학중앙연구원.
『文孝世子 墓所都監儀軌』, 1786, 奎 13925.
『文孝世子 禮葬都監都廳儀軌』, 奎 13921-v.1-2.
『愍懷嬪 封墓都監儀軌』, 1718, 奎 14837.
『思悼世子墓所都監儀軌』, 1762, 奎 13607.
『思悼世子 禮葬都監都廳儀軌』, 奎 13605.
『昭顯世子 墓所都監儀軌』, 奎 13920.
『昭顯世子 禮葬都監都廳儀軌』, 奎 13918.
『純明皇后 裕康園園所都監儀軌』, 奎 13913-v.1-2.
『純獻貴妃園所儀軌』, 한창수, 1911.
『順懷世子 上諡封園都監儀軌』, 奎 13493.
『元宗 禮葬都監儀軌』, 奎 13518.
『仁嬪 上諡封園都監儀軌』, 奎 14925.
『翼宗 延慶墓所都監儀軌』, 奎 13725-v.1-2.
『莊祖 諡封園都監儀軌』, 奎 13337.
『莊祖 永祐園 墓所都監儀軌』, 奎 13607.
『莊祖 顯隆園遷園儀軌』, 奎 13629.
『遷園謄錄』, 奎 12933.
『獻敬王后 顯隆園園所都監儀軌』, 1815, 奎 13617.
『顯穆綏嬪 徽慶園園所都監儀軌』, 1822, 奎 13935.
『顯穆綏嬪 徽慶園遷奉都監儀軌』, 1863, 奎 13959.
『顯隆園 園所都監儀軌』, 1789, 奎 13627.
『孝明世子 禮葬都監儀軌』, 奎 13715.
『孝純賢嬪 墓所都監儀軌』, 奎 14836.
『孝純賢嬪 禮葬都監儀軌』, 奎 14874.
『孝章世子 墓所都監儀軌』, 奎 14835.
『孝章世子 禮葬都監儀軌』, 奎 14875.
『徽慶園 遷奉園所都監儀軌』, 1855, 奎 13952.

『興園 遷奉謄錄』, 김동석 역, 서울역사박물관, 2006.

1차 문헌

『經國大典』
『國朝寶鑑』
『國朝喪禮補編』
『國朝續伍禮儀』
『國朝伍禮儀』
『宮園式例補編』
『宮園展省錄』
『四禮便覽』
『璿源譜略』
『承政院日記』
『練藜室記述』
『日省錄』
『朝鮮王朝實錄』
『春官通考』
『弘齋全書』
『궁·능 관련유리원판도록』, 문화재청, 2004.
『畿內陵園誌』, 경기도 문화공보부담당관실, 1988.
『陵·園·墓地』, 구황실재산관리총국, 1996.
『사진판 이조오백년』, 민속원, 1992.
『列聖誌狀通紀』, 한국정신문화연구원, 2003.
『王族譜』, 이왕직실록편찬회, 1910.
『李朝王陵』, 문화재관리국, 1965.
『조선왕릉-세계유산 등재 신청서』, 대한민국, 2007.
『조선왕릉 세계유산 등재 추진 종합 학술 연구』, 문화재청, 2007.
『조선왕릉-종합학술조사보고서 I』, 국립문화재연구소, 2009.
『조선유적유물도감』, 조선유적유물도감편찬위원회, 1992.
『朝鮮朝 園·墓 文化財(史蹟)指定調査報告書』, 문화재관리국, 1991.

국내 단행본

강관식, 『조선후기 궁중화원연구』, 돌베개, 2001.
『경기묘제석조미술』(上), 경기도박물관, 2007.
『경기묘제석조미술』(下), 경기도박물관, 2008.

김순영 외, 『조선미술사』 권1, 과학백과사전출판사, 1987.
김이순, 『대한제국 황제릉』, 소와당, 2010.
김영숙 편, 『한국복식문화사전』, 미술문화, 1998.
김정배, 『숙빈최씨자료집』, 한국학중앙연구원, 2009.
데 바이에르, 박원길 역, 『몽골 석인상의 연구』, 혜안, 1994.
목을수, 『고려·조선릉지』, 문성당, 1988.
박성수, 『조선시대 왕과 신하들: '연려실기술'에 드러난 조선왕조의 진실』, 삼영사, 2009.
박정근 외, 『한국의 석조문화』, 다른세상, 2004.
박지원, 리상호 역, 『열하일기』, 겨레고전문학선집1, 도서출판보리, 2004.
빙허각이씨, 이민수 역, 『규합총서』, 기린원, 1988.
샤를바라, 성귀수 역, 『조선기행』, 눈빛, 2001.
H.N. 알렌, 신복룡 역, 『조선견문기』, 집문당, 1999.
楊寬, 장인선·임대희 역, 『중국역대 陵寢制度』, 서경, 2005.
이덕무, 『청장관전서』, 민족문화추진회, 1986.
이성미 외, 『조선왕실의 미술문화』, 대원사, 2005.
이호일, 『조선의 왕릉』, 가람기획, 2003.
임병규·윤종일, 『남양주 문화재』, 경인문화사, 2006.
장경희, 『고려왕릉』, 예맥, 2008.
장영훈, 『왕릉이야말로 조선의 산 역사다』, 도서출판 담디, 2005.
장영훈, 『왕릉풍수와 조선의 역사』, 대원사, 2002.
정해득 외, 『여주의 능묘와 석물』, 여주군향토사료관, 2005.
최영성, 「西伍陵 造景關聯資料 抄譯」, 『온지논총』 10, 2004.
최윤화, 「조선시대 능원 정자각의 건축 특성에 관한 연구」, 경기대학교, 2002.
한영우, 『조선왕조의궤』, 일지사, 2005.

국내 논문

김민규, 「조선 왕릉 장명등 연구」, 동국대학교대학원 석사학위논문, 2009.
김성희, 「한국문인석에 관한 연구」, 홍익대학교대학원 석사학위논문, 1985.
김영빈, 「풍수사상에서 본 조선왕릉원묘 조성기법에 관한 연구」, 『연구논문집』 41(효성여자대학교, 1990.8), pp.351-390.
김우림, 「서울·경기지역의 조선시대 사대부 묘제 연구」, 고려대학교대학원 박사학위논문, 2007.
김은선, 「조선후기 능묘 석인상 연구, 17-18세기를 중심으로」, 동국대학교대학원 석사학위논문, 2002.
김은선, 「17세기 인, 숙종기의 왕릉 조각」, 『講座美術史』 31(2008), pp.153-175.
김이순, 「洪陵과 裕陵의 석물조각」, 『미술사연구』 21(2007), pp.293-328.
김이순, 「융릉(隆陵)과 건릉(健陵)의 석물조각」, 『미술사학보』 31(2008. 12), pp.63-100.
김이순, 「세종대왕 '구 영릉(舊 英陵)' 석물연구」, 『정신문화연구』 32: 1(2009, 봄), pp.155-190.

김이순, 「장릉과 사릉의 석물연구」, 『문화재』 45: 1(2012, 봄), pp.34-51.
박금진, 「영조 사친 숙빈 최씨의 궁원 의물 연구」, 한서대학교대학원 석사학위논문, 2011
박춘애, 「한국 능원건축단청에 관한 연구」, 동국대학교문화예술대학원 석사학위논문, 2002.
배윤수, 「조선시대 왕릉 석수에 대한 연구」, 이화여자대학교대학원 석사학위논문, 1983.
신광철, 「조선시대 왕릉의 석인·석수 조형성 연구」, 충남대학교대학원 석사학위논문, 2005.
이범직, 「조선시대 왕릉의 조성 및 그 문헌」, 『한국사상과 문화』 36(2008), pp. 257-260.
이은희, 「韓國石獸彫刻의 造形的 特性에 관한 硏究」, 상명대학교대학원 석사학위논문, 1998.
이희중, 「17, 18세기 서울 주변 왕릉의 축조, 관리 및 천릉 논의」, 『서울학연구』 17(2001), pp.1-55.
임민혁, 「조선후기 영조의 효제 논리와 사친추숭」, 『조선시대사학보』 39(2006), pp.113-152.
鄭景姬, 「朝鮮後期 宮園制의 성립과 변천」, 『서울학연구』 23(2004), pp.157-193
조인수, 「조선시대 왕릉의 현상과 특징: 명청대 황릉과의 비교를 중심으로」, 『美術史學研究』, 262(2009. 6), pp.69-98.
최완수, 「능원묘」, 『서울6백년사: 문화사적편』, 서울특별시사편찬위원회』, 1983.

외국 단행본 및 논문

權藤四郎介(곤도 히로스게), 『李王宮秘史』, 朝鮮新聞社, 1926.
盧兆敏, 『昭陵』, 遼寧民俗出版社, 2003.
劉毅, 『中國古代陵寢制度研究講義』, 新星出版社, 2006
望天星 外, 『明清帝后陵』, 中國世界語出版社, 1997.
宋大川·夏連保, 『清代園寢制度研究』, 文物出版社, 2007.
晏子有, 『清東西陵』, 中國青年出版社, 2000.
王圻, 『三才圖會』, 民俗苑, 2004.
姚希純, 『北京的獅子』, 北京出版社出版集團, 2006.
千善浦, 『清東陵神韻』, 國際炎黃文化出版社, 2006.
于福庚 編, 『世界文化遺產-明十三陵』, 北京出版社, 2003.
中山陵園管理局, 『明孝陵』, 香港國際出版社, 2002.
胡漢生, 『圖說 明朝帝王陵』, 北京燕山出版社, 2006.
胡漢生, 『明十三陵探秘 160問』, 北京燕山出版社, 2004.
胡漢生, 『明朝帝王陵』, 學苑出版社, 2013.
胡漢生, 『十三陵』, 北京美術撮影出版社, 2004.
黃廉, 『中國歷代帝陵』, 大連出版社, 1997.
卓哲文 外, 『中國名陵』, 百花文術出版社, 2006.
Paludan, Ann. *The Chinese Spirit Road*, Yale University, 1991.
Till, Barry. "Stone Sculptures at Korea's Tombs," *Korean Culture*, vol.13 no.2, 1992.
Williams, C.A.S. *Outlines of Chinese Symbolism and Art Motives*, Dover Publications, Inc. 1976.
Zhewen, Luo. *China's Imperial Tombs and Mausoleums*, Foreign Languages Press, 1993.

조선왕실 조성 역대 원 현황표

(배치 순서는 봉원 순이며, 일련번호 뒤 *는 현재 원이 아님)

순	원호	초장	宮·廟	피장자	초장연도	봉원연도	위치
1*	흥경원 興慶園	정원군묘		정원대원군, 1580-1619 (인조 생부)	1619년	1626년 (인조 4)	경기도 남양주시 금곡동 군장리
2*	육경원 毓慶園		啓運宮	연주부부인 구씨, 1578-1626 (인조 생모)	1626년	1626년 (인조 4)	경기도 김포시 풍무동 산 141-1
3	소령원 昭寧園 사적 제358호	소령묘	毓祥宮	숙빈 최씨, 1670-1718 (영조 생모)	1718년	1753년 (영조 29)	경기도 파주시 광탄면 영장리 267
4	순강원 順康園 사적 제356호	인빈묘	儲慶宮	인빈 김씨, 1555-1613 (추존 원종 생모)	1613년	1755년 (영조 31)	경기도 남양주 진접읍 내각리 150
5*	영우원 永祐園	수은묘	景慕宮	사도세자, 1735-1762 (정조 생부)	1762년	1776년 (정조 원년)	서울특별시 동대문구 휘경동 29-1
6*	현륭원 顯隆園 사적 제206호	영우원				1789년 (정조 13)	경기도 화성시 안녕동 산1-1
7	수길원 綏吉園 사적 제359호	정빈묘	延祐宮	정빈 이씨, 1693-1721 (추존 진종 생모)	1721년	1778년 (정조 2)	경기도 파주시 광탄면 영장리 266
8*	인명원 仁明園		孝徽宮	원빈 홍씨, 1766-1779 (정조 후궁)	1779년	1779년 (정조 3)	경기도 고양시 원당동 38-4 [서삼릉 원빈묘]
9	휘경원 徽慶園 사적 제360호		景祐宮	수빈 박씨, 1770-1822 (순조 생모)	1823년	1823년 (순조 23)	경기도 양주군 진접면 부평리 267
10	순창원 順昌園 사적 제198호	순회묘	順懷廟	순회세자, 1551-1563 공회빈 윤씨, ?-1592 (명종 세자)	1563년	1870년 (고종 7)	경기도 고양시 용두동 산 30-1 [서오릉]
11	소경원 昭慶園 사적 제200호	소현묘	昭顯廟	소현세자, 1612-1645 (인조 자)	1645년	1870년 (고종 7)	경기도 고양시 원당동 38-4 [서삼릉]

순	원호	초장	宮·廟	피장자	초장연도	봉원연도	위치
12	영회원 永懷園 사적 제357호	민회묘 (1718)	愍懷廟	민회빈 강씨, 1611–1646 (소현세자 빈)	1646년	1870년 (고종 7)	경기도 광명시 노온사동 141-20
13	의령원 懿寧園 사적 제200호	의소묘	永昭廟	의소세손, 1750–1752 (장조–사도세자 자)	1752년	1870년 (고종 7)	경기도 고양시 원당동 38-4 [서삼릉]
14	효창원 孝昌園 사적 제200호	효창묘	文禧廟	문효세자, 1782–1786 (정조 장자)	1786년	1870년 (고종 7)	경기도 고양시 원당동 38-4 [서삼릉]
15	수경원 綏慶園 사적 제198호	선희묘	宣禧宮	영빈 이씨, 1696–1764 (장조–사도세자 생모)	1764년	1899년 (광무 3)	경기도 고양시 용두동 산 30-1 [서오릉]
16*	유강원 裕康園			순명비 민씨, 1872–1904 (순종 비)	1904년	1904년 (광무 8)	서울특별시 광진구 능동
17	흥원 興園 기념물제48호	흥선대원군묘		흥선대원군, 1820~1898 여흥부대부인 민씨 (고종 사친)	1898년	1908년 (융희 2)	경기도 남양주시 화도읍 창현리 산 22-2
18	영휘원 永徽園 사적 제361호		德安宮	순헌귀비 엄씨, 1854–1911 (영친왕 생모)	1911년	1911년	서울특별시 동대문구 청량리동 204-2
19	숭인원 崇仁園 사적 제361호			원손 이진, 1921–1922 (영친왕 자)	1922년	1922년	서울특별시 동대문구 청량리동 204-2
20	영원 英園			영친왕, 1897–1970 이방자 여사, 1901–1989	1970년	1970년	경기도 남양주 금곡동 141-1
21	회인원 懷仁園			이구, 1931–2005 (영친왕 자)	2005년	2005년	경기도 남양주 금곡동 141-1

후기

　필자가 조선왕실의 원에 관심을 갖게 된 것은 조선왕릉 석물에 대한 연구가 무르익어가던 시절이다. 2011년 한국학중앙연구원에서 주관하는 조선왕실문화 총서를 발간하는 사업에 참여할 기회를 얻으면서 관심이 구체화되었는데, 그로부터 무려 5년이 지나 한 권의 책으로 결실을 맺게 되었다.

　원은 규모면에서는 왕릉보다 간소하지만 기록문헌이나 무덤 조성에 정성을 들인 측면에서 보면 능과 다를 바 없다. 소령원의 조성과정에서 확인할 수 있듯이, 조선왕실의 원은 낳아준 부모에 대한 보답과 국초부터 내려오는 예법에 어긋나지 않으려는 왕의 의지가 절묘하게 조화를 이룬 역사적 유물이다. 그러나 왕릉에 비해 규모가 작기 때문인지 일제강점기를 지나 해방 이후까지도 손쉽게 천장하면서 원형을 잃어버려 아쉬움이 크다.

　이 책이 나오기까지 힘이 되어주신 분이 계시다. 조선왕릉 석물 연구에 발을 들여 놓았을 때부터 줄곧 이끌어주시는 김리나 선생님께 깊은 감사를 드린다. 그리고 지난 5년 동안 국내의 원은 물론 쉽게 접근하기 어려운 중국의 서안이나 남경의 능묘를 같이 답사하면서 의견을 개진해준 남편 김성회에게 감사하는 마음을 전한다.

　이 책을 꾸미는 데 심혈을 기울여주신 분들도 빼놓을 수 없다. 꼼꼼하게 원고 교열을 해준 박은영 선생님, 수많은 도판들을 멋지게 편집해준 디자인 고흐의 민순영 대표님, 그리고 미술사연구의 사각지대에 있는 조선왕실의 원에 대해 관심을 갖고 출판해준 한국미술연구소에 진심으로 감사한다.

2016년 8월
와우산 자락에서
김이순

찾아보기

ㄱ

가창기假窓機 81, 144
강빈옥사姜嬪獄事 151
강석기姜碩期 150
강차극姜次極 104, 168, 170
걸방석掛方石 71, 75, 130, 132, 183
경우궁景祐宮 225
경혜인빈敬惠仁嬪 136
계운궁啓運宮 41, 102, 133
공묘公墓 15
공회빈恭懷嬪 11, 115-118, 305
광해군光海君 37-39, 44, 68, 126, 131, 138
구라토미 유사부로倉富勇三郎 262
국장도감國葬都監 56-57, 75, 117, 139
국조상례보편國朝喪禮補編 189, 214-215, 222, 228-229, 231
국조오례의國朝五禮儀 35, 54
국태공원소國太公園所 238-240
궁원식례宮園式例 102
궁원의宮園儀 100, 126, 203
궁원제宮園制 7, 9, 14, 33-35, 44-45, 116, 126, 162, 175, 179
금령총金鈴塚 16
김대휘金大輝 108, 215, 231
김덕령金德齡 75, 105, 201
김상로金尙魯 127, 176
김성응金聖應 99, 212, 222-223
김약로金若魯 89, 190, 196, 218
김억환金億還 140
김주신金柱臣 187

김창집金昌集 152
김천석金天碩 108, 136, 138, 176, 109, 190
김학진金鶴鎭 206

ㄴ

나리타 세키나이成田碩內 250
나어두羅魚頭 72, 75, 120-121, 132, 143, 154-155, 169-170, 183, 193, 217, 231, 254, 266
난초蘭草 88, 94, 122, 197, 198, 220, 222, 242-243, 255, 257
남포藍浦 136, 168
남포석藍浦石 193

ㄷ

단의빈端懿嬪 66, 190
단의빈묘端懿嬪墓 107, 152, 155, 159-160
단혜황태자端慧皇太子 33
달마동達摩洞 225
대원비大院妃 238
대원왕大院王 49
대청회전사례大淸會典事例 33-34
덕빈德嬪 116
덕흥군德興君 37, 49
덕흥대원군德興大院君 23, 37, 49
도원悼園 17-18
도황悼皇 18
동경릉東京陵 30-31
동륜銅輪 16

ㄹ

류혜근柳惠根 215

ㅁ

마정기磨正機 71, 121
명등석明燈石 80-81, 255
모란牡丹 104, 155, 172, 174, 192, 197, 290, 217, 220, 222-232, 243, 257, 269
묘소도감墓所都監 57, 107, 146, 152, 190, 283, 308, 312
묘소도감의궤墓所都監儀軌 66, 70, 81, 84, 96, 106-107, 135, 140, 142, 146, 190-192, 214-215, 220, 222, 229, 283-284, 309
묘소석물배열도墓所石物排列圖 169-171, 291
묘원廟園 49
묘장墓葬 14-15, 19, 34
묘현례廟見禮 261
무고옥사巫蠱獄事 17
무라카미 유키치村上龍佶 249
무술등록戊戌謄錄 190
무신등록戊申謄錄 190
문왕文王 16
문효세자文孝世子 8, 11, 45, 48, 96, 108, 114, 179, 212-216, 220, 284, 314-317
문효세자묘文孝世子墓 214-216, 220, 315, 317
문희文禧 49, 213-214, 284
민회묘愍懷廟 11, 49, 149, 155, 159
민회빈 강씨愍懷嬪姜氏 11, 67, 139

ㅂ

박문수朴文秀 190
박수인朴壽仁 108, 176
박준원朴準源 224
박필성朴弼成 166
박필심朴弼深 108
방계傍系 23, 35, 37, 51, 150, 275, 276

방묘邦墓 15
배봉산拜峯山 224
배장묘陪葬墓 24, 25, 32
번국藩國 24
번와소燔瓦所 66, 129, 216, 292
번왕묘藩王墓 24, 27
별간역別看役 192, 215
병자호란丙子胡亂 34, 139, 150
보광사寶光寺 162
복금당福錦堂 206
복두공복幞頭公服 95-96, 98, 120, 124, 143, 149, 154, 160, 216, 226-227, 229, 235, 240, 247
복릉福陵 30
복원濮園 23
봉림대군鳳林大君 43, 139
봉읍奉邑 18
봉작제封爵制 24
분봉分封 24
불암산佛岩山 136

ㅅ

사도세자思悼世子 8, 11, 44-46, 49, 70, 75, 84, 96, 100, 179, 188, 202-203, 209, 225, 227, 284, 312, 320
사도세자묘思悼世子墓 229
사비이태자묘四妃二太子墓 24
사친추숭私親追崇 36, 276-277
사황손史皇孫 17-18
상례보편喪禮補編 54, 70, 96, 189
상사계喪事係 250
상설象設 10, 58, 62, 117-118, 120, 127, 130, 139, 142-143, 152-154, 163, 165-166, 176, 180-181, 192-193, 204-205, 214, 216, 225-226, 229, 239-240, 247, 251-252, 264-265, 277
서달徐達 28-29
서명선徐命善 215

서안西安 18-20, 24-27, 29
선제宣帝 17-18, 39-40
선희궁宣禧宮 202-203, 205, 215
성릉成陵 38
세자묘世子墓 19, 41, 56-62, 66, 69, 72, 83-84, 88-89, 96, 103, 116, 118, 134, 176, 190, 248, 307
소경원昭慶園 11, 48, 49, 59-61, 65, 67, 70, 72-75, 78-79, 81-84, 87-90, 92-93, 96-98, 106, 114, 138-139, 141-148, 155, 157, 283, 306-307
소령원昭寧園 7-9, 11, 44-46, 54, 58-61, 64-67, 69-70, 72-75, 78-79, 82, 87-88, 90-94, 97, 102-106, 108, 114, 130, 132, 161-178, 184-186, 192, 198, 206-207, 216, 275, 282-286, 288-290
소용昭容 150, 212
소원昭媛 178, 188
소현세자昭顯世子 8, 11, 41, 43, 47-48, 57, 66, 106-107, 114, 117, 138-140, 146, 150-151, 160, 284, 307-310
소현세자묘昭顯世子墓 160, 309
속오례의續伍禮儀 54
송사宋史 23
수경원綏慶園 11, 45-46, 49, 54, 58-61, 64-65, 67, 72-75, 77-79, 82, 87, 90-93, 97, 99, 112, 114, 132, 202-211, 215, 220, 222, 232-233, 270, 283-284, 317-319
수길원綏吉園 11, 45-46, 59-60, 64-65, 67, 72-75, 78-80, 82, 87-88, 90, 92-93, 97, 99, 114, 172, 178-188, 203, 244, 282-284, 294
수빈 박씨綏嬪 朴氏 8, 11, 48, 67, 114, 213, 224, 297-298, 300-301
수선화水仙花 88, 94, 124, 138,
수왕전秀王傳 23
수원秀園 23
수은묘垂恩墓 46, 75, 77, 94, 96, 107-108, 112, 138, 209, 222, 227-229, 231, 235
숙빈淑嬪 7-9, 11, 44-45, 54, 67, 88, 114, 126, 161, 168-169, 175, 178, 282-283, 286-291

숙의淑儀 151, 161, 202
순강원順康園 8, 11, 45, 48, 58-61, 64-67, 70, 72-75, 78-80, 82, 87-88, 90, 92-93, 95, 97-98, 101-102, 107-108, 114, 125-132, 134-138, 166, 178, 190, 209, 216, 225, 233, 283-284, 291, 293-294
순원왕후純元王后 225
순창원順昌園 11, 48, 49, 59-61, 64-67, 70, 72-74, 78-79, 82-84, 87, 89-90, 93, 94, 96-97, 114-125, 144, 146, 277, 283-284, 304-305
순헌귀비純獻貴妃 11, 49-50, 68, 80, 114, 247, 249-250, 252, 323, 324, 325
순희궁順懷宮 116
순회묘順懷廟 11, 49, 116-117, 120-121, 306
순회묘유지順懷墓留識 120
순회세자順懷世子 8, 11, 47-48, 57, 66, 114-118, 125, 139-140, 144, 149, 292, 305-306
순회세자묘順懷世子墓 140, 144, 149
숭인원崇仁園 8, 11, 49, 50, 59-61, 65-68, 70, 72-74, 77, 79-80, 83, 86-88, 90-93, 98, 100, 109, 112, 114, 251-252, 257, 260-262, 264-273, 279, 282-283, 325-326
신도비神道碑 69, 70, 127-131, 163-169, 176, 216, 239-240, 284, 287, 293
신정왕후神貞王后 47, 48, 236

ㅇ

아관파천俄館播遷 248
아소정我笑亭 49, 237
안인남安仁男 141
안희수왕安僖秀王 23
애충태자哀冲太子 24
양관조복梁冠朝服 96, 98, 103, 130, 135, 165, 174, 181, 187, 193, 200-201, 205, 211, 216, 252, 259, 265, 272
어실각御室閣 162
엄주익嚴柱益 248, 250
엄진삼嚴鎭三 247

여원戾園 17-18
여태자戾太子 17-18
여후원戾后園 18
여흥부대부인驪興府大夫人 11, 236-237
연경묘延慶墓 48, 80, 84, 284
연산군燕山君 36-38, 44
연잉군延礽君 161, 169, 291
연주부부인連珠府夫人 41
염빈도감殮殯都監 56, 117
영빈 이씨暎嬪李氏 11, 45, 49, 67, 114, 179, 202-203, 207, 213, 248, 319-320
영우원永祐園 9, 45-46, 84-85, 100, 112, 113, 135, 225, 227
영응대군永膺大君 64
영종英宗 23
영지靈芝 94, 144, 220, 242-243
영친왕英親王 8, 11, 49, 247, 249, 261-262, 278, 325
영태공주永泰公主 19
영회원永懷園 11, 48-49, 59-60, 67, 70, 72, 79, 89, 94, 96, 106-107, 139, 149-151, 154-159, 289, 309, 310
영휘원永徽園 8, 11, 49, 59-61, 65-68, 70, 72, 75, 77, 79-80, 94, 100, 103, 112, 114, 247, 249-262, 264, 268-269, 283-284, 322-323, 325-327
예장禮葬 34-35, 43, 92, 139, 161, 203, 250, 283, 298, 308
예장도감禮葬都監 57, 102, 152, 190, 237, 284
예장의궤禮葬儀軌 50, 249
예장청禮葬廳 237, 247
오묘오원伍廟伍園 19, 46-47, 49, 116, 139, 189, 214
오사준嗚士俊 107, 108, 169
오영준嗚永俊 107
옥산부대빈玉山府大嬪 43
옹장리甕匠里 161
왕부인王夫人 17, 18
왕자묘역王子墓域 273

왕통王統 8-9, 35, 44, 47, 62, 275-276
요여민친왕侉余敏親王 32
용미龍尾 163, 183, 188
우에바야시 게이지로上林敬次郎 262
우흥민禹興民 104, 168, 170
원경하元景夏 190
원빈元嬪 45-46
원소도감園所都監 41, 43, 84
원소도감의궤園所都監儀軌 100, 227, 250, 254-255, 283, 308
원손元孫 11, 43, 50, 55-56, 150, 190, 262-263, 264, 272
원읍園邑 17
원추리 88, 94, 138, 200-201, 220, 244, 246, 257
원침園寢 30-34, 60, 62-63, 129, 141, 181, 225
원침제도園寢制度 9, 33-34, 278
유강원裕康園 9, 49, 86, 88, 91-92, 94-95, 100-101, 112, 209, 247, 257, 260, 270
유돌형乳突形 183
유의장遺衣葬 117
육경원毓慶園 7, 9, 41, 44, 102, 133
육상묘毓祥廟 7, 162
육상궁毓祥宮 7, 126, 162, 225, 286, 290
윤명주尹命周 84, 108
윤옥尹玉 116
윤용선尹容善 189, 205
율목동栗木洞 213-214, 216
융릉隆陵 45-46, 95, 203, 257
의경세자懿敬世子 36, 56-57, 62, 117, 119, 121-122, 139, 308
의경세자묘懿敬世子墓 56, 62, 119, 121-122
의덕태자懿德太子 19
의덕태자묘懿德太子墓 19-22
의령원懿寧園 11, 45, 48-49, 59-61, 64, 67, 69, 75, 77, 79, 91, 94-95, 99, 103, 106, 112, 114, 139, 178, 188-200, 209, 212, 214, 218, 220, 228, 231-233, 243, 283, 311
의빈 성씨宜嬪成氏 179, 212
의소묘懿昭墓 11, 54, 88, 91, 100, 105, 108,

112-113, 176, 178, 189-192, 196, 198, 229
의소세손懿昭世孫 8, 11, 44-45, 47-48, 54, 66,
  81, 89, 96, 100, 106, 188-193, 212, 214, 228-
  229, 262, 284, 311-313
의안군義安君 125
의열義烈 202
의열묘義烈墓 45, 112, 203, 207
의인왕후懿仁王后 144
의창군義昌君 126, 133
이구李玖 8, 261
이대춘李帶春 108, 136, 176, 190
이석철李石鐵 150
이재면李載冕 238, 244-245
이정李珽
이주국李柱國 86
이준철李竣哲 178
이진李晉 11, 50, 67, 114, 190, 261-263
이천량李天良 107, 152
이하응李昰應 236
인명원仁明園 9, 45-46, 50
인빈 김씨仁嬪金氏 128, 131
인순왕후仁順王后 115, 307-308, 310
인조仁祖 7-8, 11, 17-18, 34-36, 38-44, 46, 49,
  54, 57, 66-67, 86, 98, 102, 104, 107, 116, 119,
  125-126, 128, 133, 138-140, 146, 150-151,
  192, 238, 276, 307-308, 310
인종仁宗 23, 29, 67, 225
인평대군麟坪大君 134
인흥군仁興君 166

ㅈ

장경태자莊敬太子 24
장득만張得萬 108, 169
장문계張文桂 263
장승長丞 18
장유張維 128
재황載晃 236
전계대원군全溪大院君 49

정몽남鄭夢男 152
정빈 민씨靜嬪閔氏 134
정빈 이씨靖嬪李氏 11, 45, 67, 114, 178-180,
  188, 203, 288, 294-295
정성왕후貞聖王后 45, 100, 108, 232
정원군定遠君 126
정원대원군定遠大院君 40, 49, 54, 125-126
제주병석제酒瓶石 165, 169-170
제헌왕후齊獻王后 36
조각장彫刻匠 108, 140-141, 170
조말룡曹末龍 107, 140-141
조묘도감造墓都監 56, 117-118, 283
조중응趙重應 50, 249
족분族墳 24
좌승우강左昇右降 78-80, 165, 172, 181, 185,
  193, 195, 216-217, 240, 242, 252, 255, 265,
  268
주상朱倓 24
주원장朱元璋 24
죽산마竹散馬 92, 262
죽안마竹鞍馬 92
준석樽石 130
중명重明 116
중배설석中排設石 165, 169-170
진민왕秦愍王 24-26
진왕秦王 24, 30
진은왕秦隐王 27

ㅊ

천묘도감遷墓都監 152
초룡문草龍紋 220
초혼장招魂葬 117
최만성崔萬成 108
최명창崔命昌 101
최수억崔壽億 152
최천약崔天若 176, 192, 201
최효원崔孝元 161
춘관통고春官通考 58, 70, 80, 168, 181, 183, 255

찾아보기 351

측천무후則天武后 19
친왕親王 24-31, 33, 49, 249

ㅍ

폐슬蔽膝 98-99, 136, 175, 187-188, 201, 222, 260, 273
표의록表義錄 203

ㅎ

한정주韓定州 136
한창수韓昌洙 262
허륜許碖 108
허장虛葬 117
헌의獻議 236
현덕왕후顯德王后 55
현륭원顯隆園 8-9, 44, 46, 95-96, 105, 108, 144, 176, 203, 227, 229, 257
혜경궁 홍씨惠慶宮 洪氏 45, 188
호묘위릉號墓爲陵 19
호위구역護衛區域 63
홍봉한洪鳳漢 89, 120, 190, 285, 289
홍순목洪淳穆 19
효장세자묘孝章世子墓 107, 192, 222
황귀비皇貴妃 50, 247, 249
회릉懷陵 36
회묘懷墓 36
회인원懷仁園 8-9
효릉孝陵 29, 67, 139
효명세자孝明世子 48, 84, 139
효상孝殤 16
효종孝宗 23, 43, 63, 67, 108, 138, 141
효창묘孝昌墓 11, 108, 112, 213-216
효창원孝昌園 11, 45, 48-49, 59-61, 64-65, 67, 69-70, 73-75, 78-80, 82, 87, 90-91, 93-94, 96-97, 99, 103, 107, 112, 114, 192, 212-223, 229, 283-284, 313, 317
후궁묘後宮墓 59, 61, 84, 103, 179

후수後綬 98, 136, 175, 187, 212, 260
휘경원徽慶園 8, 11, 45-46, 48, 59-61, 65-67, 72-79, 83, 85, 87-88, 90, 92-94, 96, 98-99, 107-108, 112, 114, 138, 206, 222, 224-235, 237, 282-284, 295, 298-299, 301-304, 236-239
흉배胸背 175, 187-188
홍경릉興京陵 30
홍경원興慶園 7, 9, 34, 40-41, 43-44, 54, 66
흥선대원군興宣大院君 11, 34, 49, 67, 112, 114, 236-238, 244, 321
흥원興園 11, 49, 59-61, 65, 67, 70, 73-79, 83-88, 90, 93-94, 98, 100, 112, 114, 209, 240-247, 269-270, 277, 283-284, 320